Europäische Akademie der Wissenschaften und Künste
Corvinus-Universität Budapest
Universität Ostfinnland

Kleine Völker im großen Nest

Fallstudien über Finnland, Ungarn und die Europäische Union

Herausgegeben von
Nelu Bradean-Ebinger
Juhani Laurinkari

disserta Verlag, Hamburg, 2017

Kleine Völker im großen Nest. Fallstudien über Finnland, Ungarn und die Europäische Union. Hamburg, disserta Verlag, 2017

Buch ISBN: 978-3-95935-410-3
PDF eBook ISBN: 978-3-95935-411-0
Druck/Herstellung: disserta Verlag, Hamburg, 2017
Covermotiv: © pixabay.de

Herausgeber:
O. Prof. Dr. habil. Dr. Dr. (h. c.) Juhani Laurinkari
O. Prof. Dr. Dr. habil. Nelu Bradean-Ebinger Csc.

Fachlektorat:
O. Prof. Dr. Dr. habil. Nelu Bradean-Ebinger Csc.
Prof. Emeritus Dr. Dr. Dr. István Diószegi Dsc.
Tit. Prof. Dr. Pál Horváth
Ao. Prof. Dr. Dr. habil. László Ódor Csc.

Satz:
Dipl. Ing. Béla Tefner

Gefördert durch
Unternehmensleiter Tibor Tefner

Bibliographische Informationen der Deutschen Nationalbibliothek:
Die Deutsche Nationalbibliothek verzeichnet diese Publikation in der Deutschen Nationalbibliografie; detaillierte bibliografische Daten sind im Internet über http://dnb.d-nb.de abrufbar.

© disserta Verlag, Imprint der Diplomica Verlag GmbH
Hermannstal 119k, 22119 Hamburg
http://www.disserta-verlag.de, Hamburg 2017

ZUM GELEIT

Der vorliegende Sammelband umfasst für Europa nicht zu vernachlässigende Fragen ausführlich. Kleine Länder und Völker belegen in Fallstudien ein seltsames Gesamtbild. Große europäische Staaten wie Deutschland, Frankreich und England sehen die kleinen Länder eher als eine Nebensache: Finnen und Ungarn mit 4,5 Millionen und 10 Millionen Staatsbürgern gelten dazu als Beispiele. Sie sind scheinbar miteinander nicht zu vergleichen. Aber als einzige Basis zum Vergleich könnte man die gemeinsame Sprachfamilie nennen. Außer etwa 150 gemeinsamen Wörtern gibt es keine Grundlage gegenseitigen Verstehens. Wenn also ein Finne nach Ungarn kommt oder umgekehrt ein Ungar nach Finnland fährt, fühlt er sich einfach unverstanden.

Was sind die Punkte, die die beiden Völker trotzdem miteinander verbinden: a) sie sind klein (und dadurch verletzbarer als die Großen) und b) beide haben sich auf einem kulturell sehr fruchtbaren Boden entwickelt, der Europa heißt. Nur scheinbar sind sie nicht miteinander zu vergleichen. Das hängt damit zusammen, dass die Definition europäischer Kriterien auf wackeligen Beinen steht.

An dieser Stelle sollen wir mit jener mythischen Erklärung zufrieden sein, dass die europäischen Bürger durch unsichtbare Fäden miteinander verbunden sind. Europa als ein Mythos, kann wissenschaftlich nicht genau bestimmt werden, höchstens künstlerisch. Aber die Zusammenarbeit läuft ununterbrochen, und in unseren tollkühnsten Vorstellungen wird es weiter so bleiben. Es gibt eine alte Weisheit: Der Mensch ist ein praktisches Lebewesen und kann sein Leben rational organisieren. So eine Rationalität brachte auch die Idee des ERASMUS-Austauschs, des Austauschs von Studierenden und Dozenten. Synergie, lebenslanges Lernen, Mobilität, Erfahrungsaustausch und Wohlbefinden – diese fünf Leitbegriffe haben das ERASMUS-Programm von seiner Geburt an bis in die heutigen Tage begleitet.

Das Buch mit dem Titel „Kleine Völker im großen Nest", das nach langer, mühevoller Forschungsarbeit entstanden ist, ist auch ein Produkt des ERASMUS-Austauschs. So wie mehrere andere. Die ERASMUS-Zusammenarbeit zwischen der Universität Ostfinnland und der Budapester Corvinus-Universität begann bereits 2005 durch die wissenschaftliche und pädagogische Kooperation von Professor Juhani Laurinkari und Professor Zoltán Tefner. Jedes Jahr wiederholten sich die Begegnungen in Budapest und in Kuopio: Professor Laurinkari unterrichtete die Studentengruppen von Professor Zoltán Tefner und vice versa: Professor Tefner und vice unternahm jährlich mindestens einmal eine Reise nach Kuopio.

Aus dem Unterricht heraus ergab sich die Grundlage zu einem Lehrwerk. Vor vier Jahren erschien eine historische Zusammenfassung: „Grundlinien der ungarischen Sozialpolitikgeschichte. Ein internationaler Ausblick", herausgegeben von Juhani Laurinkari und Zoltán Tefner. Der in deutscher Sprache veröffentlichte Band wurde mit zwei Kolleginnen, Erika Cser und Mária Sárosi erweitert, die einen Überblick über den gesamten historischen Prozess der sozialen Sphäre in Ungarn von etwa 1800 bis in die Moderne gegeben haben.

Die Zusammenarbeit vertiefte sich im Laufe der Jahre, und die wissenschaftliche Arbeit. Professor Laurinkari und Professor Tefner wurden in die Europäische Akademie der Wissenschaften und Künste aufgenommen. Dieses war ein im Leben beider ausschlaggebendes Ereignis. Die neue herausgegebene Studiensammlung verkörpert erneut die Synergie. In beiden Ereignissen sind wir wieder Augenzeugen dieser Energiebündelung: Die Europäische Akademie als wissenschaftliches Forum hat, wie es in ihrer Satzung steht, die Aufgabe, die wissenschaftlichen und künstlerischen Kräfte im Interesse des Fortbestehens Europas zu vereinen und „in gutem Zustand zu halten". Diametral wirkende Wissenschaftler wie die zwei Herausgeber, der Germanist und Sprachwissenschaftler Professor Nelu Bradean-Ebinger und der Ökonom und Sozialpolitiker Professor Laurinkari, veröffentlichen ihre Werke in einem Band, Wesentliches über das Verhältnis zwischen Europa und den zahlenmäßig kleinen Völkern zu erzählen, gegenüber den Großen ein Experiment mit einer Handvoll Menschen.

Darum schöpften die Kleinen Mut, sich auf der „Weltbühne" zu artikulieren. Vielleicht dadurch, dass sie selbst von den *Großen* angespornt wurden. Ein Zitat aus dem Text der Europäischen Akademie zu ihrem Programm NEXT EUROPE, einem Programm, das zum Ziel hat, Europa in seiner Einheit zusammenzuhalten und dadurch neu zu beleben: „Jeder ist eingeladen, seine Vorstellungen über die Zukunft Europas zu entwickeln und seine Erwartungen und Bedenken zu äußern." Dadurch käme man zu einem neuen europäischen Paradigma: Von einem politischen Europa zu einem Europa der Bürger, von Bürgern gestaltet. Das kann dann die Grundlage zur weiteren Legalisierung des Zusammenlebens in Europa bilden." Ja, und wenn es so ist, warum nicht? Da *wir* die Bürger letzten Endes sind. Die Formel ist einfach: Das Nest auf der Coverseite symbolisiert Europa, die zwei Eier die zwei Partner, Finnland und Ungarn, die klein und wie Eier zerbrechlich, zart und der Verletzung ausgesetzt sind. Im weiteren Sinne hat das Coverbild auch eine metaphorische Bedeutung. Die kleinen Nationen sind dem Ermessen des Großen – *der* Großen – überlassen.

„Curae leves loquuntur, ingentes stupent." Über die kleinen Schmerzen lassen wir uns aus, über die großen reden wir nicht. Im Falle der in diesem Band veröffentlichten Fallstudien trifft diese Feststellung aus der alten römischen Welt nicht in jeder Hinsicht zu. Die Autoren bekennen ihre großen und ihre weniger quälenden Schmerzen. Die Fallstudie über den Gegensatz zwischen den sogenannten „Plebejerschriftstellern" und den „Urbanschriftstellern" ergibt, dass die politische Atmosphäre in Ungarn immer noch vergiftet ist und über kurz oder lang wird sich die Lage nicht bessern. Wirklich ein Grund, der schmerzt. Die Reformsensibilität, also das Gefühl einer Gesellschaft, entweder die Reformen ohne Widerstand durchzuführen oder Widerstand gegen sie zu leisten, kann wiederum als eine nationale Eigentümlichkeit aufgefasst werden, die einem reibungslosen Anpassen an die großen Strukturen entgegensteht. Ein jeder kann entscheiden, ob es ein Drama ist oder ob es den von den historischen Traditionen vorgegebenen normalen Zustand widerspiegelt. Föderalismus oder Staatenbund von souveränen Ländern? Als eine schmerzhafte Sache kann man a) das Problem der Ausgrenzung auf territorialem, wirtschaftlichem, kulturellem und politischem Gebiet erleben.

Der Autor stellt dar, dass die EU diesbezüglich ein ausgedehntes Projekt erarbeitet hat, das die Leser beruhigen und die Spannung in diesem Bereich entschärfen soll. Oder b) wenn man das finnische und das ungarische Modell der Sozialpolitik vergleicht und nach reiflicher Überlegung zu der Schlussfolgerung kommt, dass das finnische besser ist als das ungarische. Der Verfasser versucht zu skizzieren warum er zu dieser Schlussfolgerung kommt und dass man in Ungarn das finnische Modell einführen müsste.

Oder c) die sprachlich-ethnischen Toleranzfragen in Finnland und im Karpatenbecken. Das Urteil wird gefällt: In Finnland läuft es besser, weil die Finnen die Spannungen mit den Sami besser hantieren können, als dies durch eine weniger angemessene Sprachpolitik in Mitteleuropa der Fall ist.

„Nun verliert die ursprüngliche Idee „Europa" an innerer Attraktivität und Kohäsion. Unterschiedliche Ideen prallen aufeinander. Das Bild von Europa erlaubt heute keine Belastung. Identitätsschwierigkeiten ergeben sich durch die rasche Überdehnung und bauen Spannungen zwischen gemeinsamen Interessen und nationalen Eigenheiten auf." – so das Programm NEXT EUROPE. Das zu überwinden, dass unterschiedliche Ideen aufeinanderprallen ist *ab ovo* nicht schlimm. Hauptsache, dass man ein starkes Europa anstatt eines heute schwachen sehen will.

Die vorliegende Sammlung von Texten wird als ein Beispiel dafür angesehen. Ein weiteres Zitat darüber im Programm der Europäischen Akademie der Wissenschaften und Künste: „Was die Bürger derzeit von Europa spüren, ist eine Regulierungswut, wie sie sich an Beispielen zeigt: Glühlampen, Staubsauger und Gurken(krümmung). Das empfinden die Menschen als quälend, als Macht der Bürokraten und Lobbyisten. Die Bürger werden weder eingebunden noch gehört. So können sie kein Verständnis für Brüssel aufbringen." Was meinen aber jene Bürger über Europa, die fernab von Brüssel in abgelegenen Landschaften der EU leben?

Diesbezüglich zum Schluss eine kurze Bemerkung über die Autoren. Wenn der werte Leser sich die Mühe macht und im Anhang dieses Bandes nach den Mitwirkenden schaut, findet er, dass in der Aufzählung der Mitwirkenden als Geburtsort ein kleines Dorf *Kötcse* viermal genannt wird. Ein Autor, ein Lay-Outer, ein Sponsor und ein Fachlektor, fast die Hälfte aller Mitwirkenden ist aus Kötcse, ein kleines Dorf in Transdanubien, in der Region Süd-Balaton mit kaum mehr als 500 Einwohnern. Wenn man auf der Website weitersucht, findet man eine Dorfmonographie (Kötcse monográfiája) aus dem Jahr 1996, über Kötcse, die insgesamt 870 Seiten zählt. 25 Autoren, Geographie, Archäologie, Verwaltung, Geschichte, Landbau, Religionen, Kultur, Volksbräuche, usw. Nach den bescheidensten Berechnungen fallen auf einen Kötcseer Bürger etwa 1,74 Seiten, also 5520 Buchstaben ohne Leerstellen Dorfmonographie. Mit diesen Angaben könnte sich die Gemeinde Kötcse für den ersten Platz im Guinness Buch der Rekorde bewerben. Eine kleine Gemeinde scheute weder Mühe noch Geld, ihre Vergangenheit darzustellen und der Weltöffentlichkeit zu präsentieren. Ein zutiefst bürgerlicher Charakterzug, eine zutiefst bürgerliche Geste. Europa wird nicht von oben gemacht. Ein schlagender Beweis dafür, dass alles in Europa eng zusammenhängt. Von dem berichtet der vorliegende Band. Dem Herausgeber und den Autoren ist dafür dankbar zu gratulieren.

Gruß von Sankt Peter

Salzburg, den 26. April 2017

Prof. Dr. Dr. h. c. Felix Unger

Präsident der Europäischen Akademie
der Wissenschaften und Künste

VORWORT

Die unmissverständlich heterogene Sammlung von Texten zeigt die Vielseitig-
keit und Unterschiedlichkeit Europas, die bewusst in den vorliegenden Band
aufgenommen sind und nicht einfach zufällig zu erklären sind. Die Texte
ungarischen und finnischen Wissenschaft zeigen, wie sich kleine Völkergemeinschaf-
ten in dem „großen Nest" der Europäischen Union durchsetzen können. In der
aktuellsten Tagespolitik sind wir oft Augenzeugen eines wilden Ringens um das
größere Stückchen Brot, um das Atemholen und darum, wie das Schiff über Wasser
gehalten wird. Man könnte behaupten, dass es schon immer so war und dass es sogar
schon viel schlimmer auf dem alten Kontinent herging. Man hört die oft zitierte
Sentenz: So war es in der Politik in allen Zeiten. Wenn man im Geiste von Kant die
moralische Politik bevorzugt, gerät man wirklich stets in Verlegenheit. Wir sind nicht
im Stande, eine längere Epoche aus den alten Zeiten nachzuweisen, in der sich die
Kant'sche Idee vom ewigen Frieden restlos verwirklicht hätte. Eher das „realpolitische"
Fundament war der Boden, auf dem die Ereignisse abgelaufen sind. So laufen sie auch
heute noch ab, dort, wo die rohen Interessen einer Leitstimme im Chor singen.
Laut den Herausgebern handelt es sich darum, dass die Europäische Union ein
Einzelfall sei, immerhin noch mit der Chance, das ethische Politisieren zur Geltung zu
bringen, gefährdet von manchen Rückzugsmomenten. Es wird die Warnung der alten
Lateiner und von Luther nicht genug vor Auge gehalten: „Omne rarum charum, vilescit
quotidianum." „Was seltsam, so ist, wird lieb gehalten, was aber gemein und täglich ist,
wird gering geachtet." Das Sprichwort kann auch umgekehrt gedeutet werden. Im
europäischen Gedanken wäre die beste Chance, die Kant'sche Idee zu bewahren.
Solange man so denkt, dass die Union mit ihren alten europäischen Werten läuft,
bliebe alles in Ordnung. Sobald sie aber unter fremdem Druck ein grauer Durchschnitt
wird, verliert sie an Bedeutung und zerfällt in ihre Bestandteile.

Die Europäische Akademie der Wissenschaften und Künste, apolitisch der Union
gegenüber, kann im Grunde genommen als eine Spiegelung der europäischen Existenz,
des Daseins – geleitet von den europäischen Normen – angesehen werden. So ist es in
der Satzung festgelegt. Alle sieben Klassen mit zweitausend Mitgliedern sind diesem
Geiste verpflichtet. Die Themen und die Auffassungen trennen oder vereinen diese
Menge von Wissenschaftlern und Künstlern, je nach der Art der auftauchenden
Probleme. Und auch diese Heterogenität gehört zum europäischen Geist. Woanders
macht man es nicht unbedingt so.

Damit die Kleinen und die Großen harmonisch zusammenleben können, hat man
Gesetze, nach Wortgebrauch der europäischen Führungsspitze „Empfehlungen"
geschaffen. Mehrmals kommt es vor, dass die gesetzliche Regelung an und für sich
nicht zum Gleichgewicht und zum Verständnis beiträgt. Man sollte mehr Ansätze aus
der Wissenschaft haben. Die wissenschaftlichen Akademien, egal ob klein oder groß,
müssen alles sprengen, damit die Seltenheit, die man auf Ungarisch „európaiság", d. h.
„Europäertum", „europäischer Charakterzug" nennt, alltäglich werde. Zu diesem Zweck
muss man daher von der Oberfläche des Alltagspolitisierens in die Tiefe gehen.
Besonderes Feingefühl haben dazu die kleinen Völker, die im nationalen Charakter
gegenüber den Zahlreichen und Großen vom Sicherheitsgefühl nicht übersättigt sind.
Das Ei symbolisiert immer Zerbrechlichkeit. Es symbolisiert gleichzeitig die Quelle, der
die Zukunft entspringt. Also „das Next Europe". Die zwei Eier in dem großen europäi-

schen Nest, Finnland und Ungarn, obwohl sie momentan von keiner Lebensgefahr bedroht sind, könnten im Falle eines politischen Antiäquilibriums ein Opfer der Großen werden, insbesondere wenn die Bedrohung von den außereuropäischen Mächten kommt (wie es früher mehrmals der Fall war). Man muss von den notwendigen Bedürfnissen der Realität ausgehen. Vergilius: „Scientia nihil aliud est quam veritatis imago." Die Wissenschaft ist nichts anderes als Abbild der Wirklichkeit (Platon).

Die Herausgeber meinen, dass diese Gefahr beseitigt werden kann, indem man tief in die Strukturen der Gesellschaft sinkt und verborgene Zusammenhänge erschließt. Damit soll in ganz Europa klar werden, dass das, was wir machen, nicht alltäglich und profan ist. Dieses Bestreben leitete und beseelte die Gründungsväter der Union, Dante Alighieri, Jiři Podiebrad, Immanuel Kant, William Penn, Aristide Briand, Jean Monet, Robert Schumann, Konrad Adenauer und die anderen. Man muss der ganzen Welt zeigen, dass Europa sich nicht seinem Ende zuneigt. Laut der ungarischen Redewendung: „Der Teufel verbirgt sich in den Einzelheiten" waren die Autoren dieses Bandes bestrebt, die Probleme in ihrer eigenen Heimat (oder in der Heimat der Partner) ganz bis ins kleinste Detail zu erschließen um auf dem Laufenden zu sein.

Die Verfasser der ersten Abhandlung: Bálint Simon geht bis zu den Anfängen zurück, zu den Wurzeln und der Quelle der Geschichte der faustischen Menschen. Dem experimentierenden und nach neuen Erkenntnissen forschenden Menschen ist es schon ganz am Anfang, in den ersten Jahrhunderten des Mittelalters gelungen, die europäische Zivilisation zustande zu bringen. Eine „Vertragszivilisation" wurde ins Leben gerufen, die bis zum heutigen Tag besteht. Zoltán Tefner begleitet in seinem ersten Fallstudium den Entwicklungsweg der „Reformsensibilität", eines selbst neu geschaffenen Begriffes, mit Aufmerksamkeit, Antwort suchend auf die Frage, ob die von Zeit zu Zeit aufgetretene Feindseligkeit gegenüber den Reformen so heftig gewesen wäre, wie es in Westeuropa der Fall war. Wenn ja, dann verbargen sie sich nur in der sozialen Sphäre, oder sie liefen weit über die Grenzen des sozialen Wohlstandes hinaus, und in welchem Maße wirkte sich diese Abneigung der Gesellschaft auf die Politik aus. Béla Borsi-Kálmán geht dem neuralgischen Problem „Plebejerschriftssteller" versus „Urban-Schriftsteller" nach, einem Gegensatz, der die politische Öffentlichkeit lange Zeit vergiftete, und bis heute ist noch keine Ruhe eingekehrt.

Klug bleibt man immer, wenn man die kluge Lebensform einmal erlernt hat. Der zweite Artikel von Zoltán Tefner befasst sich mit dem finnischen Modell der Sozialpolitik in diesem Geiste. Er nimmt eine komparative Analyse des ungarischen Modells vor, in einer wissenschaftlichen und politischen Hypothese. Das finnische Modell ist eine „modellartig abzubildende Einrichtung", die der ungarischen Praxis folgen müsste. Und die nächste Studie über die Sozialpolitik der Europäischen Union bildet die Brücke zwischen den sozialpolitischen Konzepten einzelner Länder in einem sehr kritischen Bereich, denn es geht um die ausführliche Beschreibung der Lage des Problems „Ausgrenzung" in ihrer Komplexität: Er wählt eine physikalische, politische, wirtschaftliche und kulturelle Herangehensweise. Er beschreibt, wie es auf der Leitungsebene der Union gemacht wird und wie es gemacht werden sollte.

In den letzten zwei Kapiteln orientieren sich die Studien am besten an der ursprünglichen Idee des vorliegenden Sammelbandes, und zwar deshalb, weil sie sich nicht mit dem Heimatland, sondern mit den sprachpolitischen Problemen in der EU und außerdem mit „den sprachpolitischen Problemen Finnlands" beschäftigen. Schweden unter Finnen, Finnen unter Schweden – die Zweisprachigkeit bewegt sich in ganz anderen Dimensionen als woanders in Europa, inklusive Ungarn, der Slowakei, Rumänien (die Aufzählung ist nicht vollständig). Die Schriften beschreiben ein Modelle, die in ähnlicher Weise, wie es uns die oben erörterten Bemerkungen vermitteln, das unlösbare Rätsel lösen will. Die der Quadratur des Kreises gleichende Aufgabe in Ost-Mitteleuropa verlangt von der europäischen Spitze umso mehr Empathie, je mehr die nationalen Ausschweifungen in dieser Region Europas um sich greifen. Finnland gilt auch in dieser Hinsicht als Maßstab für die zu verwendenden Methoden. Das Glück bringt Reichtum, das Lernen erweckt Ansehen.

Hortus Philosophorum. Ein Garten, in dem Wissenschaftler wie bei Platon spazieren und in einer Art und Weise diskutieren, wie es weitergehen sollte. Das ist der Boden, auf dem Visionen zu Idealismus erblühen. Zwei Zitate aus dem Programm der Europäischen Akademie der Wissenschaften und Künste „NEXT EUROPE": „Miteinander im Hortus Philosophorum zu gehen" heißt letztlich, einander zuzuhören und zu erzählen, einen Motor in Gang zu bringen, der die Mythen in Bewegung setzt. Die Einladung ist ein gemeinsames Spaziergengehen im Hortus Europae." [...] „Heute ist ein Metamythos vonnöten, um die zwei großen Strömungen, das Technische und das Mystische, einzufangen." Dazu werden aber die heute zur Verfügung stehenden Humanressourcen immer weniger. Die Älteren haben einen kürzeren Weg zurückzulegen, die Jüngeren oder die Jüngsten einen längeren. „NEXT EUROPE" bedeutet Erfrischung. Um diesem Ziel gerecht zu werden, haben die Herausgeber die Abhandlung von Bálint Simon in die Sammlung aufgenommen. Damit wird die Hoffnung gehegt, dass diese Publikation ihm die Eingangstür in die Doktorandenstudien eröffnet. Ob die Herausgeber mit dem Konzept über eine europäische Reichsidee einverstanden sein können oder nicht, wird man sehen. Eines ist aber unvermeidlich: anzuerkennen, dass es, wenn jemand mit 22 Jahren so denkt, er es in der weiteren Zukunft wahrscheinlich so weiter tun wird.

Der europäische Gedanke ist untrennbar mit der Demokratie verbunden, d. h. wenn unterschiedliche Berufe, Gesellschaftsschichten und Mentalitäten aufeinander treffen. Dieser kleine Band entspricht diesem Mythos am besten. In der Liste der an der Ausgabe Teilnehmenden befinden sich scheinbar weit weg voneinander agierende Menschen: der höchste Amtsträger der Europäischen Akademie der Wissenschaften und Künste, Bürger der Universitäten beider Länder, Fachleute aus der technischen Welt. Die wissenschaftliche Zusammenarbeit der Mitwirkenden wurde durch das europäische Austauschprogramm ERASMUS ermöglicht, wie es zwischen der Universität Ostfinnland in Kuopio und der Budapester Corvinus-Universität besteht. Ohne die aufopfernde Arbeit der Mitarbeiter dieser Organisation hätten die Personen und die Werke in diesem Band nicht aufeinandertreffen können. Genauso wäre das Zusammenfinden der Autoren und Schriften ohne die Redaktionsarbeit des Hamburger Verlags „disserta" unvorstellbar. Die Herausgeber ergreifen hiermit die Gelegenheit, ihnen den besten Dank auszusprechen.

Lectori salutem

Budapest – Kuopio, 26. April 2017

Die Herausgeber

Inhalt

Bálint Simon (Corvinus-Universität Budapest):

VERTRAGSZIVILISATION EUROPA: KONSTRUKTION UND DISKURS

„Im Anfang war das Wort, und das Wort war bei Gott, und Gott war das Wort."

(Johannes, 1,1)

Wenn wir zu den Bedeutungen, die die Sachen ursprünglich getragen hatten zurückkehren wurden, nutzen oder bilden wir Wörter, auf die Bedeutungen abgeladen wurden.[1] Das ist die Absurdität der Wörter und der Sachen. Wir können versuchen den Ursprung der Sprache anzugeben, den Moment, als sie noch klares Zeichen war herauszufinden,[2] aber wir werden demnächst zugeben, dass die Erkenntnis nicht anders als Interpretation ist,[3] richtiger eine Interpretation der Interpretationen, so nicht der Sachen.[4] Der Ursprung der Sprache verliert sich in dem mystischen Nebel der Vergangenheit: Rousseau betont in seinem Werk die Abhandlung über den Ursprung und die Grundlagen der Ungleichheit unter den Menschen,[5] dass keine Sprache auf einem Vertrag zwischen Menschen basieren kann, weil der schon eine begründete, anerkannte und geübte Sprache vermutet, also wir sollen uns so vorstellen, dass die Menschen die Sprache bekommen und nicht aufbauen.[6] Es ist richtiger zu denken, dass wir die Wörter von den Göttern bekommen hatten, als zu meinen, dass wir sie geschöpft hatten, so sehr merkwürdig ist dieser Gedanke auch. Die Sprache ist Macht, ein sich organisch entwickelndes Herr-Knecht-Verhältnis, wir haben sie bekommen zum Mittel unserer Herrschaft.[7]

So hebt sich der Mensch von dem Tierreich ab, der anpassungsfähige Stamm sticht sich von den weniger anpassungsfähigen ab, und dann nach dem Gesetz der Natur und der Ordnung der Geschichte treibt er sie unter seine Herrschaft.[8] Dorfgemeinschaften, Stadtgemeinschaften, rudimentäre Staaten erscheinen,[9] schließlich nach ausreichender Zeit die kulturelle Entwicklung endet im Höhepunkt der Zivilisation, im Stand des Reiches.[10]

Unsere herrliche menschliche Art hat schon eine lange, weitgehend unbekannte Historie. Von den 200.000 Jahren dieser Geschichte haben wir leidliche Kenntnisse nur über die letzten fünf-sechs Jahrtausende. Der wesentlich größere Teil der Heldensage ruht tief da in unserem kollektiven Bewusstsein. Durch Zehntausende von Jahren hatte

---

[1] Foucault, Michel: A szavak és a dolgok [Die Wörter und die Dinge]. Osiris Kiadó, Budapest, 2000. S. 224.

[2] Ebenda, S. 129.

[3] Ebenda, S. 51.

[4] Ebenda, S. 60.

[5] Condillac, Étienne Bonnot de: Grammaire. H. Verdière, Paris, 1821. S. 11-12.

[6] Foucault [...], S. 132.

[7] Spengler, Oswald: A Nyugat alkonya I. – Alak és valóság [Untergang des Abendlandes I – Gestalt und Wirklichkeit]. Európa Könyvkiadó, Budapest, 1995. S. 209. ; Spengler, Oswald: A Nyugat alkonya II. – Világtörténeti perspektívák [Untergang des Abendlandes II – Welthistorische Perspektiven]. Európa Könyvkiadó, Budapest, 1994. S 386.

[8] Spengler II.[...], S. 160.

[9] Service, Elman R.: Origins of the State and Civilization. The Process of Cultural Evolution. W. W. Norton & Company, New York, 1975. S. 222-223.

[10] Spengler I. [...], S. 80.

der Mensch zum Himmel geblickt, hatte er nach seinem Platz im Weltall gesucht, hatte Gedanken, die zu der ewigen Wiederkunft fähig wurden, dazu verhimmelt und zugleich verdammt zu sein geboren waren.[11] Der Mensch hatte aufgrund der Erfahrungen seines Seins eine himmlische Ordnung konstruiert und eine irdische Ordnung *nach*gebildet. Im Himmel und in der Welt der Phänomene hatte er Götter und Göttinnen gesehen, später und in der Geschichte ganz nah an uns auch *einen* Gott, und hatte sich auf der Erde, auf dieser *Ebene* der Analogie[12] auch vor Göttern verbeugt, die später und in der Geschichte wieder ganz nah an uns zu Herren degradiert wurden.[13]

Wir möchten die Obigen auch mit einem bekannten und kulturgeschichtlich bedeutenden Beispiel darstellen: Im Evangelium nach Markus antwortet Jesus von Nazareth auf die Frage von Pontius Pilatus, ob er der König der Juden, ist mit den denkwürdigen Worten: *„Du sagst es."*[14] Für uns an diesen Punkt der Geschichte lautet es ziemlich merkwürdig, geradezu komisch und zu demütig, oder suchen wir nach dem tiefen Sinn in der Antwort. Überraschend, an Ort und Stelle war dies formell die einzige korrekte Auskunft. Pilatus war der Statthalter von Rom. Er hatte in Judäa das ganze Reich und den Willen des Kaisers Tiberius vertreten. Tiberius war laut Titel war noch ein Gott, zwar wurde er schon mehr als nur ein Herr betrachtet, und vielleicht hatte er auch gedacht, so ist es richtig, aber zugegebenermaßen hatte er noch die himmlische Ordnung repräsentiert. Auf die Frage der Repräsentation der Repräsentation, also auf die Frage von Pilatus, wer den Kaiser vertreten hatte, wer eine Ordnung vertreten hatte, wäre *„der bin ich"* keine formell richtige Antwort gewesen. Der Mann, der ein Knecht des Gottes und Knecht des Kaisers ist wird nicht in erster Person Singular sprechen, wenn er vor dem Statthalter steht, weil er dazu unbeträchtlich ist.

Auf die Menschen, die schon *immer* in erster Person Singular gesprochen hatten, *könnten,* wenn sie wollten, müssen wir noch vierhundert Jahre warten. Aber diese kurze Studie ist über sie: Die faustischen Menschen und ihre Kultur. Über die Zivilisation, die während ihrer Entwicklung die Begriffe *Menschheit,*[15] *Weltgeschichte*[16] und *Ideologie*[17] zuerst konstruieren konnte. Über eine große Revolution in der Evolution der menschlichen Art. Wir werden zu den Wurzeln und der Quelle der Geschichte der faustischen Menschen niedergehen, um dann mit dem Verständnis ihres Seins hochzugehen und ihre konstruierte Welt und Realität klar zu sehen, was ganz und gar nicht mehr ist, als eine Interpretation der menschlichen Existenz, ein Kapitel der menschlichen Geschichte. Kultur und Zivilisation sind für uns eine Art der Interpretation, was auf die Archetypen und auf aus der Arché stammende Begriffe abgeladen wurde. Wir benutzen Wörter zu denken und unsere Gedanken auszudrücken, die totale Dekonstruktion ist unmöglich. Deshalb steht hier eine Interpretation des Kapitels dieser Geschichte.

---

[11] Nietsche, Friedrich: Also sprach Zarathustra, Dritter Teil, „Der Genesende". Kritische Studienausgabe von Giorgo Colli und Mazzino Montinari, Berlin und New York, 1967. S. 270-277.
[12] Foucault [...], S. 65-69.
[13] Hahn, István: Istenek és népek [Götter und Völker]. Minerva, Budapest, 1980. S. 18-70.
[14] Marcus, 15. 2.
[15] Foucault [...], S. 345.
[16] Spengler I. [...], S. 40.
[17] Foucault [...], S. 91.

Der Ring des Nibelungen – Die erste Pseudomorphose in der Geschichte der faustischen Kultur

Wir halten es für notwendig, um unser Kapitel mit der „Entzauberisierung" der konstruierten Wahrheiten zu eröffnen. In der Epoche der Aufklärung waren die Deutung der Weltgeschichte und die teleologische-dialektische Gesinnung vorherrschend geworden,[18] dieser Ansatz wurde in den folgenden Jahrhunderten alltäglich und lebt heutzutage auch intensiv im allgemeinen Bewusstsein. Nach Marquis de Condorcet konnte die europäische Geschichte nicht anders, als der Triumphzug des menschlichen Geistes sein[19] und der große Hegel hatte erklärt, dass die Weltgeschichte die Geschichte der Ausbildung der Freiheit ist.[20] Karl Marx hatte die Geschichte als Geschichte der Klassenkämpfe ausgelegt, die mit dem ewigen Zeitalter des Kommunismus enden, der die vollkommene Gesellschaft mitbringen wird. In ihrer Logik ähnelt dem marxistischen Ansatz die berühmte Das-Ende-der-Geschichte-These von Francis Fukuyama,[21] die mit der Voraussage des Gelangens zur Weltmacht der liberalen Demokratie das Kommen der Zeit der bestmöglich perfekten menschlichen Gesellschaft prophezeite.[22] Obwohl der Autor dieser Zeilen an Gott glaubt, denkt er ganz und gar nicht, dass wir der Sinn der Geschichte mit der Hilfe einer säkularreligiösen Eschatologie finden oder beschreiben können. Aber wenn wir einen höheren Willen vermuten, glauben wir auch, dass er sich ausschließlich in der jeweiligen Notwendigkeit ausdrücken kann. Die Gesinnung des großen Sinnes und des großen Endes – wenn die eigentlich vermutlich sind – überschreitet unsere menschlichen Fähigkeiten. Vielleicht können wir aber den kleineren Sinnesfunken, die treibende Kraft, die *Ultima Ratio* der Geschichte finden. Diese Ultima Ratio äußert sich im Willen zur Macht, was auf die Beschaffung von Gütern, auf das Erkämpfen von Aktionspositionen, auf der Eroberung von legalen oder Statuspositionen zielen kann. Die einzige goldene Regel, die Geschichte ist die jeweilige Notwendigkeit.[23]

Wir halten es für wesentlich zu erklären, dass die Gesellschaft nicht aus Klassen besteht, sondern aus Individuen, und der Kontinent wird nicht von Völkern, Nationen, oder ethnischen Gruppen – sondern betrachtet aus der Position der Notwendigkeit – von Steuerzahlern bewohnt. Das Ziel von jeder anderen Übermystifikation kann nicht anders sein, als Ideologiemachen oder ein selbst interessiertes Spiel, wenn man so will Esoterismus.[24]

Nach Oswald Spengler ist selbst die Weltgeschichte eine europäische Konstruktion, einen ähnlichen Begriff hatten die anderen mit uns zusammenlebenden oder im Laufe der Jahre schon gestürzten Zivilisationen originell nicht gebildet, das intensive Interesse für die Ereignisse der Vergangenheit, die Bewunderung der Vergangenheit und die Wiederherstellung der Erinnerungen an die Vergangenheit im ursprünglichen Zustand

---

[18] Spengler I. [...], S. 535.
[19] Condorcet, Jean-Antoine-Nicolas de Carat (marquis de): Esquisse d'un tableau historique des progres de L'esprit humain. Bibliothèque choisie, Paris, 1829. S. 7-11.
[20] Hegel, Georg Wilhelm Friedrich: Vorlesungen über die Philosophie der Geschichte. Suhrkamp, Frankfurt am Main, 1989. S. 61.
[21] Foucault nennt „Das Ende der Geschichte" eine Utopie des kausalen Denkens. S. 296.
[22] Fukuyama, Yoshihiro Francis: The End of History? In: Quadrant, August 1989, vol. 33(8). S. 15-25.
[23] Spengler II. [...], S. 728.
[24] Ebenda, S. 156.

sind ausschließlich eine Eigenart der durch ihn faustisch genannten abendländischen Zivilisation.[25] Michel Foucault stellte eine ähnliche Gesinnung fest, dass die edelste Berufung der abendländischen Ratio die nach sich selbst zurückbiegende Reflexion ist.[26] Spengler leugnet die Auslegung des Begriffs der Menschheit mit Mehrbedeutung ausgestattet,[27] und nach Foucault vor dem 18. Jahrhundert hatte nicht einmal „der Mensch" existiert.[28]

Was waren die Eigenarten, die im Laufe der vergangenen sechzehn Jahrhunderten den abendländischen Menschen erst die Begriffe der Weltgeschichte und Menschheit und dann über die gleichmütige Gewaltsamkeit seiner eigenen Ratio[29] die Wahrheit der Weltgeschichte und Menschheit konstruieren geführten hatten? Alles fing mit dem Römischen Reich, genauer mit dessen Untergang an: Mit der Erfahrung dieser Dekadenz wurde die Idee des Reiches der tiefste Grund des kollektiven Unterbewusstseins der faustischen Seele. Rom hatte während der 1229 Jahren seines Bestehens alle Stufen der Entwicklung von Kultur zur Zivilisation durchzogen, von einem Stadtstaat hatte es sich zum hegemonial und absolut Herrn der bekannten Welt, zu einem Reich, das Teile von drei Kontinenten inkorporieren konnte, vermehrt. Um ewiger Beweis zu sein, dass nicht die Nation den Staat, sondern der Staat die Nation schafft,[30] war es in der Blütezeit des Reiches fähig, mit überraschender Effizienz die unter seiner Suprematie geratenen Kulturen zu integrieren, und in den Jahren des Unterganges hatte es bewusst das inzwischen aufgenommene Christentum benutzt, um die Barbaren und Nomaden zu romanisieren zu versuchen, die die Grenzländer des Reiches schon überfallen hatten und sich schrittweise dem Reich näherten. Im Jahre 410 hatten die Goten von Alarich zum ersten Mal die Ewige Stadt verheert und im Jahre 476 hatten „die großen Heere von blonden Barbaren"[31] hatten das Reich endlich umgestürzt. Wie wir es sehen werden, die historische Rolle von Rom war auch, dass es die Rahmen von unserer gerade noch geboren werdenden Kultur determiniert markiert hatte.

Spengler vergleicht die Ereignisse mit der aus der Mineralogie entliehenen Erscheinung der Pseudomorphose:[32] Die auf Rom strömenden triumphierenden Germanen waren parallel mit ihrem Sieg durch die höher entwickelte lateinische Zivilisation erobert geworden. Obwohl es eine Eigenart der europäischen Geschichte ist, dass nach dem Untergang des Römischen Reiches keine solche politische Entität entstand, die die Souveränität über ein Staatsterritorium besitzen konnte, dessen Grenzen sich mit den Koordinaten der abendländischen Zivilisation überlagern hätten – nämlich jeder darauf gezielte Versuch gestürzt hatte – die Idee des Reiches trotz alledem bestand, also wir können erklären, dass in der europäischen Deutung des Begriffes Zivilisation nicht anders als *Reichsbewusstsein* als Wille zum Reich ist.

---

[25] Spengler I. [...], S. 40.
[26] Foucault [...], S. 363.
[27] Spengler I. [...], S. 49. – „»Die Menschheit« ist ein zoologischer Begriff oder klar ein leeres Wort."
[28] Foucault [...], S. 345.
[29] Ebenda [...], S. 420-421.
[30] Im Sinne von populus romanus und nicht nobilitas.
[31] „Je suis l'Empire à la fin de la décadence,/ Qui regarde passer les grands Barbares blancs" [Paul Verlaine: Langueur].
[32] Spengler II. [...], S. 261-234.

István Bibó[33] in seinem Essay „Der Sinn der europäischen Gesellschaftsentwicklung" erhellt auch ähnliche Tendenzen. Er hebt die ohnegleichen anhaltende starke Legitimität und den wirksamen Auftrag als Staatsorganisator des Römischen Reiches hervor.[34] In der westlichen Territorien des Reiches, die in Anarchie gesunken waren, die wahren wiederorganisierenden Arbeiten hatten nicht die triumphierenden germanischen Stammeskönigreiche, sondern in geringerem Maße – südlich der Alpen – die laienhafte römische zivile Intelligenz und in größerem Maße – in den nördlichen Gebieten – die klerikalen Elemente gemacht.[35] Die mal barbarisch offensiven, mal einfältig ratlosen germanischen Könige hatten einfach die gesellschaftsorganisierende Arbeit des Klerus gebraucht – wegen der geschichtlichen Tatsache umso mehr, weil die Zahl der Eroberer auf mehreren Gebieten beträchtlich der Zahl der Eroberten unterlag – und die Kirche für eine Reihe von Ermäßigungen[36] bereit war, die Sakralität ihrer Macht anzuerkennen, damit die germanischen Könige ihrer Innerkämpfe Herr werden konnten.[37]

Es veranschaulicht ausgezeichnet die damals entwickelte groteske Situation, wie der auf dem nördlichen Gebiet des zerfallenden Reiches, zwischen den Unsicherheiten der Epoche der Völkerwanderung lebende römische Bischof und Dichter, Sidonius Apollinaris an seinen Freund schreibt, der in einer sicheren Provinz des östlichen Kaiserreichs wohnt: „Wie kannst du von mir wünschen ein Hochzeitslied zu bekommen, wenn die Schar der Langhaarigen mich umringt und die heiseren Wörter ihrer Sprache machen mich taub. Ich höre das Lied des betrunkenen Burgunds, meine dichterische Ader friert ein. Meine Muse kann nicht mehr sechsbeinige Verse schaffen, seitdem diese zweibeinigen Patronen sie sehen muss. Du bist froh, weil du ihren Biergeruch jeden Morgen nicht riechst. Sie wohl kommen, wenn die Sonne aufgeht und begrüßen uns diese Riesen, als ob wir ihre Großväter wären."[38] Also, wir können erklären – wie auch Bibó formuliert –, dass eine ganz spezielle Gegebenheit kennzeichnend für das in den späteren Jahrhunderten entwickelten Lehnswesen der faustischen Zivilisation ist, und die die in der Weltgeschichte einzigartige Gesellschaftsorganisierungsrolle der Kirche ist.[39] Die katholische Kirche war es, wenn nur zum Teil und auch modifiziert, aber hatte das Überleben der antik-römischen Zivilisation auf den qualmenden Ruinen des Reiches gesichert und die Hochkultur gerettet.

Die Wirkung des Christentums auf die faustische Zivilisation ist aber eine strittige Frage. Spengler meinte, dass die faustische Seele niemals den Geist der Urkirche verinnerlichen konnte, dessen Ultima Ratio so gelautet hatte: *„Mein Reich ist nicht von dieser Welt."*[40] Jesus von Nazareth, der Philosoph von Galiläa, wen der fünfte Prokurator von Judäa, den Ritter Pontius Pilatus, auf die Forderungen der jüdischen Hohe-

---

[33] Bibó, István (1911–1979): Historiker, Rechtswissenschaftler, Universitätsprofessor, nach 1956 politischer Häftling wegen seiner revolutionären Aktivität.

[34] Bibó, István: Az európai társadalomfejlődés értelme. MTA Kézirattár, Ms 5113/5. 1971-1972, § 12.

[35] Ebenda, § 29.

[36] Goody, Jack: The Development of the Family and Marriage in Europe. Cambridge University Press, New York, 1983. S. 95. ; S. 105.

[37] Fukuyama, Yoshihiro Francis: A politikai rend eredete – Az ember előtti időktől a francia forradalomig [Der Ursprung der politischen Ordnung – Von den vormenschlichen Zeiten bis zur französischen Revolution]. Akadémiai Kiadó, Budapest, 2012. S. 321-322.

[38] Bibó […], § 30.

[39] Ebenda, §29.

[40] Johannes, 18,36-37.

priester gezwungen war, ans Kreuz zu schlagen, hatte seine Thesen niemals niederge-schrieben und zusammengefasst, die Aufgabe die schriftlich niederzulegen, ist seinen Jüngern und die Arbeit der Kanonisierung der ersten Konzilien zugefallen. Es ist eine geschichtliche Tatsache, dass das Christentum nicht die ziemlich abstrakte Philosophie von Jesu, sondern die tatsächliche pragmatische kirchenorganisierende Arbeit von Paulus von Tarsus hatte Weltreligion gemacht aber die Glaubensthesen der Religion wurden erst nur danach, mit dem Ende der dogmatischen Streiten der Konzilien endgültig, deren natürlich von Kollisionen der Machtinteressen gar nicht frei waren.[41] Die Zeit der nur von der katholischen und der orthodoxen christlichen Kirchen anerkannten Konzilien, die hatte mit dem Konzil von Chalcedon im Jahre 451 angefan-gen und hatte mit dem zweiten Konzil von Nicäa im Jahre 787 geendet, fällt in etwa mit dem Zeitalter der Geburt der faustischen Kultur zusammen.

Ob bis zum Zeitpunkt des im Jahre 1054 eintreffenden Großen Schisma, als sich die katholischen und orthodoxen Kirchen deklariert voneinander getrennt hatten, das westliche Christentum wie großen Teil der originellen Lehren von Jesu inkorporieren konnte, fraglich ist.[42] Es steht aber nicht zur Diskussion, dass die durch Fukuyama unter allen bestehenden Religionen die höchstorganisiert eingestufte katholische Kirche[43] die äußerste These der originellen urchristlichen menschlichen Gleichheit behalten hatte.[44] Das bedeutete nicht weniger als eine Zivilisationsrevolution. Wir werden sehen, dass die traditionellen abendländischen Werte ohne Ausnahme Aufbau dieses religiösen Aktes sind und obwohl die Abfassung der Freiheit, Gleichheit und Brüderlichkeit noch durch Jahrhunderte anstand, hatte sich der Anspruch für Freiheit schon in der Morgendämmerung des zweiten Jahrtausends gezeigt und bis zur franzö-sischen Revolution war sie die treibende Kraft der europäischen Gleichgewichtspolitik auf dem Niveau beider der Innen- und Auswärtigen geworden.[45]

Im Laufe der Geschichte arbeiten wir immer aus dem gebrachten Stoff. Das System des Feudalismus behandelte die gegebenen Verhältnisse mit reiner Genialität, und – aus der Position der Notwendigkeit betrachtet – das einzige Prinzip, das er verfolgte, war der kalte Pragmatismus.

Nach dem Zerfall des Römischen Reiches war das Abendland temporär in den Zustand der Anarchie gesunken, daraus wurde es erst gut 250 Jahre später fähig durch die gesellschaftsorganisierende Arbeit der Kirche und die Konsolidation der Macht der inzwischen zivilisiert gewordenen germanischen Herrscher aufzutauchen. Nach dem Gleichgewicht zwischen dem Privatrecht und dem öffentlichen Recht in der Zeit der Römischen Republik und des römischen Prinzipates, dann dem Übergewicht des öffentlichen Rechtes in der Zeit des römischen Dominates kehrte für kurze Zeit – wegen Mangel an einem Staat, der fähig gewesen wäre das Recht durchsetzen, also wegen einem legitimen Staat[46] – die totalitäre Herrschaft des Privatrechtes ein.

---

[41] Spengler II. [...], S. 284-339.
[42] Spengler I., S. 629-630.
[43] Fukuyama [...], S. 357.
[44] Ebenda, S. 428.
[45] Tefner, Zoltán: Paneuropa. Die Entwicklung des paneuropäischen Gedankens. Grundrisse einer Synthese. In: Grotius. http://www.grotius.hu/publ/docT.asp?id=17., Nummer 2015/53 S. 7-8.
[46] Nach dem deutschen Juristen Carl Schmitt ist die Macht legitim, wenn sie de facto existiert.

Unter den unsicheren und unberechenbaren Lebensverhältnissen der Epoche der Völkerwanderung hatten die Kleinbauern um den Schutz der lokalen Gutsbesitzer gebeten und darum hatten sie verschiedene Dienstleistungen angeboten.[47] So hatten sich von der Fusion der untereinander oft und gern heiratenden germanischen Stammeshäuptlinge und der ihre Stellungen erfolgreich geretteten früheren römischen Nobilitäten die ersten Grundherren gebildet, von den eroberten früheren römischen oder romanisierten Kleinbauern, Pächterbauern, hausbesitzenden oder einfachen Sklaven und mit der Verminderung des Grundes, den man in Besitz nehmen konnte von Militär auf Ackerbau umgestellten germanischen Gemeinen die ersten Leibeigenen.[48] Der Grundherr wurde mit dem Akt gleichzeitig Oberherr, als er für eine bessere Verteidigung seines Grundbesitzes der Mitglieder seines bewaffneten Gefolge auch vererbbaren Grundbesitz, Feudum verliehen hatte, als Gegenleistung der Vasall ihm Treue schwur und ihm bewaffnete Verpflichtungen schuldete. Das System des Feudalismus ist entstanden, in dem Alle über vererbbaren Rechten verfügt und auch erbliche Pflichten geschuldet hatten[49] und parallel mit der Konsolidierung des Systems wurde der Durchschnittgemeine freier, als je zuvor im Laufe der Geschichte: Gleichzeitig hatte sich seine vertragliche,[50] relativ stabile juristische und persönliche Sicherheit verwirklicht, weiterhin im Strom der Geschichte zum ersten Mal ist ein System entstanden, in dem die persönliche Freiheit eine Grundvoraussetzung geworden war, in der Hierarchie hat sich das Minimum der Würde und der Rechte des Menschen erhalten, einseitige Abhängigkeit konnte nicht in Erfüllung gehen.[51]

Mit der weiteren Differenzierung des Systems war eine lange Reihe von Feudalprivilegien und Lehnspflichten erschienen. Es war eine generelle Erwartung geworden, dass über die Regierung eines gegebenen Territoriums der Teil der die Funktion habenden gesellschaftlichen Gruppen, die über verwickelte Pflichten und *deshalb* über mehrere Berechtigungen verfügt hatten – im Allgemeinen der Krieg führende Adel, der betende Klerus und später auch das handelnde Bürgertum – auch mitbestimmen können. Die regierende Macht und die Feudalstände hatten mit Konsens die Entscheidung gefällt im Rahmen des auf institutioneller Ebene gehobenen Systems der Land- und Reichstage.[52] Durch die bilateralen Lehnsverträge, die Freiheitsrechte der Stände, die Autonomie der Städte und die Freiheitsrechte der Leibeigenen,[53] die wir nicht vernachlässigen dürfen, entstand ein komplexes, außer Europa nicht interpretierbares System, das den Ausschluss der Willkür, die lange Legitimität und das Vermeiden der Gewalt als Grundwerte betrachtet hatte.[54] Die Kirche hatte die Idee des guten Fürsten, des guten Ritters, des guten Bürgers und des guten Ackermannes geschaffen,[55] die in dem Frühmittelalter entstandenen privatrechtlichen Verträge hatten alle Gruppen zum

[47] Bloch, Marc: A feudális társadalom [Die feudale Gesellschaft]. Osiris Kiadó, Budapest, 2002.
[48] Bibó [...], § 30.
[49] Ebenda. § 30-31.
[50] Szűcs, Jenő: Vázlat Európa három történeti régiójáról [Eine Skizze über drei historische Regionen Europas]. Magvető Kiadó, Budapest, 1983. S. 9.
[51] Bibó [...], § 30.
[52] Ebenda, § 32.
[53] Tamanaha, Brian Z.: On the Rule of Law. History, Politics, Theory. Cambridge University Press, Cambridge, 2004. S. 16-17.
[54] Vergleichen wir nur wie die Monarchen der Europäer den Thron bestiegen hatten als den Thronnachfolgen der Herrscher der Russen, Türken, Araber oder Chinesen!
[55] Bibó [...], § 30.

gegenseitigen Verhältnis gebracht und diese Verhältnisse hatten die Institutionen des blühenden Mittelalters auf ein Konsensniveau gehoben.[56]

Direkt in der Zeit der Reife des Frühmittelalters zum blühenden Mittelalter hatte ein außer Europa nicht interpretierbarer Vorgang stattgefunden: Im Verhältnis des Heiligen und des Profanen waren die sakralen und weltlichen Sphären getrennt geworden und sie waren fähig zum ausgeglichenen Zusammenleben nach der Pattsituation des Investiturstreites geworden.[57] In der Geschichte außer Europa hatte überall die religiöse (z. B. islamische Theokratie) oder die weltliche Macht (z. B. orthodoxe Cäsaropapismus) die anderen überwogen, in Europa – obwohl verständlicherweise beide, der Papst von Rom und der Kaiser der Römer[58] es versucht hatten – die Vereinigung und die Verflechtung der obersten Mächte sind gescheitert.[59]

Die Vorgänge, die wir oben skizziert haben, erfüllen sich nicht nur im Falle der abendländischen Musterstaaten des idealtypischen Feudalismus, sondern – wenn mit Verspätung und auch mit winzigen, aber nicht zu wesentlichen Modifizierungen – im Falle der Länder von Ostmitteleuropa, die nach der späteren Wellen der Völkerwanderung entstanden waren und das westliche Christentum gewählt hatten, weiterhin in der Gesetzgebung beziehungsweise in der Staats- und Militärorganisierung an die lokalen Verhältnissen anpassend abendländische Muster gefolgt waren. Wir ermutigen den Leser, mit uns die berühmt gewordene These der Pseudomorphose von Spengler weiterzudenken.

Ostmitteleuropa als Schicksalsgemeinschaft – Die folgenden Wellen der Pseudomorphosen

Die Träger der entwickelten Zivilisation und des Reichsbewusstseins waren ursprünglich die von den Germanen eroberten romanisierten Einwohner von Europa, die die Mehrheit auf den Gebieten des heutigen Portugals, Spaniens, Frankreichs, der wallonischen Region von Belgien, Italiens, bestimmten Kantonen der Schweiz und auf der Inselwelt des Adriatischen Meeres gebildet hatten, deren Territorien westliche christliche Traditionen hatten und eine romanische Sprache sprachen. Auf die Wirkung der Pseudomorphosen hatten sich die Germanen an ihre mitgebrachte Kultur angeglichen, die Normen der Romanisierten übernommen und ohne Zweifel hatte sie auch die Tradition des Reiches angesprochen, der Geist des Reichbewusstseins sie berührt, wie die Beispiele des an Weihnachten von 800 entstandenen Karolingischen Kaiserreiches oder des in 962 sein langes Bestehen angefangenen Heiligen Römischen Reiches zeigen.[60] Ein weiterer prächtiger Beweis unserer Behauptung ist das Bestreben der späteren Kaiser der Römer, um die territoriale Integrität des ehemaligen Römischen Reiches zu restaurieren, deren erster Schritt – der sich später auch mit dem Investiturstreit und mit den lombardischen Kommunenbewegungen verbunden hatte – die Vereinigung von Italien mit den deutschen Kernbereichen gewesen wäre. Der richtige Zivilisierungsauftrag der das westliche Christentum aufgenommenen und die so

---

[56] Das Entwicklungsmodell von Bibó. Vgl.: Huntington [...], S. 98–105.
[57] Cantor, Norman F.: The Civilization of the Middle Age. Harper, New York, 1993. S. 249–265.
[58] Oft und unpünktlich: römisch–deutscher Kaiser
[59] Fukuyama [...], S. 353–358.
[60] Tefner, Zoltán: Paneuropa [...]. S 4–7.

geborenen gemeinsamen europäischen Werte tragenden Deutschen[61] war erst damals gekommen, als eine neuere Welle der Völkerwanderungen den Streifen von Europa von der Elbe bis an die Ostkarpaten – Ostmitteleuropa – überschwemmt hatte. Es hatte die lange Epoche der permanenten Pseudomorphosen angefangen, wo sich die abendländischen Werte schon durch die höchstentwickelten, aber auf dem gegebenen Gebiet in ihrer Anzahl unterliegenden Eroberer verbreitet hatten.

Um die Wende der 9. und 10. Jahrhunderte hatte sich entschieden, dass auf dem Gebiet zwischen der Ostsee und dem Adriatischen Meer die Westslawen, die Südslawen und die zwischen einen Keil legenden im Bereich des Karpatenbeckens eine strittige Herkunft habenden Ungarn die staatsbildenden Faktoren werden.[62] Bis zum 11. Jahrhundert hatten sich im Raum vier neue Staaten entwickelt, die das westliche Christentum aufgenommen hatten: das Königreich Polen, Königreich Böhmen, Königreich Ungarn und Königreich Kroatien, das im 12. Jahrhundert wegen einer Krise der Thronnachfolge unter die Souveränität der ungarischen Heiligen Krone (Stephanskrone) gekommen war. Von der hier aufgelisteten vier Staaten hatten mindestens im Falle der ersten drei die eine kluge Diplomatie folgenden Kaiser der Römer, die bekehrenden deutschen Mönche und für das Heil der Seelen zum Kampf bereiten deutschen Ritter eine entscheidende Rolle gespielt, dass diese Länder das westliche Christentum aufgenommen hatten und sich dem abendländischen Kulturkreis und der abendländischen Zivilisation angeschlossen hatten.

Wir werden die zweite Welle der Pseudomorphosen durch das Beispiel der Ungarn bekannt geben: Unser einziger Grund ist dafür, dass sich der hier schon mehrmals genannte, in den Abendländern ziemlich populäre Francis Fukuyama in seinem Buch „Der Ursprung der politischen Ordnung" detailliert mit der gesellschaftlichen und konstitutionellen Entwicklung des Königreichs Ungarn beschäftigt.[63]

Unter den neu entstanden ostmitteleuropäischen Ländern hatte allein Ungarn über ein solches militärisches Potential verfügt, das den Frieden des Ostfrankenreiches, des Vorgängerstaates des Heiligen Römischen Reiches gefährden konnte. In der germanischen Volkseele hatte wahrscheinlich um die Wende der 9. und 10. Jahrhunderte die grässliche Verwüstung von Atilla, der König der Hunnen aus dem 5. Jahrhunderts noch intensiv gelebt, die im Nibelungenlied auch gesungen wurde und die Führer der ungarischen Stämme hatten eine ähnliche nomadische Taktik angewandt. Die Streifzüge führenden ungarischen Truppen hatten ab Mitte der zweiten Hälfte des 9. Jahrhunderts hatten gern und oft die Länder der westlich-christlichen Staaten manchmal als militärische Hilfskraft, manchmal im Rahmen einer eigenen Unternehmung für die Beute durchwütet. Im Jahre 907 war das gewaltige fränkisch-bayerische Heer von Ludwig IV. das Kind aufgebrochen, um die schon gleich im Karpatenbecken sich einrichtenden und virulent kämpfenden Ungarn in die Knie zu zwingen, aber sie mussten bei Preßburg (Pozsony) eine vernichtende Niederlage erleiden, die ungarischen Truppen hatten den Rest des Heeres bis zum Fluss Enns verfolgt und die deutschen Gebiete gebrandschatzt. Im Jahre 910 hatten in der ersten Schlacht auf dem

---

[61] Die germanischen Völker des auf Basis des Ostfrankenreiches gebildet gewordenen späteren Heiligen Römischen Reiches
[62] Diese kurze Studie wünschet nicht zu die finnougrische oder türkische – vielleicht gemischte – Herkunft der landnehmenden Ungarn Stellung zu nehmen.
[63] Fukuyama [...], S. 322; 489–504.

Lechfeld die Ungarn auch einen großen Sieg errungen. Im Jahre 933 in der Schlacht bei Riade hatte Heinrich I. der Vogler, König des Ostfrankenreiches, ein kleineres ungarisches Heer, das einen Streifzug geführt hatte, besiegt und im Jahre 955 in der zweiten Schlacht auf dem Lechfeld hatte Otto I. der Große, König des Ostfrankenreiches (ab 962 auf dem gleichen Namen Kaiser der Römer) einen entscheidenden Sieg über die Ungarn errungen, die von ihren früheren Verbündeten verraten worden waren.

Als Wirkung dieser Niederlage waren die Ungarneinfälle im den Westen zu Ende gegangen und an Ostern 973 der zum Reichstag von Quedlinburg eingeladene und ein Jahr zuvor schon sich taufen gelassene Géza, Großfürst von Ungarn, hatte zwölf Gesandte gesandt, wahrscheinlich um nach Verbündete zu suchen, weil er seine Macht, die von den anderen Stammesführern eingeschränkt war vergrößern mochte. Der Großfürst hatte auf mehrere, durch Ungarn besetzte Besitztümern des Kaisers verzichtet und von den weiteren Strafzügen abgelassen. Er hatte um christliche Bekehrer und Ritter gebeten, aber dem Kaiser Treue nicht geschworen und wurde kein Vasall von ihm. Sein Sohn, Vajk, der in der Taufe den Name Stephan bekommen hatte, war schon in christlichem Geist erzogen worden und war mit der Tochter Gisela von einem bayerischen Herzog, Heinrich II. der Zänker verheiratet. Er hatte im Jahre 997 den Thron von seinem Vater geerbt und seinen heidnischen Verwandten Koppány, der auf das Fürstentum auch Anspruch erhoben hatte, besiegt mit der Unterstützung von deutschen Rittern in der Schlacht bei Wesprim (Veszprém). Koppány war in dieser Schlacht gefallen, seine Leiche wurde in vier Stücke zerschnitten und die Teile von ihm wurden als Abschreckung über die Tore der vier wichtigsten Burgen des Landes aufgehängt. Stephan hatte Papst Silvester II. um eine Krone gebeten und er bekam die: An Weihnachten 1000 wurde er in Stuhlweißenburg (Székesfehérvár) auf dem Namen Stephan I. zu dem ersten König von Ungarn gekrönt. Unter seinen Maßnahmen stand, dass er die bekehrenden Missionen der Kirche unterstützte, gründete zwei von dem deutschen Einfluss unabhängige Erzbistume und stellte nach bayerischem Muster zwei Gesetzbücher zusammen, die die christlichen Normen und die abendländischen Eigentumsverhältnisse gestützt hatten. Den im Jahre 1038 verstorbenen Herrscher hatte die Kirche im Jahre 1083 heiliggesprochen für seine apostolische Arbeit.[64]

Ähnliche Vorgänge hatten sich in den Territorien von Böhmen und Polen abgespielt: Das Christentum wurde endlich von den triumphierenden Fürsten aufgenommen, als ein Mittel der Brüderkämpfen Herr zu werden, ihre Knaben oder Brüder wurden zu Königen erhoben und hatten Gesetzbücher im christlichen Geist zusammengefasst. Der einzige wesentliche Unterschied war, während es dem polnischen Herrscher war gelungen, mit dem Zentrum von Gnesen (Gniezno) ein unabhängiges Erzbistum zu gründen – ähnlich dem ungarischen König –, inzwischen war das böhmische Bistum von Prag unter Einfluss des deutschen Erzbistums von Mainz gekommen, was die spontane Germanisierung des Landes in hohem Maße gefördert hatte.

Wir können also feststellen, dass die Staaten von Ostmitteleuropa mit deutscher Vermittlung die durch die katholische Kirche gerettete Hochkultur des Römischen Reiches übernommen hatten, dann hatten sie die – ähnlich den Deutschen – an ihren

---

[64] Makkai, László: The Hungarians' Prehistory, Their Conquest of Hungary and Their Raids to the West to 955; The Foundation of the Hungarian Christian State, 950-1196. In: A History of Hungary. Hrsg.: Sugar, Peter. Bloomington, Indiana University Press, 1990.

eigenen mitgebrachten Kulturen und an die lokalen Gegebenheiten angeglichen. Der Zivilisierungsauftrag der Deutschen auf diesem Gebiet war aber noch einstweilen gar nicht zu Ende gegangen. Der Deutsche Orden hatte – gleichzeitig die Instrumente von Kreuz und Schwert benutzend – ab dem 13. Jahrhundert die Entscheidungsrolle in der Bekehrung der heidnischen Preußen, Litauer und anderen baltischen Völker, beziehungsweise in der Verbreitung der abendländischen Werte und Normen in dem Baltikum gespielt. Deutsche Siedler hatten östlich der Elbe blühende Städte aufgebaut, bis an die Ostkarpaten war die Ostkolonisation der Hauptkatalysator der Stadtentwicklung, wegen der geschichtlichen Tatsache, dass sonst in der Region die viel mehr als in den Abendländern geringere Bevölkerungsdichte die spontane Urbanisation vereitelt hätte. Die Schlacht bei Tannenberg in 1410 – wo die vereinigten polnischen und litauischen Heere über den Orden einen großen Sieg errungen hatten – hatte schon klar die Ankunft der dritten Welle der Pseudomorphosen gezeigt: Die Länder der Region hatten die abendländische Kultur völlig übernommen, hatten zu den Abendländern aufgeschlossen, wurden genug stark, dem deutschen Einfluss Einhalt zu gebieten und ihren eigenen Zivilisierungsauftrag anzufangen. Die dritte Welle der Pseudomorphosen haben zwei, zur regionalen Macht entwickelte Staaten eingeleitet: als erstes, südlich der Nordkarpaten Ungarn und dann mit einer Verspätung von einigen Jahrzenten, nördlich der Berge Polen.

Die dritte Welle der Pseudomorphosen hatte generell der gemäßigte Ablauf, die weniger dauerhafte Wirkung und die regionalen Schranken kennzeichnet. Ungarn, das in dem 14. Jahrhundert unter Herrschaft von fremden, aber zur Kooperation mit den traditionell starken Ständen gezwungen gewesenen Dynastien gefallen war, war seinen gewaltigen Goldfundorten und ausgezeichneten landwirtschaftlichen Gegebenheiten nicht fähig einen solchen bedeutenden Zivilisierungsauftrag zu übernehmen, wie das Heilige Römische Reich 300-400 Jahre früher: Die Gründe dafür waren zugleich die geringere Bevölkerungszahl und die geänderten geschichtlichen Verhältnisse, die abendländische Zivilisation hatte nämlich zum 15. Jahrhundert ihre eigenen Grenzen gebrochen. Die Könige von Ungarn – zum Beispiel der aus dem Haus Anjou stammende Ludwig I. der Große – hatten ab dem 14. Jahrhundert schrittweise die schon zu der orthodoxen Zivilisation gestoßenen Völker des Nordbalkans erobert, hatten anhaltende Einflusszone über Bosnien, Serbien, einen Teil von Bulgarien und auf dem Gebiet der Donaufürstentümer Walachei, beziehungsweise Moldau ausgebildet.[65]

Die zur despotischen Herrschaft gepflegten balkanischen Völker waren zum ersten Mal der abendländischen Zivilisation begegnet. Die Bestrebungen der Ungarn und den Austrieb der abendländischen Freiheitskeime auf dem Nordbalkan wurden erstickt und zurückgehalten für Jahrhunderte durch das Expandieren des verstärkten und zu der islamischen Zivilisation gehörenden Ottomanischen Reiches. Nachdem im Jahre 1490 der letzte bedeutsame König von Ungarn, Matthias von Eisenmarkt (Corvinus)[66] gestorben wurde –, der als eine Ausnahme aus einem ungarischen Fürstenhaus stammte und um Kaiser werden zu können im Jahre 1485 auch Wien bekämpft hatte –, das Land war in Standesanarchie, dann in Bürgerkrieg gesunken, so wurde nicht nur

---

[65] Bak, János: The Late Medieval Period, 1382-1526. In: A History of Hungary. Hrsg.: Sugar, Peter. Bloomington, Indiana University Press, 1990.
[66] Im Ungarischen: Hunyadi Mátyás (König von Ungarn 1458-1490, König von Böhmen 1469-1490, Erzherzog von Österreich (1486-1490).

die früher unter seinem Einfluss gekommen gewesenen balkanischen Fürstentümer, sondern das Land selbst auch den ottomanischen Eroberungen ausgeliefert. Im Jahre 1526 auf dem Feld von Mohatsch (Mohács) war die ungarische Großmächtigkeit nach gut 200 Jahren untergegangen: Das Königreich hatte von dem gestärkten Ottomanischen Reich eine vernichtende Niederlage erlitten, in der Flucht nach der verlorenen Schlacht war auch Ludwig II., der König von Ungarn, ums Leben gekommen. Das Land hatte sich in drei Teile gespaltet:[67] Seine westlichen und nördlichen Gebiete mit dem Namen Königreich Ungarn wurden eine autonome Region des Habsburgisches Reiches, der mittlere Teil ist unter direkte türkische Herrschaft gefallen, und die östlichen Regionen, das spätere Fürstentum Siebenbürgen, wurde ein Vasall des Sultans.[68]

Die regionale polnische Großmacht hatte mit einer Verspätung von einigen Jahrzenten angefangen und hatte sich mit ungefähr anderthalb Jahrhunderten hingezogen, aber ihre Note zeigt mehre familiäre Züge mit der ungarischen Geschichte: Die schwache Herrschaft von fremden Dynastien, anarchistische Standestendenzen,[69] gewaltige Vermögen aus Landwirtschaft gehortet, Pracht der Renaissance, dann endlich an den Grenzen des unregierbar gewordenen und durch Innenkämpfen geschwächten Landes das schleichende Wachstum und der unbemerkte Aufstieg einer drohenden und kulturell auch fremden Großmacht, das endlich zum Zerfall des Landes führt. Obwohl die erste Teilung von Polen[70] nicht zu der Epoche gehört, die wir in diesem Kapitel untersuchen möchten, sollen die Jahrhunderte des goldenen Zeitalters von Polen noch im Fokus dieser kurzen Studie stehen. Im Jahre 1569 war die Union von Lublin zustande kommen, die im Wesentlichen eine Realunion zwischen Königreich Polen und Großfürstentum Litauen schaffte. Die so entstandene „Republik von zwei Nationen"[71] hatte über riesengroße, nach Osten geöffnete Territorien verfügt, infolge des Gesetzes der Geopolitik wurde die Hauptrichtung des polnischen Zivilisierungsauftrages – ähnlich der deutschen Mission ein paar hundert Jahre früher – die östliche Ebene. Die polnisch-litauische Heere hatten ungefähr mit 500 Kilometern die Wirkung der abendländischen Zivilisation weiterweggerückt, inkorporierend auch für lange Zeit Teile der heutigen Ukraine und Belarus, deren Territorien despotische politische Traditionen hatten und schon zu der orthodoxen Zivilisation gestoßen waren. Der primäre Grund dafür, dass die abendländischen Freiheitskeime dauerhaft keine Wurzeln in den großen östlichen Ebenen schlagen konnten, da war aber eine kulturell zur orthodoxen Zivilisation gehörende Großmacht, das Russische Reich, das sich bis zum Ende des 18. Jahrhunderts verstärkt hatte und mochte sich auf Polens Kosten schon auch ausdehnen.[72] (

---

[67] Vgl. Tefner, Zoltán: Realization of Justice in the European Union: Does EU Promote Justice? In: Justice and Solidarity: The European Utopia in a Globalising Era. Hrsg.: Laurinkari, Juhani. European Academy, Kuopio, 2015. S. 247–249.

[68] Fukuyama, S. 495–504.

[69] Tefner, Zoltán: Paneuropa [...]. S 28.

[70] Ebenda. 1772.

[71] Ebenda. Rzeczpospolita Obojga Narodów – der Name kann irreführend sein, weil die Spitze des Staates der von dem gemeinsamen Reichstag gewählte König war.

[72] Lukowski, Jerzy – Zawadzki, Hubert: A Concise History of Poland. Cambridge University Press, Cambridge, 2001. S. 66–105.

In Allgemeinem können wir erklären, dass die dritte Welle der Pseudomorphosen nicht fähig war eine dauerhafte Wirkung auszulösen, aber die östlichen Grenzen der abendländischen Zivilisation, die durch die zweite Welle der Pseudomorphosen entstanden waren, wurden befestigt und teilweise auch hinausgeschoben.[73] Die entscheidende Bedeutung dieses Teilerfolges der dritten Welle war, dass an den Peripherien der abendländischen Zivilisation Regionen zustande kamen, die hinsichtlich ihrer organischen geschichtlichen Entwicklung aus nicht zu dem abendländischen Kulturkreis gehörende Staaten bestehen und zwischen den großen Zivilisationen eine Pufferzone bilden. Gemeinhin sympathisiert nur die Minderheit der Elite dieser Länder mit den Errungenschaften der abendländischen Zivilisation und diese Regionen sind immer Schlachtfelder des Kampfes der Kulturen.

Heutzutage sind die typischen Beispiele für Länder, die sich mit Identitätskrise und Zivilisationswechsel plagen, Rumänien und die Ukraine: In beiden Staaten hat ein Teil der Elite einen Versuch gemacht, um sich von der originellen orthodoxen Zivilisation loszulösen[74] und sich der abendländischen Zivilisation zu nähern. In dem glücklicheren Rumänien wurden an der Oberfläche Prozesse gestartet. Die Führung des Landes, das im Jahre 2007 EU-Mitgliedstaat wurde, macht seit 2014 spektakuläre Gesten nach der abendländischen Zivilisation, zum Beispiel hat sie auf Staatsniveau eine – tragikomische Episoden auch nicht auslassende – Antikorruptionskampagne verkündet. Es ist fraglich, inwieweit diese Prozesse an der Oberfläche die Einstellung der Bevölkerung verändern können, die durch Jahrhunderte einstanden sind, zum Beispiel ist die Korruption überhaupt zurückzudrängen in einem Staat, wo die Gesellschaft nahezu immer während ihrer Geschichte despotische Herrschaft erlebt hatte. Dem nicht EU-Mitgliedstaat Ukraine ist es viel unglücklicher ergangen: Während der Ereignisse von 2013/2014 ist praktisch der Riss in zwei Teile des Landes eingetreten, was Huntington schon in der Mitte der 90er Jahre vorhergesagt hatte.[75] Der Teil der Bevölkerung des Staates, der heute in den Regionen lebt, die früher unter polnischer Herrschaft gestanden waren, stellte sich meistens positiv zu dem geplanten EU-Beitritt des Landes und setzte sich für die Reformen für Verwestlichung ein. Aber der größte Teil der Einwohner der östlichen Regionen des Landes ist dem Wechsel abgeneigt, betont die Wichtigkeit der orthodoxen Traditionen und das hat – verbunden auch mit der Intervention von Russland – zum Bürgerkrieg geführt. Die Alternative, dass im Falle von Rumänien und der Ukraine die Möglichkeit der Verwestlichung eigentlich auftauchen konnte, ist im Wesentlichen der Endeffekt der 500-600 Jahre frühere Zivilisierungsaufträge von Ungarn und Polen.

Durch die dritte Welle der Pseudomorphosen wurden in Ostmitteleuropa die östlichen Grenzen der abendländischen Zivilisation dauerhaft befestigt und diese östliche Grenze wurde die Linie des Ladogasees und der Ostkarpaten.[76] Durch den Teilerfolg der dritten Welle der Pseudomorphosen hatte es sich gezeigt, dass die abendländische Zivilisation nur dort anhaltend Wurzeln schlagen kann, wo der äußerste Grund der abendländischen Werte, das westliche Christentum sich einbürgern kann, wodurch die

---

[73] Huntington, Samuel P.: A civilizációk összecsapása és a világrend átalakulása. Európa Könyvkiadó, Budapest, 2004. S. 66.
[74] Über die Typologie der trennenden Staaten und die Probleme des Zivilisationswechsels: Huntington [...], S. 43. und S. 222–252.
[75] Ebenda, S 269–274.
[76] Ebenda, S. 257-259.

verkündete christliche menschliche Gleichheit und Freiheit Grundprinzipien werden können. Bis zum Ende des 15. Jahrhunderts wurden in den Abendländern wesentliche Veränderungen gestartet: Europa war über die seit 1280 kennzeichnend Demografische- und Wirtschaftskrise hinwegkommen und wurde stärker als im Laufe der Geschichte je zuvor. Im Jahre 1492 war die letzte iberische maurische Festung, die Burg von Granada, gefallen und mit diesem symbolischen Sieg der katholischen Könige war die Reconquista zu Ende gegangen. Eine beispiellose, in ihren nationalen Traditionen ziemlich heterogen aber eine betrachts ihrer wichtigsten kulturellen Normen perfekt homogene Zivilisationseinheit ist von dem Atlantischen Ozean bis an die Linie des Ladogasees und der Ostkarpaten entstanden. Als in dem gleichen Jahr Christoph Kolumbus unter der Flagge der katholischen Könige bei San Salvador an die Küste der Neuen Welt getreten war, wurde die europäische Geschichte gleichzeitig Weltgeschichte und der mit seiner wahren Stärke wahrhaftig nur versuchende abendländische Geist konnte als berechtigt empfinden, dass er unschlagbar ist, hatte er doch die Weltgeschichte geschaffen.[77]

Das halbe Jahrtausend der flammenden abendländischen Ratio

Das Zeitalter des Aufflammens der abendländischen Ratio hatte angefangen, als sie die Aufmerksamkeit ihrer gleichmütigen Gewaltsamkeit statt der Zurückeroberung des Heiligen Grabes für die damals endlos scheinenden Ozeane aufgewandt hatte, und diese Flamme war verblasst, als der europäische Herd der inzwischen zweizentrisch gewordenen abendländischen Zivilisation[78] über die Jahre des Ersten Weltkrieges eine früher noch nicht sichtbare Verwüstung an sich selbst ausgeführt hatte, und als Ergebnis der nachfolgenden generellen Enttäuschung hatte sie solchen Tendenzen der Selbstverleugnung und Selbstzerstörung freien Lauf gelassen, die die Daseinsberichtigung ihre Hauptbeschaffenheit, treibende Kraft und das wichtigste Element ihrer Existenz in Frage gestellt hatten: erstens die Gemütlichkeit und dann die rationelle Gewaltsamkeit. Die abendländische Ratio hatte zum ersten Mal in ihrer Geschichte Stellungen bewusst aufgegeben, und all diese hatte sie mit nihilistischer Apathie gemacht.[79] Aber wir sollen am Anfang der Geschichte beginnen. Dem Ankommen der Dekadenz nämlich ging die mehren Jahrhunderte dauernde Erfolgsgeschichte des großen Aufstieges voraus.

Die Ära des Aufflammens fing im kulturellen Sinne mit der italienischen Renaissance in dem späteren 13. Jahrhundert an, begann im wirtschaftlichen Sinne mit der Entdeckung von Amerika durch Kolumbus im Jahre 1492 und startete im politischen Sinne nicht früher als 1804, als Napoléon Bonaparte nach der französischen Revolution zum Kaiser der Franzosen gekrönt wurde, zu dem ersten Kaiser seit dem Untergang des Römischen Reiches der sich selbst als Volkssouverän und nicht als von Gottes Gnaden regierender Herrscher sah,[80] zu dem ersten Kaiser, dessen Reich und Einflussbereich seit der Unterteilung des Karolingischen Reiches in etwa bis zu den kulturellen Grenzen von Europa reichte, zu dem ersten Kaiser, der nicht durch die traditionelle Legitimität einer die Geschichte des Volkes repräsentierenden Dynastie, sondern durch die neue Legitimität eines charismatischen Volksleiter herrschte, der der Gesandten

---

[77] Vgl. Spengler I. [...], S. 528.
[78] Huntington [...], S. 61.
[79] Spengler II. [...], S. 536.
[80] Vgl. Tefner, Zoltán: Realization [...] S. 254–255.

einer Ideologie ist.[81] In diesem Kapitel werden wir uns mit den Wurzeln des Aufflammens im kulturellen Sinne beschäftigen.

Wie wir schon erwähnt haben, hat die abendländische Zivilisation zwei Zentren, zwei verschiedene Entwicklungswege: Der kulturell heterogene kontinentale Herd erstreckt sich von dem Atlantischen Ozean bis zu der Ladogasee-Ostkarpaten-Linie und der angelsächsische Herd war ursprünglich das Territorium der sieben frühmittelalterlichen sächsischen Königreiche auf der Insel Großbritannien, aber hatte sich mit dem englischen Kolonisierungsprozess weltweit verbreitet, überall, wo die englischen Siedler die Mehrheit bilden konnten, also zum Beispiel im Bereich des heutigen Neuseelands, Australiens und in den Vereinigten Staaten von Amerika, doch nicht mehr in Südafrika oder Indien. Heutzutage sind das Zentrumland des angelsächsischen Entwicklungsweges schon eindeutig die USA.[82] Die Rechtstaatlichkeit, diese nach sich selbst zurückbiegende Reflexion der großen westlichen Sehnsucht nach Freiheit drückt sich ziemlich unterschiedlich in diesen zwei Interpretationen der abendländischen Existenz aus.

Wir haben schon Stellung genommen, dass es legitime Macht gibt, wenn sie de facto existiert. Legitimität ist nur die Begründung der Macht, nicht ihre Basis oder ihr Schöpfer. Man kann die Macht in mehrfacher Hinsicht begründen, diese Begründung kommt beinahe in allen Fällen automatisch mit dem Sein der Macht zusammen und besteht solange, bis die Macht nicht gestürzt wird. Volkssouveränität ist nur eine Form der Legitimität. Alle Formen der Legitimität bestehen den Test, bis die Menschen sie akzeptieren. Deshalb glauben wir, dass die angelsächsische Interpretation der Legitimität oft in den Wäldern der Übermystifikation haust: Die Herrschaft des Rechts kann nur eine Fiktion sein. Gesetze können nicht herrschen, aber Menschen oder Körper, die aus Menschen bestehen, die die Gesetze erlassen, doch schon. Ægidius Romanus, der Erzbischof von dem französischen Bourges zwischen 1295 und 1316 war und dessen Werke im damaligen England ziemlich populär geworden waren, hatte das berühmte Lex Animata ausgearbeitet, was so lautet: Das Recht ist ein lebloser Herrscher, der Herrscher ist das lebende Recht. Aber wenn wir diese Behauptung dem Verfahren der Dekonstruktion unterziehen, müssen wir einsehen, dass wir einer Form der Übermystifikation gegenübertreten. Gesetze können nicht leben, nur die Menschen, die sie erlassen.

Stellen wir uns eine Goldmünze vor! Die Münze hat zwei Seiten: Kopf und Zahl. Der Kopf ist eine allgemeine mittelalterliche kontinentale Auffassung der Legitimität, das Lex Regia, und die Zahl ist die bekannteste angelsächsische Anschauung der Frage, das Gewohnheitsrecht. Das Geld ist die Paraphe des Fürsten.[83] Diese Analogie ohne die Veränderung der Bedeutung, nach einer Reihe von Transformationen besteht im Wesentlichen heutzutage auch. Das Geld hat Wert, weil es an sich das Abbild des Fürsten trägt, der für seine Stabilität bürgt. Dieses Abbild ist eher wichtiger in Hinsicht des Tauschwertes, als der Goldgehalt der Münze, geschweige denn die Zahl. Die Münze konnte ohne Zahl oder ohne Goldgehalt noch immer als Tauschwert, als Geld funktionieren, aber ohne das Abbild des Fürsten schon nicht mehr. Das besteht, weil

---

[81] Vgl. Fukuyama [...], S. 438-442.
[82] Vgl. Tefner, Zoltán: Paneuropa [...]. S. 62.
[83] Foucault [...], S. 194 und 210.

der Fürst der Münze Bedeutung gibt und ohne Bedeutung wäre die Münze nur ein Metallstück: Die Bedeutung steht über dem Gehalt. Lex Regia und Gewohnheitsrecht sind die zwei Seiten der gleichen Sache, die zwei Seiten der Legitimität.

Die unterschiedliche Begründung der Macht, und diese Macht repräsentierende abweichende Jurisdiktion ist ein ziemlich wesentlicher Aspekt, weil – wie wir schon darauf hingewiesen haben – die abendländische Zivilisation die einzige *Vertragszivilisation* ist. Der Anfang der Vertragsentwicklung überschneidet sich mit der Auflösung der Römischen Reiches, also mit der Geburt des ganzen Kulturkreises, gerade aufgrund dieses Zusammenfallens hatte es sich tief eingebettet und bildet einen organischen Teil der Identität des abendländischen Menschen. In dem frühmittelalterlichen war Europa die Auflösung der Stammesgesellschaft wegen der von der katholischen Kirche eingeführten Regel auf einem gesellschaftlichen Niveau geschehen. Nur für die abendländische Zivilisation kennzeichnet, dass die Staatsinstitutionen nicht auf den Stammesinstitutionen gesiedelt hatten.[84] Die ihren Stammescharakter verlorenen, mit der eroberten romanisierten Bevölkerung verschmolzen germanischen Gesellschaften hatten mit der Hilfe der gesellschaftsorganisierenden Arbeit der katholischen Kirche Systeme der politischen Institutionen geschaffen. Die Macht hatte sich zentralisiert, hatte über einem bestimmten Territorium ausschließliche Kontrolle eingerichtet – dieses Territorium nennen wir souveränen Staat. Für den Frieden hatte nicht mehr das verhältnismäßige Gleichgewicht zwischen den Stammesgruppen, sondern der Staat und die Heere der Funktion des lokalen Staates ausübenden, in der Feudalkette zugebaut gewordenen Oberherren[85] garantiert, die die Gemeinschaft gegen die Nachbarstämme, Nachbarländer und Raubritter verteidigt hatten. Die waren aber noch keine modernen Staaten, sondern viel mehr Systeme der hierarchischen Loyalitäten organisiert auf kirchlicher oder weltlicher Basis. Die Vermögenswerte waren schon im Besitz der Individuen und nicht der Großfamilienorganisation, ihr Eigentumsrecht war steigend voll geworden. Das Eigentum hatten nicht mehr die Verwandten, sondern die Gerichte zur Geltung gebracht und auch die Entscheidung von Rechtsstreiten und die Festsetzung von Schadensätzen wurden in ihrem Dienstbereich gefällt.[86]

Es lohnt sich die kontinentalen und angelsächsischen Entwicklungsrichtungen des abendländischen Weges – wegen der herausragenden Rolle der Rechtstaatlichkeit und Vertragsregelungen in dem abendländischen Kulturkreis – auf die verschiedenen Rechtssysteme zurückzuführen, also auf das kontinentales Recht und auf das angelsächsische gemeinsame Recht (common law). Der kontinentale Entwicklungsweg hatte eine Wirkung in den Gebieten von Europa, wo die Gesellschaft die Jurisdiktion von Justinian anzuwenden begonnen hatte – also die Britischen Inseln ausgenommen alle Territorien des abendländischen Kulturkreises in der alten Heimat – beziehungsweise dort, wo diese Gesellschaften erfolgreiche und das westliche Christentum verbreitende Kolonisierung übernehmen konnten. Natürlich hatte der große Kolonisierungsprozess eine lange Reihe von neuen Pseudomorphosen auf den Weg gebracht, erwähnen wir nur Latein-Amerika.

---

[84] Fukuyama [...], S. 42.
[85] Ebenda, S. 187.
[86] Ebenda, S. 35.

Der Rücken des angelsächsischen gemeinsamen Rechtes ist im Wesentlichen das Gewohnheitsrecht der erobernden angelsächsischen germanischen Stämme. Am Anfang hatte das kontinentale Recht auch das Stammesgewohnheitsrecht der das Römisches Reich erobernden Germanen – später daneben der das Territorium von der Elbe bis an die Ladogasee-Ostkarpaten-Linie überflutenden Slawen und Ungarn – bestimmt.[87] Den Prozess, dessen Nachfolge war, dass die Wiederentdeckung der Gesetzbücher von Justinian in dem größten Teil von zum abendländischen Kulturkreis gehörenden Europa das partikuläre Stammesgewohnheitsrecht durch ein viel mehr folgerichtiger inter- und transnationales Recht ersetzt wurde[88], hatte der Zweikampf der Investiturstreiten zwischen der päpstlichen und kaiserlichen Macht zugelassen.

Nachdem Reformpapst Gregor VII. im Jahre 1075 im Dictatus papæ mit offener Massivität das totale und ausschließliche Machtbedürfnis des Papsttums formuliert hatte, hatte die päpstliche Partei hatte sofort die Arbeit begonnen, um mit Berufung auf das Recht die These der universalen Autorität der Kirche zu stützen. Nur eine Episode der damit verbündeten legalen Forschungsarbeit war, als in dem 11. Jahrhundert in einer norditalienischen Bibliothek die Sammlung der Gesetze von Justinian, das Corpus Iuris Civilis, entdeckt wurde.[89] Das ist auch ein prächtiger Beweis der Pseudomorphose, des Weiterlebens der römischen imperialen Traditionen. Das Codex Iustinianus dient bis heute als Basis der bürgerrechtlichen Traditionen, was in Kontinentaleuropa, in ihren ehemaligen Kolonien und auch in den Ländern, die zum ihren Einflussbereich gehören, aber nicht abendländische Staaten sind, ausgeübt wird. Solche grundsätzlichen Begriffe stammen von der Unterscheidung zwischen öffentlichem und Privatrecht, weiterhin die Trennung des Bürgerrechts von Strafrecht.[90]

Das Codex Iustinianus ist das Endresultat der sehr anspruchsvollen Kodifikation des römischen Rechtes. Unter der Herrschaft von Kaiser Justinian in der ersten Hälfte des sechsten Jahrhunderts hatten die minuziösen Kodifizierungsarbeiten in Konstantinopel, die Hauptstadt des Oströmischen Reiches stattgefunden.[91] Der neue Text bestand aus vier Teilen: aus der Digesta, aus den Institutiones, aus dem Codex und aus den Novellen, darunter war die erste die bedeutsamste. Die Digesta hatte sich mit solchen Themen beschäftigt, wie der Vertrag, die Rechtmittel, der persönliche Status, die Wirtschaft ohne rechtliche Grundlage oder außervertragliches Schuldverhältnis. Sie war eine Komplikation solcher Teile des früheren römischen Rechtes, die die Rechtwissenschaftler des Kaisers als wertvollstes Erbe des früheren – bis heute leider verlorenen – römischen Rechtes gehalten hatten. Die neue Generation der angehenden Rechtswissenschaftler in dem 12. Jahrhundert war mit dem Studium dieser Versammlung aufgewachsen und das machen die Jurastudenten heutzutage in mehreren kontinentalen Ländern mit Rechtsordnung – darunter zum Beispiel in Ungarn – auch so.[92]

Die Rechtswissenschaft war fast sofort Teil des akademischen Lehrstoffs geworden, also dem römischen Recht ergab sich die Gelegenheit, um in neuen, institutionellen

---

[87] Shapiro, Martin M.: Courts: A Comparative and Political Analysis. University of Chicago Press, Chicago, 1981. S. 131.
[88] Ebenda.
[89] Berman, Harold J.: Faith and Order: The Reconciliation of Law and Religion. Scholars Press, Atlanta, 1993. S. 40.
[90] Fukuyama [...], S. 358.
[91] Cantor [...], S. 125–126.
[92] Glendon, Mary Ann – Gordon, Michael W. – Carozza, Paolo G.: Comparative Legal Traditions. West Publishing, St. Paul, 1999. S. 19.

Rahmen wiedergeboren zu werden. Die im Jahre 1088 begründete, in ihrem Rechtsstatus in 1158 von Friedrich I. Barbarossa, Kaiser der Römer, bestätigte Universität von Bologna konnte ihre Popularität in großem Teil dem Lehrstoff und der Lehrkraft verdanken, zum Beispiel, dass die Studenten die Texterklärungen der Digesta von solchen Professoren, wie der große Ireneus hören konnten.[93] Der neue rechtliche Lehrplan hatte die Europäer mit einer solchen geschliffenen Rechtsordnung vertraut gemacht, was sich als vollkommen geeignet zur Ansetzung ohne wesentliche Veränderung für ihre eigene Gesellschaften erwiesen hatte. Die Nachricht des Kodexes hatte sich blitzschnell in jeder Ecke des Kontinents verbreitet, nacheinander hatten die Fakultäten für Recht ihre Toren in Paris, Oxford, Heidelberg, Krakau und Kopenhagen geöffnet.[94]

Die erste Generation der Interpretierenden, die Glossatoren hatten als ihre primäre Aufgabe betrachten, das römische Recht zu rekonstruieren und zu reproduzieren. Später hatten die Gesinnungswende von Thomas von Aquin und die von ihm begründete philosophische Tradition die Rechtswissenschaftler der folgenden Generationen dazu angeregt, den erreichbaren Rechtsstoff nicht mechanisch zu reproduzieren, sondern die Bedürfnisse des Gesetzgebers und wie man das Recht in neuen Situationen anwenden kann zu verstehen.[95] Die an den europäischen Universitäten wiedergeborene klassische Tradition hatte sich nicht einfach mit der Heraufbeschwörung der statischen Texte, sondern mit der Untersuchung des zugrunde liegenden Sinnes beschäftigt.[96]

Aus den neuen Universitäten kam eine professionelle, getrennte Juristenschicht heraus, die im Besitz ihres speziellen Wissensstoffes fähig war die klassischen Texte auszulegen. Die weltlichen und kirchlichen Autoritäten fanden gleichermaßen heraus, dass es sich auf die spezialisierten Kenntnisse der Juristen während der Entscheidungsfindung zu verlassen lohnt, speziell im Bereich des Handelsrechtes, wo die Verträge und das Eigentumsrecht eine hervorragende Rolle haben.[97] Das römische Recht hatte Europa fähig gemacht, um über die Systeme der hierarchischen Loyalitäten organisierend auf kirchlicher oder weltlicher Basis hinauszugehen und die Grundvoraussetzungen des modernen Staates zu konstruieren. Die Idee des Reiches konnte endlich wieder eine Realität werden. Das Wesen im politischen Sinne der ganzen Renaissance war die Wiedergeburt des römischen Rechtes.

Wir haben schon früher dafür argumentiert, dass die persönliche Seite der Macht immer wichtiger ist, als ihre abstrakte Seite. Lex Regia war die offizielle Begründung der persönlichen Legitimität unter dem römischen Kaisertum, praktisch war es für die Bestätigung der kaiserlichen Macht benutzt. Laut Rex Regia hatte das Volk von Rom die Macht dem Kaiser ausdrücklich gewährt, um den Staat zu erhalten. Weil es die Idee der originellen Volkssouveränität repräsentiert hatte, wurde es in den folgenden Jahrhunderten nicht nur von Absolutisten, sondern auch von Demokraten zitiert.[98] Die moderne Europakonzeption, also die Vorstellung eines zentralisierten universalen

---

[93] Berman [...], S. 123-127.
[94] Strayer, Joseph R.: On the Medieval Origins of the Modern State. Princeton University Press, Princeton, 1970. S. 114. ; Glendon – Gordon – Carozza [...], S. 25.
[95] Ebenda, S. 24.
[96] Fukuyama [...], S. 360.
[97] Ebenda.
[98] Tamanaha [...], S. 12-13.

Reiches spiegelte sich in den politischen Werken von zwei frühhumanistischen Autoren, Tolomeo da Lucca (1236-1327) und Dante Alighieri (1265-1321) wieder. Tolomeo da Lucca, der Schüler von Thomas von Aquin hatte den abendländischen Universalismus im Rahmen einer solchen Formation vorgestellt, wie es die Römische Republik war. Er hatte auch für den Republikanismus argumentiert und hatte gemeint, dass den Individuen politische und bürgerliche Rechte gebühren und bestimmte Gruppen, zum Beispiel die Städte ihre Privilegien und Freiheitsrechte behalten sollten.[99]

Die große Vision von Dante war die Vereinigung von Italien und der Welt, welche damals im Wesentlichen mit dem europäischen Kontinent identifiziert wurde. Die bewegende Kraft, die berufen ist, die Vereinigungsarbeit zu vollziehen, erscheint ihm in der Person des Kaisers. Nach seiner Theorie hängt die Autorität des Kaisers unmittelbar von Gott ab. Deshalb ist der Kaiser der Römer neben dem Papst, der die Kaiser laut alten karolingischen Rechts krönt, die einzige zuständige Persönlichkeit für die Verwirklichung dieser großen Aufgabe. Dieser Zustand, „das Goldene Zeitalter", kündigt sich aber erst dann an, wenn die ganze Menschheit, den Partikularismus ablehnend, auf den Weg des Universalismus tritt. Es ist nicht schwer nachzuweisen, dass die politischen Ereignisse hieran den stärksten Anteil haben werden. Die Italiener können also nur dadurch zum modernen Menschen werden, wenn es ihnen gelingt, ihre eigene nationale Einheit mit den höhergestellten Normen in Einklang zu bringen.[100]

Zusammenfassung

In unserer Studie haben wir versucht die Grundlagen der geistlichen Entwicklung des abendländischen Kulturkreises detailliert niederzuschreiben. Wir haben die Ursachen und die Umstände der Geburt der faustischen Kultur, die Entwicklung der westlichen Ratio und Geschichtegesinnung, beziehungsweise das Wesen der abendländischen Gesellschaftsentwicklung und der faustischen Moral dargestellt, angelehnt an deutsch- und fremdsprachige Quellen der Fachliteratur der Geschichte, der Rechtswissenschaft, der Politikwissenschaft und der Philosophie. Wir glauben, dass wir unsere Hauptforschungsfrage, also was der Grund dafür sein kann, dass *die in Europa lebenden meist romanischen, germanischen und slawischen, minder baltischen, finnougrischen und türkischen Völker ungeachtet des Unterschiedes ihrer Kulturen in der Lage waren, eine unteilbare und untrennbare Zivilisationsnorm festzulegen, ergebnisvoll beantworten konnten.*

Neben der Bekanntgabe des detaillierten Zivilisationsentwicklungsprozesses des abendländischen Kulturkreises haben wir die These der permanenten Pseudomorphosen von Spenglers berühmter Konzeption ausgegangen konstruiert, danach haben wir ein Modell aufgerichtet, was den Zweizentrismus der abendländischen Zivilisation mit der unterschiedlichen Rechtsentwicklung begründet, die hervorragende Rolle der Rechtsstaatlichkeit und der Verträge in dem abendländischen Kulturkreis hervorgehoben. Auf dieser Grundlage hatten wir die abendländische Zivilisation Vertragszivilisation genannt.

---

[99] Nederman, Cary J. – Sullivan, Mary Elizabeth: The Polybian Moment: The Transformation of Republican Thought from Ptolemy of Lucca to Machiavelli. European Legacy, 2012, Vol. 17 Issue. S. 867–881.
[100] Tefner, Zoltán: Paneropa [...], S. 9–11.

Literatur:

- Bairoch, Paul: International Industrialization Levels from 1750 to 1980. In: Journal of European Economic History, Fall 1982, vol. 11. pp. 269-334.Berman, Harold J.: Faith and Order: The Reconciliation of Law and Religion. Scholars Press, Atlanta, 1993.
- Berman, Harold J.: Law and Revolution: The Formation of the Western Legal Tradition, Harvard University Press, Cambridge, 1983.
- Berman, Harold J.: Religious Foundations of Law in the West: An Historical Perspective. Journal of Law and Religion, 1/1, 1983.
- Bibó, István: Az európai társadalomfejlődés értelme [Der Sinn der europäischen Gesellschaftsentwicklung]. MTA Kézirattár, Ms 5113/5. 1971-1972.
- Blackstone, William (Sir): Commentaries on the Laws of England. Birch and Small, Philadelphia, 1803.
- Bloch, Marc: A feudális társadalom. Osrirs Kiadó, Budapest, 2002.
- Brand, Paul: The Formation of the English Legal System, 1150-1400. In Padoa-Schioppa, Antonio (ed.): Legalisation and Justice. Clarendon Press, New York, 1997.
- Brzezinski, Zbigniew: Out of Control: Global Turmoil on the Eve of the Twenty-First Century. Maxwell Macmillan Canada, Toronto, 1993. p. 240
- Cantor, Norman F.: The Civilization of the Middle Age. Harper, New York, 1993.
- Condillac, Étienne Bonnot de: Grammaire. H. Verdière, Paris, 1821.
- Condorcet, Jean-Antoine-Nicolas de Caritat (marquis de): Esquisse d'un tableau historique des progres de L'esprit humain. Bibliothèque choisie, Paris, 1829.
- Foucault, Michel: A szavak és a dolgok. Osiris Kiadó, Budapest, 2000.
- Fukuyama, Y. Francis: A politikai rend eredete – Az ember előtti időktől a francia forradalomig. Akadémiai Kiadó, Budapest, 2012.
- Fukuyama, Yoshihiro Francis: The End of History? In: Quadrant, August 1989, vol. 33(8).
- Glendon, Mary Ann & Gordon, Michael W. & Carozza, Paolo G.: Comparative Legal Traditions. West Publishing, St. Paul, 1999.
- Goody, Jack: The Development of the Family and Marriage in Europe. Cambridge University Press, New York, 1983.
- Hayek, Friedrich A.: Law, Legalisation and Liberty. University of Chicago Press, Chicago, 1976.
- Hegel, Georg Wilhelm Friedrich: Vorlesungen über die Philosophie der Geschichte. Suhrkamp, Frankfurt am Main, 1989.
- Huntington, Samuel P.: A civilizációk összecsapása és a világrend átalakulása. Európa Könyvkiadó, Budapest, 2004.
- Lewis, Bernard: Islam in the West. Oxford University Press, New York, 1993.
- Lukowski, Jerzy & Zawadzki, Hubert: A Concise History of Poland. Cambridge University Press, Cambridge, 2001.
- Makkai, László: The Hungarians' Prehistory, Their Conquest of Hungary and Their Raids to the West to 955; The Foundation of the Hungarian Christian State, 950-1196. In: Sugar, Peter F. (ed.): A History of Hungary. Bloomington, Indiana University Press, 1990.
- Mehren, Arthur T. von: The Civil Law System: Cases and Materials for the Comparative Study of Law. Little, Brown and Company, Boston, 1957.

- Moynihan, Daniel P.: Pandaemonium: Ethnicity in International Politics. Oxford University Press, Oxford, 1993.
- Nederman, Cary J. – Sullivan, Mary Elizabeth: The Polybian Moment: The Transformation of Republican Thought from Ptolemy of Lucca to Machiavelli. European Legacy, 2012, Vol. 17 Issue.
- Pollock, Frederick (Sir) & Maitland, Frederick W.: The History of English Law before the Time of Edward I. Cambridge University Press, Cambridge, 1923.
- Service, Elman R.: Origins of the State and Civilization. The Process of Cultural Evolution. W. W. Norton & Company, New York, 1975.
- Shapiro, Martin M.: Courts: A Comparative and Political Analysis. University of Chicago Press, Chicago, 1981.
- Simon, Bálint: Faust auf dem Loreleyfelsen. Zivilisationsauslegungen und der Zustand des Abendlandes in der Morgendämmerung des dritten Jahrtausends. Ein Essay, Corvinus-Universität Budapest, 2015.
- Spengler, Oswald: A Nyugat alkonya I. – Alak és valóság. [Der Untergang des Abendlandes I – Európa Könyvkiadó, Budapest, 1995.
- Spengler, Oswald: A Nyugat alkonya II. – Világtörténeti perspektívák [Untergang des Abendlandes II – Welthistorische Perspektiven]. Európa Könyvkiadó, Budapest, 1994.
- Strayer, Joseph R.: On the Medieval Origins of the Modern State. Princeton University Press, Princeton, 1970.
- Szűcs, Jenő: Vázlat Európa három történeti régiójáról [Eine Skizze über drei historische Regionen Europas]. Magvető Kiadó, Budapest, 1983.
- Tamanaha, Brian Z.: On the Rule of Law. History, Politics, Theory. Cambridge University Press, Cambridge, 2004.
- Tefner, Zoltán: Paneuropa. Die Entwicklung des paneuropäischen Gedankens. Grundrisse einer Synthese. Corvinus-Universität Budapest, 2012.
- Tefner, Zoltán: Realization of Justice in the European Union: Does EU Promote Justice? In: Laurinkari, Juhani (ed.): Justice and Solidarity: The European Utopia in a Globalising Era. European Academy, Kuopio, 2015.
- Weiner, Myron: Global Migration Crisis. Harper-Collins, New York, 1995.

Béla Borsi-Kálmán (Eötvös-Loránd-Universität Budapest):

DISKUSSION ZWISCHEN DEN SO GENANNTEN „PLEBEJERSCHRIFTS-STELLERN" UND DEN „URBANENSCHRIFTSSTELLERN" JÜDISCHER HERKUNFT IN HEUTIGER LESUNG

D er Gegensatz zwischen „Plebejerschriftstellern" und „urbanen Schriftstellern" ist auf die Anfänge der bürgerlichen Entwicklung zurückzuführen. Also keineswegs ist er eine Erscheinung up to date. Schon mit der Bezeichnung drängen Probleme auf. Aus einem Text von 2011 kommt deutlich hervor, dass es selbst um die Deutung des Begriffes einen Gedankenwirrwarr gibt. Einer meint so, der andere versteht etwas anderes darunter. In einem zeigen jedenfalls die Deutungen auf deutschem Boden in eine bestimmte Richtung: Plebejerschriftsteller oder Volksschriftsteller sind unter dem Volke, im Leserkreis diejenige Schriftsteller, die „populär", also gelesen sind. Aber nicht ganz. Darüber so der Autor: „Ich habe den Begriff »Volksschriftsteller« in Gänsefüsse gesetzt, weil mir nicht so ganz wohl bei dieser Formulierung ist."

1. Das Kernproblem des Gegensatzes: begriffliche Abgrenzung

Zwar waren (und sind) Dickens und May sehr populär, aber ich meine mich erinnern zu können, dass nach Gottfried August Bürger, dem großen Balladenpoeten des 18. Jahrhunderts, der Volkspoet über weit mehr Qualitäten verfügen muss als nur über eine hohe Auflage. Wenn ich mich recht entsinne, galten Homer und Shakespeare dem Herrn Bürger als ideale Dichter ihres jeweiligen Volkes. Heutzutage zählt man beide zur Weltliteratur - was nicht unbedingt ein Gegensatz zur »Volksliteratur« sein muss, denn auch Dickens und May haben beachtliche Spätwerke abgeliefert.[1]

Ungarn ist diesbezüglich ein Sonderfall. Vor dem Zweiten Weltkrieg war das Spektrum der ungarischen Literatur sehr weit: Da gab es das bürgerliche Lager, Sozialisten, Kommunisten, die Avantgarde der Form und Volksschriftsteller.[2] Aber das fünfte Glied dieser Aufzählung darf nicht im westeuropäischen Sinne aufgefasst werden. Volksschriftsteller, den gab es in der ungarischen Literatur viel, beliebt, gelesen, populär, aber worüber wir hier sprechen wollen, ist etwas anderes. Besser ist es, sie *„Plebejerschriftssteller"* zu nennen, um die Missverständnisse zu vermeiden.

Wer waren sie? Aus der kurzen Aufzählung von oben begegnen wir der der ungarischen sozialen Realität, der Zersplitterung des ungarischen geistigen Lebens, den divergierenden Ideen und Vorschlägen, wie man die miserable Lage der benachteiligten Gesellschaftsschichten entheben könnte. Die Fragen bezogen sich auf die gleichen sozialen Missstände, die Art und Weise, wie man sie zu Griff nehmen konnte, war aber recht unterschiedlich. Die Kommunisten bevorzugten die Allmacht der marxistischen Lösung, namentlich den Klassenkampf und die mit diesem eng verbundene Weltrevolution, die Sozialisten die menschliche Solidarität und die Avantgarde dachte an nichts, nur reflektierte mit den Waffen des Schocks auf die Missstände: „vielleicht werden die verantwortlichen Politiker ihrer Verantwortlichkeit inne" – dachten sie.

---

[1] http://www.klassikerforum.de/index.php?topic=4455.0. Klassikerforum. Heruntergeladen: 12. 08. 2016.
[2] http://www.ungarn-guide.com/literatur_04.php.Heruntergeladen: 20. 08. 2016.

Aber die Sozialpolitik wurde durch übermäßiges Schockieren nicht besser. Dazu brauchte das Besserwerden der Umstände die opferbereite Teilnahme der ungarischen Zivilbewegung. Manche Konzepte in der Kirche aller Konfessionen kamen auf die Welt, die die Armut und die soziale Unterworfenheit zu beseitigen berufen waren. Die Plebejerschriftsteller passten dieser Bewegung zu. Außer ihrer am meisten privilegierten literarischen Gattung, der Soziographie schufen sie in fast allen Gebieten der zeitgenössischen Belletristik. Ein schlagender Beweis ist es dazu, dass ihr Sammelname „Volksschriftsteller" keine stilistische oder literaturphilosophische Stellungnahme war, sondern eine tiefe Identifizierung mit dem „Volk", ganz konkret mit den Landbauern unterster Schicht, mit dem mittellosen Heer der Gutsherrschaftsknechte, Kleinhäusler und Tagelöhner. Mit den Ärmsten, mit den am meisten Ausgestoßenen.[3]

Viele von ihnen entstammten dieser frustrierten Population, wodurch sie die soziale Realität, die Politik, die Wirtschaft und die Kultur mit anderen Augen betrachteten als Kollegen aus städtischer Umgebung. Das ist ein Punkt, in dem die beiden Lager zu unterscheiden sind. Was aber die Arbeiter in der Industrie anbetrifft, haben sie nur „per tangentem" beobachtet. Sie ließen diese Sache, das Lancieren des Loses der Letzteren dem sozialistischen und bürgerlichen Lager zufallen. Und der Kern des Gegensatzes steckt in dieser abweichenden soziokulturellen Determination. Das Anderssein und Andersdenken muss keineswegs als etwas Mystisches angesehen werden, sondern nur als Lebensform, Lebensqualität, Sozialisation, unmittelbare Nähe der Flora und der tierischen Welt. Was in den Großstädten überhaupt nicht lebensnah ist.

2. Die Juden in Ungarn und die Ungarn mit jüdischen Wurzeln in ihrem Verhältnis zu den Bereichen Wirtschaft und Soziales

Die jüdische Bevölkerung in Ungarn – unabhängig davon, ob sie assimiliert oder nicht assimiliert war – stand eine lange Zeit, bis etwa 1867 unter wirtschaftlicher, politischer und moralischer Diskriminierung. Unter anderem war ihnen bis etwa zu den 1860-er Jahren der Ackerbau praktisch nicht erlaubt, daher ist es so, dass auf dem Lande in den kleinen Siedlungen ein zahlreiches, sich mit Landwirtschaft beschäftigendes Judentum sich nicht herausentwickeln konnte.[4] In den kleinsten, Lebensmittel produzierenden Gemeinden des Ungarischen Königreiches führte es in den 18. und 19. Jahrhunderten zu einer Erstarrung der örtlichen Gesellschaftsstruktur, die das Zunftwesen noch mehr „einbetonierte" hatte. Einige Meisterschaften(Schneider, Blaufärber, Fleischer) durften

---

[3] Die Literatur in Ungarisch über diese Spaltung zeigt einen zahlenmäßigen Reichtum. Nur einige hervorgehoben: Fricz, Tamás: A népi–urbánus vita tegnap és ma [Die Kontroverse „népi-urbánus" gestern und heute]. Politikatörténeti Füzetek 7. Napvilág Kiadó, Budapest, 1997.
[4] Tefner, Zoltán: A [kötcsei] zsidóság története. [Geschichte der [Kötschinger] Juden]. In: Kötcse monográfiája [Monographie von Kötcse]. Kötcse község önkormányzata, 1996. Im 19. Jahrhundert gab es in dem Ungarischen Königreich Einzelfälle, als ausnahmsweise einige jüdisch Familie Acker bebaut hatten. In Kötcse/Kötsching, in einer multikulturellen, von Schwaben, Ungarn und Juden bevölkerten Kleingemeinde nicht weit vom Balaton beschäftigt sich der Jude Mózes Weisz mit Ackerbau als Fronhof besitzender Leibeigener. S. 152. [*Hiermit bedanken wir uns dem Herrn Professor Zoltán Tefner für seine wertvolle Hilfe, als er seine Texte über das Judentum in der Nord-Somogy zur Verfügung stellte; so hat er wesentlich dazu beigetragen, dass das Problem auch auf mikrohistorischer Ebene begrifflich wurde.– B.K.B.*]

nur Juden ausüben, einige nur Christen (Weber, Zimmermann, Tischler, Bogner)[5]. Die multikulturelle und *geschlossene (also nicht offene)* Gesellschaft funktionierte reibungslos, der „Burgfrieden" herrschte über die Gewässer.[6]

Handel, Gewerbetreiben, Pachtwirtschaft, Geldanleihe: diese Branchen konnten nur den Lebensunterhalt der Juden sichern, und gleichzeitig das Recht der freien Ansiedlung leitete dahin, dass sie im Laufe des 19. Jahrhunderts in maßgebender Zahl Stadtbewohner, also „Urbanen" geworden waren. Diese sich aus der politischen Diskriminierung erschließenden Spaltung zwischen Juden und Nicht-Juden blieb fast unverändert bis zum Holocaust, sogar noch weiter.

Welche Perspektiven eröffneten sich vor den Juden in den letzten zwei Jahrhunderten, in der sie sich durchsetzen konnten? In der Wirtschaft erlebte die jüdische Ober- und Mittelklasse eine Renaissance. Schon in den 1850-er Jahren fing es mit der „Gründerzeit" an, viele Mittel- und Großbetriebe, Werkstätte ließen jüdische Kapitalbesitzer auf die Welt kommen.[7] Bis zum I. Weltkrieg wuchs die Zahl der Gewerbetreibenden, Industriellen, Finanzmänner und der Honoratioren erheblich an: 36,4% aller in der Industrie Tätigen waren Juden. Bei den Advokaten belief sich diese Zahl auf 45,4%, bei den Ärzten 48,4%, bei den Journalisten 42,4%.[8]

Auffallend rege funktionierte im Kreise des jüdischen, vorwiegend religiösen Bürgertums die soziale Versorgung: Die karitative Tätigkeit unterschiedlicher jüdischer Vereine, Kirchengemeinden, Klubs umfasste praktisch fast das ganze Netz der Armenversorgung[9], die Ende des 19. Jahrhunderts noch den ganzen sozialen Bereich beherrschte und nur seit den 1930-er Jahre ging sie mit dem Eintritt der Regierung in die soziale Angelegenheiten auf die moderne Sozialpolitik über[10]. Obwohl die Sozialpolitik in den 1890-er Jahren sich auf Anregung der römisch–katholischen Kirche eine die ganze christliche „Weltgesellschaft" erheblich beeinflusste[11], lief eine sozialpolitische „Revolution" auch in den jüdisch-religiösen Gemeinschaften parallel ab. Die Zielsetzung der Programme wurden Mäßigung der gesellschaftlichen Ungerechtigkeiten und die finanzielle, aber vor allem die moralische Bekräftigung der ungarischen Nation[12], an deren Durchführung die jüdische Schicht der ungarischen Gesellschaft mit voller Kraft Anteil nahm. Unter den besten Mitwirkenden finden wir diese stark assimilierte

---

[5] Der christliche Teil besaß nicht selten zweierlei Berufe: Landwirtschaft und als Nebenbeschäftigung Handwerk.

[6] Tefner, Zoltán: A [kötcsei] zsidóság [...], S. 150–151.

[7] Venetianer, Lajos: A magyar zsidóság története: különös tekintettel gazdasági és művelődési fejlődésére a XIX. században [Geschichte des ungarischen Judentums: mit besonderer Rücksicht auf die wirtschaftliche und kulturelle Entwicklung im XIX. Jahrhundert]. Könyvértékesítő Vállalat, Budapest, 1986.

[8] Gonda, László: A zsidóság Magyarországon 1526–1945 [Das Judentum in Ungarn 1526–1945]. Századvég Kiadó, Budapest, 1992. S 148.

[9] Tefner, Zoltán: Das Zeitalter des Dualismus (1867–1914). In: Erika Cser–Juhani Laurinkari–Mária Sárosi–Zoltán Tefner: Grundlinien der ungarischen Sozialpolitikgeschichte. Ein internationaler Ausblick. Hrsg.: Juhani Laurinkari, Zoltán Tefner. disserta Verlag, Hamburg, 2013. S. 70–75.

[10] Cser, Erika: Sozialpolitische Umwandlungen in Ungarn zwischen den zwei Weltkriegen. In: Erika Cser–Juhani Laurinkari–Mária Sárosi–Zoltán Tefner: Grundlinien [...] S. 120–124.

[11] Ebenda. S. 122. Vor allem nach dem Erlass der „Rerum Novarum" von Pius XIII.

[12] Ebenda. S. 123.

Gruppe, die sich für den liberalen Staat, für ihre nationalen und gleichzeitig sozialen Aspekte einsetzte.[13]

3. Ob der ungarische Nationalismus eine Gefahr bedeute?

So viel über die begriffliche Distanzierung. Nachhinein wird das vorliegende Studium auf sein eigentliches Vorhaben überwechseln. „Mit einem Fragezeichen versehener ungarischer Nationalismus" – mit dieser verblüffenden Themenbestimmung würden wir uns an den Gegenstand annähern. Weil der Nationalismus in diesem extremen Fall der Diskussion zwischen den „népiesek" und „urbánusok" der Hauptdarsteller ist. Dazu muss man jedenfalls einige grundsätzliche Charakterzüge des ungarischen Nationalismus in knappen Zügen darstellen.

Man soll mit den „klassischen" Problemkreisen des ungarischen Nationalismus anfangen, und zwar mit der Frage, warum diese eigenartige Variante der mittel- und südosteuropäischen Nationalismen auch heute noch Argwohn, Schrecken, manchmal gerade Angst hervorrufen kann? Wenn nicht in der Gedankenwelt dieser Völker selbst, dann zumindest im Bewusstsein und in den Reflexen der Intelligenz der erwähnten Völker? Und was noch häufiger der Fall ist, und gelegentlich noch schädlicher sein kann, in der tief versteckten Routine mancher politischen Kreise oder ihrer Ratgeber dieser Region, auf der die ausführlich ausgearbeiteten Berechnungen dieser Kreise beruhen? Diese Fragestellung wird gleich klar, wenn man *zwei*, in Westeuropa – ausgenommen die Fachleute – weniger bekannte Faktoren in Betracht zieht.

Den ersten Faktor dürfen wir einen *historischen* nennen, und zwar weil der ungarische Nationalismus die virulente Etappe seiner Entwicklung nunmehr im Großen und Ganzen hinter sich hat. Das ist einer Revelation zu verdanken: Die „kultivierten Köpfe" in Ungarn haben den Misserfolg ihrer Bestrebungen um den Ausbau eines ungarischen Nationalstaates stufenweise verstanden, die sie nämlich begriffen: Diese Schritte im 19. Jahrhundert von der Quelle an zu spät getan worden waren. Das heißt die Vergeblichkeit des Eilmarsches um die Schaffung *jenes* virtuellen Ungarns, das sie prinzipiell liberal und natürlicherweise demokratisch nannten. Sie haben an eine gewisse Art von einem anreizenden und beispielgebenden Staat gedacht, an eine „Hungaria historica", die anreizend für alle Einwohner der Region Karpatenbecken gewesen sein sollte, selbstverständlich unter Bewahrung der territorialen Integrität. Mit einem anderen Wort: Diese schon zu Beginn der 1000-er Jahre existierende, seinem Charakter nach rein feudalistische, aristokratische und multiethnische soziale Staatsentität hätte sich in solche Form umwandeln mögen, mindestens in den Vorstellungen der hervorragen-den Gestalten der ungarischen adeligen Klasse – nach dem französischen Vorbild von 1789. Zuerst mit einer wiederhallenden und vielversprechenden Revolution in den Jahren 1848/49, dann 1867 mittels einer geostrategisch riskanten Kompromiss mit der Habsburger Dynastie, im Rahmen des österreichisch–ungarischen dualistischen (föderalistischen) Reiches.

Zusammenfassend: alle diese, die Integration, den strukturalen Umbau, die Moderni-sierung der Donau-Karpaten-Region erzielenden Konzepte, Bestrebungen, politischen Wünsche als Gesamtheit können wir mit Recht für ein ungarisches liberales Experi-

---

[13] Ebenda. S 123. Siehe noch: Magyary Zoltán: A nemzeti szocialista községi igazgatás [*Die national sozialistische Gemeindeverwaltung*]. Budapest, 1936.

ment des 19. Jahrhunderts halten. Sein Scheitern – teilweise seine absichtliche Entgleisung – ist in den Jahren 1918–1920 eingetroffen, als Österreich–Ungarn zerlegt wurde, und Mittel-Europa begraben wurde, damit man die so genannten „neuen Nationalstaaten" (sie waren Akteure in der Zerlegung) begünstigt werden.

Wir wollen – trotz allem Anschein – diese missglückte Geschichte nicht detailliert darstellen (im Grunde genommen war sie eine nur halb erfolgreiche bürgerliche Umgestaltung sowie halb erfolgreiches Nationalwerden). Diese Darstellung überlassen wir den groß angelegten Monographien und übertrieben spezialisierten Diskursen. Doch um den zweiten Gedankenbogen unserer Erörterung verständlich zu machen, müssen wir die Aufmerksamkeit auf drei, miteinander im Zusammenhang stehenden Tatsachenlenken, die bereits in der von uns oben kurz und zwangsweise oberflächlich aufgerissenen Skizze sichtbar seien.

Vor allem können wir die ungarische politische Entwicklung, die auf Grund der Gesetzmäßigkeiten der längerfristigen Prozesse – *longue durée* – aus der organisch strukturierten fernen Vergangenheit und aus den vererbten feudalistischen Institutionen hervorkommt, mit den sich ständig wiederholenden und verzweifelten Anstrengungen des ungarischen Adels verwechseln. Diese Anstrengungen bezogen sich nämlich darauf, dass sie mit Hilfe von politischen Kombinationen und modernistischen sozialen Reformen ihre gesellschaftliche Führungsrolle sowie die territoriale Integrität der Länder der Stephanskrone (des „historischen" Ungarns) behüten. Ein bisschen vereinfachend, aber Zweierlei sind von dieser Behauptung abzuleiten. Historisch ist es gut untermauert, dass die ungarische gesellschaftliche Entwicklung von dem *adeligen Charakter* bestimmt ist. Hier bemerkt man die *aristokratische* Eigenart der mentalen Struktur des ungarischen nationalen Bewusstseins, außerdem seine typische Neigung zu „*historisieren*".

Zweitens verfügt die ungarische Entwicklung, die Geburt der modernen ungarischen Nation, so wie im Falle von anderen Entwicklungsmodellen anderer Nationen, über ihre eigene, gut unterscheidbare *historische Zeit*, eine Zeitebene, die notwendigerweise in keiner harmonischen Zeitkongruenz mit der historischen Fortschritt der das damalige Ungarn behausenden anderer Volkgruppen steht. Sogar mehr: Die Verschiebung der Zeitebenen – passender französischer Fachbegriff: *decalage* – kann manchmal sehr bedeutend sein, und sie drückt freilich einen Stempel den Argumentationen, den politischen Klügeleien auf, oft regt sie schwere Missverständnisse, Irrungen, sogar Abneigungen und gegenseitige Vorurteile auf. Und gerade hier ziehen auch die kaum ersichtlichen Fäden des gordischen Knotens der „nationalen Frage" (so zu sagen die der Minderheitenproblematik). Die Schwere der Lage wird dann auch dadurch größer, da die rumänische Nationalfrage *teilweise* (in Siebenbürgen) sich mit der ungarischen Nationalfrage vermischt.[14] Was aber das moderne Nationalbewusstsein der Slowaken anbelangt, scheint das Problem ein bisschen noch komplizierter zu sein: Wie kann die *eigenständige* historische und mentale Entwicklung definiert werden, wenn die Vergangenheit, der geographische Raum und das Staatsgebiet identisch sind, die

---

[14] Siehe unter anderem: Miskolczy, Ambrus: Kísérlet az interetnikus kapcsolatok szabályozására: az első magyar nemzetiségi „törvény" [Versuch zur Regelung der interethnischen Kontakte: das erste ungarische „Nationalitätengesetz"]. In: Magyar Tudomány, 2000/3. S. 279–288.

Bevölkerung gehört der gleichen Konfession, und der Adel, weiterhin die städtische Bevölkerung sehr gemischt ist?

Drittens: Man darf nicht vergessen, dass diese Entwicklungs- und Gestaltungsprozesse – selten gibt es nur einige Ausnahmen, wie Ungarn in den Jahren 1848/49 – von oben nach unten vor sich gegangen sind. Eine der Triebkräfte und eines der Sprachröhre dieser Veränderungen war die im zeitgenössischen Wortgebrauch *Intelligenz* genannte „nationale" geistesschaffende Elite: Sie sind aus den Reihen der unteren Geistlichen der Minderheitenregionen herausgekommen, außerdem aus der Gruppe der Minderhei-tenintelligenz, die ethnisch und konfessionell aus dem Bauerntum kam und von der damaligen ungarischen politischen Klasse sowohl politisch als auch konfessionell unterschiedlich war.[15] Dieses ethnisch–gesellschaftlich–kulturelle Anderssein erklärt dann die Abweichungen im Erzählen der Vergangenheit, in den die Geschichtsschrei-bung bezogenen Diskussionen, in den konflikterregenden Störungen in der Denkweise der interessierten Völker, in ihrem Ursprungsmodell und Nationalbewusstsein. Diesbezüglich kann man sogar die Ungarn nicht ausnehmen.

Also wenn es nur eine annähernde Antwort auf die hierbei angeschnittene Frage gibt, sie ist – mit einem kleinen wohlwollenden Optimismus – so zu summieren: Die Gefahr des „klassischen" ungarischen Nationalismus kann *heute* als *spärlicher* angesehen werden, als eine Gefahr einer slowakischen oder rumänischen Identitätsstörung. Letztere bedingen die Missverständnisse, manchmal Missdeutungen der komplizierten gemeinsamen Vergangenheit, der Komplementarität und der gegenseitigen Zusam-menhängen. Und noch dazu die *décalage*, die hier kaum zu vermeiden ist.

4. Warum kann der Nationalismus in dem heutigen Ungarn als eine heikle Frage betrachtet werden?

Wirtschaftlich–politisch–mentale Rahmenbedingungen. Begünstigte der Kon-junktur

Die Anregung der Frage ist im Grunde falsch, absichtlich provokativ rhetorisch, auf die die Antwort gleichzeitig sehr einfach und äußerst kompliziert. Gerade die Erklärung ist also gewohnheitsüblich, deshalb, weil der liberale Nationalismus des 19. Jahrhunderts von seiner Geburt an eine „beherrschende Idee", ein lebenswichtiges Problem der Gesellschaft des alten Ungarn war. Der politischen Klasse hat es grundsätzliche Bedeutung beigemessen, der nicht ungarischen Bauernmassen aber das Haupthinder-nis, indem sie – natürlich abgesehen von wenigen Ausnahmen – durch das „Sieb" der Evolution adeliger Art massenweise nicht durchkommen konnten. (Vielen von ihnen bedeutete es ebenso eine Absurdität, wie dem Kamel durch das Nadelöhr durchzu-kommen.) Endlich aber nicht letztlich, den liberalen ungarischen Nationalismus und hauptsächlich den Lebensstil, mit dem dieser Nationalismus verbunden war, betrach-teten diejenigen gleichzeitig als etwas Anzueignendes, zu Erlernendes und als ein lebhaft erstrebtes Ziel, die integrieren und assimilieren wollten oder konnten, mit anderem Wort, die dazu *fähig* waren. Insbesondere im Zeitalter des Dualismus, das – wir wiederholen – zwischen 1867 und 1918 ohne Zweifel eine der progressivsten und am meisten dynamischen[16] Periode der ungarischen Geschichte war, und die wirtschaft-

---

[15] Vor allem geht es hier um die Rumänen, die konfessionell der griechischen Religion zugehörig waren.

[16] Über die Dynamik wird in fachlichen Kreisen immer noch diskutiert. Siehe dazu:

lich–gesellschaftlich–zivilisatorischen Ergebnisse haben den Grund zu der modernen ungarischen und europäischen Gesellschaft gelegt.

Obwohl ist es in Fachkreisen gar nicht unbekannt, während in der öffentlichen Meinung nur teilweise bekannt: Dieser von uns skizzierte wirtschaftlich–politisch–mentale Rahmen Begünstigte hatte. Eine der am meisten begünstigten Gruppen waren die Juden aus dem aschkenasischen Stamm, die zu Ende des 18. Jahrhunderts uns am Anfang des 19. aus Deutschland, Böhmen, Mähren sporadisch nach dem historischen Ungarn gekommen sind. Später sind Juden in immer größeren Wellen aus Galizien, Polen und Russland angekommen. Ihr anderer Charakter, weil ihre „orientali-sche" Tracht, andere Lebensart den früher Angekommenen abwich, erweckte den Anschein, als wenn sie „zahlreicher" gewesen wären, als wenn sie die „überwältigende Mehrheit" gebildet hätten.[17] Nur selten kennt die europäische Geschichte solche fruchtbaren Interessenvereinigungen, wie die Symbiose zwischen dem ungarischen Adelstand und dem aus ihren polnisch–ukrainischen Städtchen, Ghettos vertriebenen, gedemütigten, mit Lebensunterhaltssorgen kämpfenden, um ihre Mittel gebrachten Judentum.

„Hilft uns in der Modernisierung der Landwirtschaft, der Industrie, des Finanzwe-sens" – bat sie darum die ungarische adelige Klasse stillschweigend. „Als Entgelt – lautete die Inspiration – könntet ihr reich werden, zieht ihr eure hässlichen Kaftane aus, macht euch von euren uralten Gebräuchen frei, verändert eure deutschen und jiddischen Namen, wählt euch »wohlklingende ungarische Namen«, seid freie und gleiche Staatsbürger der vorgestellten und so sehr ersehnten ungarischen Vater-lands." Wären es nicht die wundersamsten Stimmen in den Ohren für die Jahrhunderte lang verfolgten, gehetzten, immer nur das sichere Asyl, gut abgegrenzten Tätigkeits-kreis, verpflichtungswürdige, edle Aufgaben suchenden Juden gewesen, und zwar so, dass sie noch dazu auch auf ihre jüdische Identität nicht verzichten mussten.[18]

Jedoch das historische Ungarn, die den Ländern der Stephanskrone angehörende, berühmte Hungaria Integer, wenn auch nicht gänzlich das Gelobte Land war, hätte sie ihnen als gebührend ausgedehnt und fruchtbringend gewesen sein können. Hungaria Integer wäre das Land für die vorläufig unterdrückten, verachteten und auf den Rand gedrückten jüdischen Massen gewesen, wo sie ihre Dynamik, Erfindungsgabe und entfesselte Energien nutzbar machen konnten, wo sie zu bisher unerhört guten Integrationsmöglichkeiten gelangten.

---

[17] Gonda [...], Die jüdischen Gemeinschaften hielten sich in Ungarn während seiner ganzen Geschichte kontinuierlich auf, unser Aufsatz fokussiert aber lediglich auf das Los der im 19. Jahrhundert angesiedel-te Population. Das Buch behandelt den Gegenstand seit 1526, als das mittelalterliche Ungarn unter den Schlägen des Ottomanischen Reiches (die Schlacht bei Mohács) zusammenbrach, aber einleitend gibt es einen kurzen Überblick seit den ganz früheren Anfängen. S. 13–22.

[18] In ganz Ungarn nahm eine Blütezeit an. Alleine das agrarische/landwirtschaftliche Tätigkeitsfeld blieb für die jüdischen „Übergetretenen" immer noch gesperrt; erklärt es sich mit der Erstarrung der Besitzverhältnisse der Ackerböden. Siehe das Kapitel „Zurückweichen der agrarischen Entwicklungsten-denzen" in dem Fallstudium von Tefner, Zoltán: A [kötcsei] zsidóság [...], S, 152–156.

„Verbürgerlichung" und Judentum

Wegen Platzmangels sind wir gezwungen, unseren Gedankenganz zu verkürzen: Falls wir vorhin über das adelige Ungarn gesprochen, beachtend die vererbte Institutions-struktur, Sitten und Gebräuche, Verhaltensweisen im Kontakt zu den primären Modernisierungszielsetzungen der leitenden (herrschenden) Klasse, liegt das Urteil auf der Hand, dass die Wirtschaftskonjunktur, die fieberhafte kapitalistische Entwicklung, das kulturelle Pulsieren, die Veränderungen im baukünstlichen Aussehen der ungari-schen Städte (in erster Linie Budapest) sichtbar jüdische (von jüdischen Architekten geprägte) Züge an sich haben. Jedenfalls schließt sich in der Ebene der alltäglichen ungarischen Gesinnung alles, was Modernisierung, städtisches Leben *(„Urbanität")*, Unternehmungsgeist, kurz gesagt *Bürgertum*, und im westeuropäischen Sinne *Verbür-gerlichung* war, mit dem Judentum zusammen. Das alles verknüpft sich mit der Anwesenheit der Juden in der ungarischen Gesellschaft, und nicht ohne Grund: Sie waren erfolgreich und sie konnten schaffen.

Müssen wir somit daran denken, dass wir hier zwei unterschiedlichen Ungarn gegen-überstehen? Wäre das erste die feudale Hungaria, die archaische, rückständige, rurale und provinzielle *magyarische*, bis die zweite die moderne, zivilisierte, urbane, bürgerli-che und *jüdische*?[19]

Diese Fragestellung in einer normalen Gesellschaft, die eine eindeutige Identität hat, wo das politische Leben ausgeglichen ist, schiene die soziologische und historische Unmöglichkeit auch für diejenigen als eine so verblüffende Dummheit zu sein, die in den Geheimnissen der ungarischen Geschichte nicht bewandert sind. Und doch können wir nichts aus der Natur und der Zeitgeschichte des so genannten politischen Systemwechsels oder von außen manipulierten Systemwechsels (?) der Jahre 1989/90 verstehen, wenn wir diese gleichzeitig und parallel abgelaufene wütende *Diskussion* zwischen den zwei Zweigen der ungarischen Intelligenz mit jüdischen Wurzeln und nicht-jüdischen nicht in Acht nehmen. Die Absurdität der Lage erscheint vor uns – aus historischer Sicht – noch grober, wenn wir wissen, dass man nach ihrer Emanzipation zu 1867 und nach der Aufnahme der jüdischen Konfession in die gesetzlich anerkannte Konfessionen *(religio recepta)* im Jahre 1895 die ungarischen Juden als „Magyaren mosaischer Religion" nannte, die sich nur in ihrer Religionspraxis von den anderen ungarischen Staatsbürgern unterschieden. Solcher Stand der Dinge verstärkte also den Assimilationsschwung, und die Festigkeit von ungarisch–jüdischen Mischungen, die durch die Mischehen in städtischen Kreisen auch heute noch vorkommen.

Wenn es sich hier um so scheinbar erfolgreiche Integration handelt, um so bedeu-tungsvolle soziokulturelle Ergebnisse, um fast unauflösbare ethnisch–soziologische Verflechtungen, worin besteht doch das Problem? Womit erklärt sich einerseits und andererseits die Überempfindlichkeit? Wie könnte man diese mentale Störung überholen, die zuweilen die Dimensionen einer *kollektiven Hysterie* annimmt.

---

[19] Die Frage taucht in unterschiedlicher Form bei vielen Autoren auf, wie: Tőkéczki, László: Igazság, sértődöttség, politika. A „haladó" kettős erkölcs megszűnése és a társadalmi megbékélés [Wahrheit, Beleidigung, Politik. Aufhebung der „fortschrittlichen" Doppelmoral und die gesellschaftliche Aussöh-nung]. In: Magyar Nemzet, 2001. március 13. 7.

Die Erklärung dafür könnte auch diesbezüglich eine recht banale sein, wenn die ungarische Intelligenz auch in ihren am meisten versteckten Segmenten nicht völlig mit der Politik, genauer mit politisch bedingten Gruppeninteressen und blindwütigen „Ideologien", sowie mit von diesen Ideologien modifizierten Verhältnissen durch-tränkt.

1989 – die ungarische Elite musste neue Wege finden. Einander widersprechende Narrativen

Sollen wir noch weiter beweisen, dass in dieser peinlichen Angelegenheit letztendlich gegeneinander wirkende Argumente, Gegenargumente und Selbstlegitimierungen dieselbe „jüdische Frage" umgeben? Wir können nämlich nicht vergessen, dass die politische Wende von 1989/90 gleichzeitig auch das Ende des auf das Gemeinwohl beruhenden „realen Sozialismus" der Kádár-Ära bedeutete, als die kommunistische Utopie der ausbeutungsfreie Gesellschaft ohne Klassen ihr hoffentlich endgültiges Fiasko erlebte.[20]

Allerdings musste die ungarische Elite, nachdem sie mit der durch die Sowjetunion propagierten Idee des heilbringenden proletarischen Internationalismus gebrochen hatte, musste sie unbedingt zu der nationalen Idee zurückkommen. Die ungarische Elite musste – so oder so – eine neue Sichtweise verfassen (oder sie hätte eine ausge-stalten müssen). Folgerichtig, mit nüchternem Frohsinn sollte man die historischen Wendepunkte, Tatsachen und wichtige Ereignisse neu bewerten. Aber eben das ist es, was sich bis zu den heutigen Tagen [2016] als *unmöglich* erwies. *„Die Nation gilt immer als Gegenstand rivalisierender Narrationen"*, sagen viele hervorragende Experten, Amerikaner, Engländer, Deutsche und ungarische Wissenschaftler. Anderswie formu-liert: Trotzdem, dass die Vergangenheit nur eine Einzige und eine für jede Gemeinsa-me ist (n. b. nicht ohne Komplexität), kann ihre narrative Interpretation doch sehr unterschiedlich, manchmal diametral entgegengesetzt ausfallen.

So ist es auch im Falle der ungarisch–jüdischen (jüdisch–ungarischen) gemeinsamen Vergangenheit, man kann es ja nicht außer Acht lassen, dass das den organischen Teil der ungarischen Gesellschaft bildende, in ihrer Sprache und ihren Gewohnheiten vorwiegend assimilierte und Judentum – meist in den ländlichen Siedlungen – ihr Leben in großer Zahl in den Nazi-Vernichtungslagern endete.[21] Etwa drei Viertel von allen beträgt diese Zahl, ausgenommen das Budapester Judentum, das die Abscheu-lichkeiten des Holocaust im Großteil überlebte.[22] Die Mehrheit kam ums Leben, so, wie ihre polnischen, kroatischen, ukrainischen, slowakischen und anderen Gebrüder und Geschwister. Und in dieser Hinsicht, leider, können auch nicht die Vorgeschehnis-se rechnen, die Tatsache zum Beispiel, dass das ungarische „soá"[23], die mit Recht

---

[20] Die drohende Krise hat sich schon vor 1956 herausgestellt, vielmehr wegen der sozialen Frage, aber 1956 paralysierte das schief ausgerichtete Vorgehen. Szabó, Róbert: A kommunista part és a zsidóság Magyarországon, 1945–1956 [Die kommunistische Partei und das Judentum in Ungarn 1945–1956]. Windsor Kiadó, Budapest, 1995.

[21] Braham, Randolph L.: The Politics of Genocide. The Holocaust in Hungary. New York, 1981.

[22] Gyurgyák, János: A zsidókérdés Magyarországon. Politikai eszmetörténet [Die Judenfrage in Ungarn. Ideengeschichte.] Osirisz Kiadó, Budapest, 2001.

[23] Auf Deutsch: Schoah bzw. Schoa, Shoa für „die Katastrophe", „das große Unglück/Unheil". In: https://de.wikipedia.org/wiki/Holocaust [heruntergeladen 05. 08 2016.]

Kataklysmen benannte Zeit des Notstands nur nach der deutschen Besetzung im März
1944 erfolgte. Die Deportierungen wurden mit dem Einverständnis der ungarischen
Behörden, mit großzähliger Teilnahme der ungarischen Gendarmerie-Einheiten
durchgeführt, begleitet mit dem neutralen, ohnmächtigen, stellenweise schadensfro-
hen Verhalten der nicht-jüdischen Bevölkerung.[24] Das süße ungarische Vaterland hat
seine Kinder jüdischer Wurzeln oder mosaischer Religion aus sich ausgestoßen.[25] Mit
einem Schlag wurde in ihrem Bewusstsein und noch mehr in ihren Gefühlen die
Aufrichtigkeit des Gesellschaftsvertrags des 19. Jahrhunderts, die Glaubwürdigkeit der
ungarischen politisierenden Kreise, die wirklichen Ergebnisse der zweifellosen Integration und zum Schluss die ungarische nationale Evolution fraglich. Mindestens ihre
bisher begeistert gepflegte mythische Welt, die Legenden. Es ist klar, dass seither
(Anfang Holocaust) die bedingungslose Verbundenheit mit der ungarischen Nation für
mehrere Überlebenden des Vernichtungsbetriebes problematisch geworden, und die
hierzulande gebliebene jüdische Bevölkerung musste schwierige Identitätskrise
überstehen.

Ähnlicher Weise wegen Platzmangels können wir hier die traurige Bilanz der tragi-
schen Ereignisse nicht aufstellen. Aber wir können einsehen, dass die dadurch verursachten moralischen Schäden die Dimensionen einer nationalen Katastrophe annah-
men, tiefe und blutende Wunde in der Seele des Ungartums geschnitten haben, was
immer wieder Verzerrung und Verderbnis erbracht. Nach diesem entsetzlichen
Vorgeschehnis ist die Sackgasse im Verhältnis Ungar–Jude (Jude–Ungar) nicht überraschend, nicht einmal die allgemeine *Hysterie*, die in Kreisen der Intelligenz die sonst
sehr wünschenswerten bereinigenden Experimente zu Stande bringen (man kann
sagen: verstärken). Im Licht des Schoa verrutscht, verwirrt sich nämlich alles, und die
unparteiische, gerechte Beurteilung bleibt praktisch bis heute nur ein vergeblicher
Wunsch. Hierbei rechnet man jedenfalls mit anderen Ansätzen, und organisch hierzu
gehörenden Tatsachen, deren objektive Analyse unentbehrlich ist.

Die Juden, bzw. Christen jüdischer Abstammung fielen nicht durch das Sieb der
Attestierung der christlichen Abstammung. Diese soziale Gruppe wurde an dem
Gesichtspunkt der „ungarischen Volkstreue" ausgesetzt, unnationalen Verhaltens
angeklagt. Diese Volksschicht musste die antijüdische Gesetzgebung der 1920–1930-er
Jahre erleiden. Die Horthy-Ära[26] zwischen 1920 und 1945 kennzeichnete sich durch
ihren Konservativismus, anfangs christliche, später rechtextremistisch-radikale Politik

---

[24] Nicht selten waren auch die für die Deportierungen „gesetzlich bestellten" Gendarmen ratlos, wie es
mit der Abtransportieren von den persönlich gut gekannten jüdischen Familien geschehen wird.
Obwohl wenige, aber bewegende Beispiele zeigen, dass in der Durchführung der Deportierungen
manchmal menschliche Anteilnahme, Schonung, Höflichkeit gegenüber den Frauen sichtbar wurde.
Siehe: Abtransport der einzigen jüdischen Familie aus der kleinen Gemeinde in Somogy, Kötcse. In:
Tefner, Zoltán: A [kötcsei] zsidóság [...]. Fußnote 300.
http://www.sulinet.hu/oroksegtar/data/telepulesek_ertekei/Kotcse/kotcse_monografiaja/index.htm
[25] Ebenda. Das Verschwinden der Familie Singer hat die Dorfgemeinde mit ohnmächtiger Zurückhaltung
zur Kenntnis genommen.
[26] Horthy, Miklós von Nagybánya (1868–1957): Seemannskadett an der Kriegsakademie von Fiume
(Rijeka), der letzte Oberkommandant der österreichisch–ungarischen Kriegsstreitkräfte, 1918 Vizeadmiral, am 1. März 1920 wurde er als Gouverneur des Ungarischen Königtums ernannt. Unter seiner
Statthalterstatt, mit seiner Leitung, wurde das Leben des ausgeplünderten Landes in einer kurzen Zeit
wiederorganisiert, ihre Wirtschaft neu aufgebaut, und ihr staatliches Sein aufgeblüht. 1957 starb er in
Exil in Portugal.

aus.[27] In dieser Regime griff sich der Antisemitismus um, was die Terrorherrschaft der Szálasi-Regierung[28] „vorbereitet" hatte. Die Pfeilkreuzlerherrschaft[29] besiegelte die Sache endgültig: Viele aus dieser Volksschicht sind für die unnationalen, mindestens national gleichgültigen, sozialistisch–kommunistischen Ideen empfänglich geworden. Umso mehr, da so zahlreiche, in ihrem Zugehörigkeitsgefühl geschädigter Mensch auf neuen Schutz gefunden hat, so zu sagen auf neue Illusionen bezüglich des Aufbaus der gerechten Gesellschaft, in der die ethnische, religiöse Quellen – im krassen Gegensatz zu der ungarischen „nationalen Mythologie" – keine Rolle mehr spielen. Diese Auffassung erklärt unter anderem den aufrichtigen Anschluss der Auschwitz-Überlebenden an die „kommunistische" Unternehmung, und deren bedeutende Teilnahme am Zustandebringen der neuen „sozialistischen" Institutionen des totalitären Systems, in der Administration, in den Ministerien, in der Diplomatie, in den Schlüsselpositionen der ideologisch heiklen Sphären: im Unterrichtswesen, in der Kultur, in den Medien usw.

Eine andere Folge dieses Prozesses ergibt das Fehlen der Distanzierung, mit der man die soziologischen Unterschiede im Schoße der Judengesellschaft in Klammern (oft unbewusst) setzt. Diese offensichtlichen sozialen und kulturellen Unterschiede sind schon früher entstanden. Aber hiermit wird die sich tiefer angewurzelte Solidarität unter den Faschismusopfern, was in großem Masse zu einer Kontraselektion beiträgt, die 1948 István Bibó in seinem Fallstudium mit dem Titel *„Entstellte ungarische Beschaffenheit, Sackgassenentwicklung in der ungarischen Geschichte"* [30] erörtert hat.

Flucht vom Alptraum der Vergangenheit: Integration in das politische System von Kádár

Diese drei Faktoren, wie die Entfremdung der ungarischen Nationalidee, die tiefe Argwohn gegenüber allen Formen des Nationalismus (ausgenommen nach 1967 den Zionismus), außerdem auf die Wirkung der neuen utopischen Ideologie ließen das soziologische Neugier und historisches Gefühl von zahlreichen jüdischen Menschen schwächen. Die Erscheinung ist verständlich, noch dazu der Zwang der Vergesslichkeit ist dazu beigetragen: Die Flucht vorm Alptraum der Vergangenheit, das ist ein solcher instinktiver Drang, den wir mit dem Überlebenszwang identifizieren müssen. Der ungarische Holocaust wird also ein gesellschaftliches, nationales und privatmenschliches Tabu, dessen unmittelbares Ergebnis die Geburt von solchen neuen Generationen ist, die über kein gut definierbares, festes Selbstbewusstsein verfügen, wodurch sie für neue Mythen und Utopien empfindlich sind.

Ob wir doch eingeben wollten, dass die Rákosi-Ära 1945–1956, dann zwischen den Jahren 1956 und 1962 die „harte", und zwischen 1962/63 – 1989 die „weiche" Diktatur von János Kádár ein Werk der betrogenen und verzweifelten ungarischen Juden

---

[27] Nach mehreren Meinungen „faschistoide" Politik.
[28] Szálasi, Ferenc (1897–1946): rechtsextremistischer Politiker, Ministerpräsident und „Nationsführer" (nemzetvezető) 1944/45. 1946 hingerichtet.
[29] Ungarisch: Nyilaskeresztes Párt.
[30] Bibó, István: Eltorzult magyar alkat, zsákutcás magyar történelem [Sich entstellte ungarische Beschaffenheit, ungarische Geschichte in Sackgasse]. In: Bibó István összegyűjtött munkái. I. kötet. Bern, 1981.

gewesen wäre? Ob wir oben suggerieren wollten, dass sie den schädlichen ungarischen
Geist der Zwischenkriegszeit verallgemeinernd (der aus der Natur der Dinge ab ovo
„irredentisch" war), bereit gewesen wären, das Land zu Grunde zu bringen. Ob sie das
alles auf die ganze ungarische Geschichte hätten übertragen wollen? Ob sie an durch
die Quellen des Faschismus durchsättigte, „sündige Volk" Rache hätten üben wollen?

Solche Dummheiten den Lesern zu servieren wäre unangemessen im Falle eines
ausgeglichenen, Distanzierung erzielenden historischen Studiums. Umso mehr, als die
wahrhaftigen Nutznießer des totalitären Systems die bolschewistische Nomenklatur
und ihre Klientel waren, die vorwiegend von dem Instinkt des sozialen Aufstiegs
getriebenen nicht-jüdischen Arbeiter oder Kleinbürger waren.

Trotz alledem hält sich in der kollektiven ungarischen Reminiszenz die Auffassung
fest, dass in der Schöpfung der kommunistischen Utopie, an der Betätigung des
„sozialistischen" Systems die Juden in höherem Maße teilgenommen hätten, als die
anderen Schichten und Segmenten der ungarischen Gesellschaft, wodurch sie ein
allogames Element bilden würden, das gegenüber den Wechselfällen des anderen
Gesellschafsteils eine relativ wenige Empfindlichkeit bezeugen würden. Da in dieser
Frage gut bewanderten Experten ihre Stimme nur kaum hören lassen, so rechnet die
ungarische Öffentlichkeit kaum damit, dass die Verstaatlichung, die Aussiedlungen
und überhaupt die Benachteiligung des klassenkämpferischen Terrors auch zahlreiche
Juden oder Judenstämmigen betrafen, ferner die aktivsten Akteure gegen die Rákosi-
Diktatur – die Erlesensten der Partei- und Bildungselite (Hauptsächlich in Budapest) –
die die 1956-er antisowjetische Revolution vorbereitet hatten, kamen in großer Zahl
auch aus den Reihen der Überlebenden der Nazi-Grausamkeiten.[31] Das ist auch in
tiefes Dunkel gehüllt, dass die berühmten ungarischen „Dissidenten", der „harte
Kern" jener Intelligenzgruppe, die am Abbau des Kádár-Regimes, des „Sozialismus mit
menschlichem Antlitz"[32] ein Löwenanteil hatte, auch die Söhne und Enkelkinder des
ungarischen Schoa gewesen waren.

5. „Und die *Zeit* ist gekommen." Wende in Osteuropa

Gegen den Ausgang der 1980-er Jahre kriselte es schon überall, aber insbesondere in
der Sozialpolitik. In den 70er Jahren, obwohl man in diesen Jahren gewisse positive
Tendenzen zu beobachten war, nahm die Armut zu.[33] Die Erklärung fand sich in der
biologischen Umständen (Krankheiten, körperliche und andere Behinderungen, viele
Kinder in den Familien), „[...] zudem in den soziologischen Umständen, nachdem zum
Beispiel die Siedlungsstruktur anders wurde."[34] Zu der sich stufenweise vertiefenden
Armut haben auch individuelle Momente beigetragen (Devianzen, die auch den
Familien Kummer bereiteten). Um diese störenden Faktoren zu beseitigen, benötigte
die Regierung viel Geld (Finanzierung der institutionellen Rahmen, individuelle
Unterstützung), außerdem stellte es sich heraus, dass der Sichtwechsel noch unerläss-

---

[31] Szabó, Róbert: A kommunista párt [...], S. 123–136.
[32] Bollinger, Stefan: Dritter Weg zwischen den Blöcken – Prager Frühling 1968. Hoffnung ohne Chance.
Trafo, Berlin 1995.; Mlynař, Zdeněk: Der „Prager Frühling". Ein wissenschaftliches Symposion. Bund,
Köln 1983.
[33] Sárosi, Mária: Einige wichtige Elemente der Armenfrage. In: In: Erika Cser–Juhani Laurinkari–Mária
Sárosi–Zoltán Tefner: Grundlinien [...]. S. 164.
[34] Ebenda.

licher wäre. Die engagierte Forscherin der Frage, die oben mehrmals zitierte Zsuzsa Ferge betonte ehemals notorisch, dass die umfassende Armenpolitik unentbehrlich sei, auch wenn sich die Ressourcen der Volkswirtschaft zu diesem Zweck immer mehr verschmälern. Sie verlautete, dass der Zugang zur Gesundheitspflege immer ein staatsbürgerliches Recht bleiben soll, genauso die allgemeine Existenzsicherheit, die soziale Solidarität, weil sie auf die gesellschaftliche Integration befördernd wirken. Die von der gesellschaftlichen Entwicklung verursachten Ungleichheiten müssen korrigiert werden.[35] Die Zeit ist gekommen, über diese sozialpolitisch und wirtschaftspolitisch miserable Konstellation musste man den Stab brechen.[36]

Die freien Wahlen vom 8. April 1990 hat die Erwartungen – und die Hoffnungen von vielen – wiederlegt, sie wurden nämlich von dem MDF[37] gewonnen. Das MDF (seit 24. Juni 1989 eine Partei), eine Bewegung, die die Restteile der so genannten christlichen und historischen Mittelklassen, ferner die während der Zeit sich zu „Sozialisten", mindesten zu „Weggefährten" verwandelten Elemente vereinigte, gehorchte bis zur Wende von 1989 den Gesetzen der Mimikry. Diese Gesellschaftsschicht kam eher aus der Landintelligenz („plebejische" Intelligenz) als aus der „städtischen" hervor. In diesem Kontext bedeutet die „Christliche" oder der „Ländliche" nach dem einfältigen politischen Wortgebrauch „Nicht-Jude", trotzdem, dass ein Großteil der ungarischen Gesellschaft eher säkularisiert oder atheistisch war. Noch mehr: Die Juden und Menschen mit jüdischer Herkunft in ihrem Prozentsatz mindestens von 90% haben im Schmelztegel der 1960–1970-er Jahre ihre allen ethnischen und religiösen Eigentüm-lichkeiten verloren, ausgenommen natürlich die historisch vollkommen berechtigte Empfindlichkeit gegenüber aller Diskriminierung, Ausgrenzung, Einschachtelung. Darunter können wir sogar die feinste Nachweisung auf die Abstammung, die sie von der Mehrheitsgesellschaft religiös oder ethnisch unterscheidet. Darunter verstehen wir auch ihre politische Verpflichtung für die Sache des Sozialismus, die diskutabel und gleichzeitig jedoch verständlich ist.

Der Charakter der Rhetorik der Antall-Regierung (1990–1994), der politische Stil von manchen ihrer Wortträger, das „brillante" Walten der Geheimagenten des versunke-nen alten kommunistischen Regimes, außerdem die Tätigkeit und Angst einiger Leiter der rivalisierenden Formation (Freidemokraten[38]) erregte zwischen 1989 und 1994 in der Donau–Theiß-Region und in Pannonien eine sehr empfindliche, irritierte, und frustrierte Stimmung.[39] Diese Partei hat nämlich die „jüdisch" genannten, vorwiegend in Pest-Buda ansässigen Mitglieder der Intelligenzzirkel und ihren Mondhof vereinigt. Ein politisches Umfeld wurde im Entstehen, in dem sogar die Renaissance des versun-kenen nationalistisch-irredentistischen Ungarn nicht unvorstellbar war. Natürlich samt allen organischen Fehlern der Erneuerung der ungarischen Gesellschaftsentwick-lung, samt allen Abscheulichkeiten der gefahrdrohenden Zeiten gekrönt.

---

[35] Ebenda.
[36] Ebenda.
[37] Magyar Demokrata Fórum [Ungarisches Demokratisches Forum].
[38] Szabad Demokraták Szövetsége, SZDSZ.
[39] Nicht selten kamen sogar in Tätlichkeit ausgeartete Konflikte vor. Siehe: Popper, Péter: „Szikárra edzett nehéz dárdahegy" [*Die zu hart abgehärtete schwere Speerspitze*]. In: Mozgó Világ, 2000 Januar, Jahrgang 26, Nr. 1.

Hierdurch die so genannte „jüdische" Elite (Intelligenz), die hervorragenden Persönlichkeiten der gesamtungarischen Intelligenzklasse, um die Schlimmsten zu vermeiden, traten auf die Seite ihrer früheren ideologischen und politischen Gegner, die sich nun mehr als „Sozialdemokraten" qualifizierten. Sie haben eine scheinbar „intellektuell" geprägte, aber praktisch stark durchpolitisierte Bewegung organisiert, die so genannte *Demokratische Charta*[40] unter der Mitwirkung der sich genauso im Budapester städtischen Milieu versammelten Medien, wo auch zahlreiche, scharfsinnige Vertreter der Urbanen tätig teilnahmen. Kurz darauf, nachdem sie 1994 die Wahlen gewonnen hatten, traten die Freidemokraten mit der Partei der ehemaligen Kommunisten auf Koalition, die sich im Wirbel des politischen Systemwechsels zur „Sozialistischen" umgewandelt hatte. Die Zielsetzung war klar: Um zu jedem Preis zu verhindern, dass der neuere Sieg der für „Rechten" genannten Kräfte unmöglich wird. Sie haben dadurch die scheinbar weniger schlechte Lösung gewählt – mindestens laut ihrer eigenen Interpretation –, und auf dieser Weise haben sie – wider ihrem Willen – den antifaschistischen Block der 1940-er Jahre neu geschaffen. Kaum haben sie während dessen bemerkt, dass sie auch das Kind mit dem Bade ausgeschüttet haben – die junge (prinzipiell als pluralistisch begriffene) ungarische Demokratie.

Wie auch immer es geschehen sollte, hat sich die ungarische Intelligenz einer zweifachen und außerordentlich schweren Versäumnis schuldig gemacht. Einerseits hat die sich im Frühling 1990 etablierte ungarische Regierung keine ausreichende Aufmerksamkeit den unheilbaren Wunden der ungarischen Juden sowie Ungarn jüdischer Herkunft gewidmet, was noch das Gewissensbissen, mentale Krisen, Unsicherheit erschwerten, und noch dazu kam das Schuldbewusstsein derjenigen, die sich in den Angelegenheiten des verfallenen Regimes tunlich exponierten. Der Fehler andererseits bestand in dem Gegenhieb: Politische Aktionen, heftige Pressekampagne für die definitive Unmöglichmachung des „Horthy-Regimes" im Zeichen des Kampfes gegen die „faschistischen" Vogelscheuche, was endlich das Pakt mit den „Sozialisten" gekrönt hat.

„Inter duos litigantes tertius gaudet!" Die gewesenen Kommunisten sowie ihre treue Klientel, kurz gesagt die „Profis" und die „Experten" haben am äußersten diskret aber desto mehr überlegen das Spiel historischer Tragweite gewonnen. Auf der Weise von klugen und schlauen Pragmatisten haben sie die Fehlgriffe, die Ungeschicklichkeiten der „ländlichen Volkstümlichen", die blinde Eifrigkeit der „urbanen Freisinnigen" ausgenutzt und sie haben eine fast vollkommene Restauration durchgeführt, die auch das Referendum vom 29. Mai 1994 legitimierte. Was auf der Ebene der ungarischen Intelligenz den totalen Krach bedeutete. Dieser Krach ist aus historischer Sicht umso peinlicher, da mehrere Mitglieder und Ratgeber der Antall-Regierung (inklusive der Ministerpräsident) Historiker waren. Und ihre Gegner die besten Kenner der Philosophie der Freiheit in Ungarn, die Meister der Freiheit, gesalbte Theoretiker des Andersseins, der Toleranz usw.

Zusammengefasst: Die Geschichte hat sich hier wieder gerächt. Konkreter ausgesprochen: die nicht verstandene, die nicht verdaute und unzerlegbare, *gemeinsame* ungarisch–jüdische Vergangenheit. Wir können hier anhalten, wir schreiben 2016, und die

---

[40]Über die Parteien und namens Demokratische Charta siehe: Dieter Segert–Csilla Machos: Parteien in Osteuropa: Kontext und Akteure. Unter Mitarbeit von: Lubomir Brokl, Holger Burmeister, Wladislaw Hedeler, Gyögyi Hunics, Zdenka Mansfeldová. Westdeutscher Verlag, Berlin, 1994. S. 87.

Sackgasse ist vollständig. Der circulus vitiosus ist eingeschlossen. Mit den Worten von Michel Foucault: „Man sollte alles vom Nullpunkt anfangen".

Literatur:

- Bibó, István: Eltorzult magyar alkat, zsákutcás magyar történelem [Sich entstell-te ungarische Beschaffenheit, ungarische Geschichte in Sackgasse]. In: Bibó István összegyűjtött munkái. I. kötet. Bern, 1981.
- Bollinger, Stefan: Dritter Weg zwischen den Blöcken – Prager Frühling 1968. Hoffnung ohne Chance. Trafo, Berlin 1995.
- Braham, Randolph L.: The Politics of Genocide. The Holocaust in Hungary. New York, 1981.
- Cser, Erika: Sozialpolitische Umwandlungen in Ungarn zwischen den zwei Weltkriegen. In: Erika Cser–Juhani Laurinkari–Mária Sárosi–Zoltán Tefner: Grundlinien der ungarischen Sozialpolitikgeschichte. Ein internationaler Aus-blick. Hrsg.: Juhani Laurinkari, Zoltán Tefner. disserta Verlag, Hamburg, 2013.
- Dieter Segert–Csilla Machos: Parteien in Osteuropa: Kontext und Akteure. Un-ter Mitarbeit von: Lubomir Brokl, Holger Burmeister, Wladislaw Hedeler, Gyögyi Hunics, Zdenka Mansfeldová. Westdeutscher Verlag, Berlin, 1994
- Fricz, Tamás: A népi–urbánus vita tegnap és ma [Die Kontroverse „népi-urbánus" gestern und heute]. Politikatörténeti Füzetek 7. Napvilág Kiadó, Buda-pest, 1997.
- Gonda, László: A zsidóság Magyarországon 1526–1945 [Das Judentum in Ungarn 1526–1945]. Századvég Kiadó, Budapest, 1992. S 148.
- Gyurgyák, János: A zsidókérdés Magyarországon. Politikai eszmetörténet [Die Judenfrage in Ungarn. Ideengeschichte.] Osirisz Kiadó, Budapest, 2001.
- Magyary Zoltán: A nemzeti szocialista községi igazgatás [Die national sozialisti-sche Gemeindeverwaltung]. Budapest, 1936.
- Miskolczy, Ambrus: Kísérlet az interetnikus kapcsolatok szabályozására: az első magyar nemzetiségi „törvény" [Versuch zur Regelung der interethnischen Kon-takte: das erste ungarische „Nationalitätengesetz]. Magyar Tudomány, 2000/3.
- Mlynař, Zdeněk: Der „Prager Frühling". Ein wissenschaftliches Symposion. Bund, Köln 1983.
- Popper, Péter: „Szikárra edzett nehéz dárdahegy" [„Die zu hart abgehärtete schwere Speerspitze"]. In: Mozgó Világ, 2000 Januar, Jahrgang 26, Nr. 1.
- Sárosi, Mária: Einige wichtige Elemente der Armenfrage. In: Erika Cser–Juhani Laurinkari–Mária Sárosi–Zoltán Tefner: Grundlinien der ungarischen Sozialpoli-tikgeschichte. Ein internationaler Ausblick. Hrsg.: Juhani Laurinkari, Zoltán Tefner. disserta Verlag, Hamburg, 2013.
- Szabó, Róbert: A kommunista part és a zsidóság Magyarországon, 1945–1956 [Die kommunistische Partei und das Judentum in Ungarn 1945–1956]. Windsor Kiadó, Budapest, 1995.
- Tefner, Zoltán: A [kötcsei] zsidóság története. [Geschichte der [Kötschinger] Juden]. In: Kötcse monográfiája [Monographie von Kötcse]. Kötcse község önkormányzata, 1996.

- Tefner, Zoltán: Das Zeitalter des Dualismus (1867–1914). In: Erika Cser–Juhani Laurinkari–Mária Sárosi–Zoltán Tefner: Grundlinien der ungarischen Sozialpolitikgeschichte. Ein internationaler Ausblick. Hrsg.: Juhani Laurinkari, Zoltán Tefner. disserta Verlag, Hamburg, 2013.
- Tőkéczki, László: Igazság, sértődöttség, politika. A „haladó" kettős erkölcs megszűnése és a társadalmi megbékélés [Wahrheit, Beleidigung, Politik. Aufhebung der „fortschrittlichen" Doppelmoral und die gesellschaftliche Aussöhnung]. In: Magyar Nemzet, 2001. március 13. 7.
- Venetianer, Lajos: A magyar zsidóság története: különös tekintettel gazdasági és művelődési fejlődésére a XIX. században [Geschichte des ungarischen Judentums: mit besonderer Rücksicht auf die wirtschaftliche und kulturelle Entwicklung im XIX. Jahrhundert]. Könyvértékesítő Vállalat, Budapest, 1986.
- Zelei, Miklós: Das „schemgem". In: Itt állunk egy szál megmaradásban. [Das „schemgem". Wir befinden uns hier in einem bloßen Fortbestehen] Publizistische Schriften 1989–2000. Vorwort: Imre Dlusztus. Hrsg.: Tamás Gusztáv Filep. Szeged, 2000, Délmagyarország.

Zoltán Tefner (Corvinus-Universität Budapest):

REFORMSENSIBILITÄT DER UNGARISCHEN GESELLSCHAFT. EIN FORSCHUNGSPROJEKT 1867–2010

N ach 1867 musste die Bevölkerung des österreichisch-ungarischen Vielvölkerstaates eine unendliche Serie der gesellschaftlichen und wirtschaftlichen Reformen erleben. Nach diesem Jahr begannen die sogenannten „Gründerjahre", infolge deren Österreich-Ungarn zu einem beschränkt entwickelten, modernen Industriestaat wurde. Das Tempo des Wirtschaftswachstums war groß, wenn auch nicht das schnellste, wenn man diese Geschwindigkeit mit den Daten der westeuropäischen Länder vergleicht. „Demgegenüber wäre [...] die Bedeutung und die relativ häufige Erscheinung dieses Prozesses einer langsamen und lang andauernden Industrialisierung zu betonen, die weder Stagnation noch plötzliches Wachstum war." – lesen wir bei Professor Nachum Th. Gross, der es für außerordentlich wichtig hielt die Stellung der Wirtschaftsentwicklung in der Donaumonarchie nur im System der Weltwirtschaft zu beurteilen.[1]

Blütezeit und Verelendung. Einige Bespiele für die Massenreaktionen auf die Reformen und der misslungenen Reformen 1867–1914

Die Weltwirtschaft diente mit viel höheren Zahlen diesem Vergleich: Vor allem bei England, das 1880 am Europahandel mit einem Anteil von 30,4 % hervorstach, während dessen Österreich-Ungarn nur ein bescheidenes 8 % verzeichnen konnte. Der Anteil an der Einkommensbildung in dem gesamten Welthandel stand im Falle des Deutschen Reiches um 8 %, in Österreich war diese Zahl kaum die Hälfte.[2] Und die Länder der Donaumonarchie, besonders diejenigen, die an den Peripherien gelegen waren, wie Galizien und die Bukowina, mussten trotzdem viel brutalere Erschütterungen wegen der Reformen des allgemeinen Lebensstils erleiden, als die Bewohner Deutschlands oder der die britischen Inseln. Die Gründe liegen darin, dass die Basiszahlen in den letzteren Ländern viel höher standen, als die Basiszahlen der österreichischen Ostprovinzen oder des Ungarischen Königreiches. Letztere mussten in relativ kurzer Zeit einen relativ langen Weg zurückverlegen.

Die negativen Auswirkungen der kapitalistischen unterschieden sich nur in geringem Maße von den miserablen Folgen der liberalen Misswirtschaft, die maßlose Gewinnmaximierung, die in den britischen Großstädten schon in den 1820er Jahren zu Verelendung von Hunderttausenden führten. Die Tiefarmut, der „Pauperismus" war mit seinem verheerenden moralischen Sumpf Auslöser der wachsenden Unzufriedenheit mit den bestehenden Verhältnissen. Diese Unzufriedenheit kanalisierte sich in dem Protest gegenüber alles, was neu war, was die ursprünglichen Daseinsformen der

---

[1] Gross, Th. Nachum: Die Stellung der Habsburgermonarchie in der Weltwirtschaft. In: Die Habsburgermonarchie 1848–1918. Hrsg.: Wandruszka, Adam und Urbanitsch, Peter. Band I. Die wirtschaftliche Entwicklung. Hrsg.: Brusatti, Alois. Verlag der Österreichischen Akademie der Wissenschaften, Wien, 1973. „Die Geschichte des habsburgischen Österreich im 19. Jahrhundert ist ein hervorragendes Beispiel für diese Art der Entwicklung, und daher ist es wichtig, sie im Rahmen Gesamteuropas zu sehen. Die Ähnlichkeit mit Frankreich und eventuell auch mit Rußland und Italien wird vielleicht bei weiterer vergleichender Forschung noch deutlicher werden." S. 28.

[2] Ebenda, S. 20. Frankreich 16,8 %, Rußland wegen seiner enorm großer Ausdehnung 14,1 %.

„intimen Solidarität" zerstörte. Der Schutz, das soziale Netz, die „intimen Versorgungsgewohnheiten" der Dorfgemeinschaft degradierte die industrielle Großstadt zu null und nichtig, als die einst als Bauern tätigen Menschen ihre Wohnstätte verließen, um in den Fabriken Arbeit zu bekommen. Die Reformfeindseligkeit der breiten ungarischen Arbeitermassen waren somit ebenso mit sozialen Fragen verbunden, wie woanders auf dem europäischen Kontinent.

Feindseligkeit gegenüber den Reformen? Nationalitäten

Hiermit müssen wir die Frage anschneiden, ob diese Feindseligkeit gegenüber den Reformen so heftig wäre, wie in Westeuropa, und wenn ja, dann verbargen sie sich nur in der sozialen Sphäre, oder reichen sie sich weit über die Grenzen des sozialen Wohlstandes hinaus? Die Antwort ist eindeutig „ja". In Osteuropa, in konkreter Form in Ungarn treten nämlich in jeder Zeit auch die national-ethnischen Probleme zu Tage. Als die Gesellschaften von hier gegen die Veränderungen der Strukturen auftreten, paaren sich die sozialen Gegensätze oft mit den nationalen Gegensätzen. Die gesellschaftliche Progression und nationale Unabhängigkeitsbewegung der einzelnen Volksstämme (oder „historischen Individualitäten") gehen überwiegend Hand in Hand zusammen. Reformen, die das Erkämpfen aller beiden forthelfen, können mit einer Sympathie der Volksgemeinschaft rechnen, einzuführende Neuerungen aber, die dagegen wirken, stoßen auf viel heftigeren Widerstand. Welche von den beiden am wichtigsten ist, ist schwer zu entscheiden. Manche Gesellschaftsschichten erleiden die Qualen wegen des Hungerns und der winterlichen Kälte besser, als das Fehlen der nationalen Existenz.

Aus der Sicht des ungarischen Nationalismus erwies sich die Zeit des Dualismus Österreich-Ungarn 1867–1918 für die Mehrheit der ungarischen Gesellschaft als ein positives Zeitalter, als die „positive Reformära". Nur aus ungarischer und keineswegs aus slowakischer, rumänischer, serbischer u. s. w. Sicht. Sie bildeten innerhalb des ungarischen Staates eine zentrifugale Kraft, indem sie vor allem nach 1900 eine irredentistische Politik führten, inwiefern sie sich an ihre nationale Mutterländer wie Rumänien oder Serbien anschließen wollten. Im Falle von ihnen spielte die soziale Unterworfenheit weniger bedeutende Rolle, ihre Sehnsucht nach der nationalen Absonderung überschrieb alles, was sich auf die Abschaffung sozialer Probleme hinwies. In der Österreichisch-Ungarischen Monarchie lebten 13 eigenständische ethnische Gruppen, aus diesen Gruppen mindestens bei 8 genoss die nationale Reform Priorität.

Diese Reformen sind aber nicht gekommen, und je länger die Zeit des österreichisch-ungarischen Dualismus dauerte, desto mehr verstärkten sich die Spannungen in den regionalen Gesellschaften der Nationalitäten, je mehr haben sie für ihren nationalen Exodus politisch getan. Der Verbleib der Reformen ließ so eine Art der massenpsychologischen Widerstandes, die Aggression um sich greifen. In der rumänischen nationalen Bewegung drängten sich die jüngeren, die grundlegenden Reformen fordernden Kräfte in Vordergrund.[3] Ioan Slavici[4], Leiter der jungrumänischen Bewegung übernahm

---

[3] Borsi-Kálmán, Béla: Identitáskeresés és nemzetté válás [Die Suche nach der Identität und das Werden zur Nation]. In: Derselbe: Kockázatos viszonyok [Riskante Verhältnisse]. Jelenkor Kiadó Kft., Pécs, 1997. S. 62–69. old.

1884 die Redaktion des wichtigsten rumänischen Presseorgans Tribuna, und fing an die nationale Einheit der Rumänen in Siebenbürgen und in Alt-Rumänien zu propagieren.[5] Die Slowaken handelten sich nicht minder entschlossen, als sie sich nach dem Tschechoslowakismus wandten, also nach der Vereinigung der Slowaken mit ihren Sprachverwandten, mir den Tschechen, außerdem baten ihren riesigen slawischen Bruder, die Russen um Hilfe. Die für die Reformen aus Staatsnotwendigkeit unfähige (und daher schwankende) ungarische Regierung, Ministerpräsident Menyhért Lónyay[6] ließ Unterrichtsanstalten erbauen, später hat sie diese Anstalten geschlossen, wie z. B. 1874 das slowakische Gymnasium von Túróczszentmárton.[7]. Mit dem mit Abstand nicht unbegründeten Beschluss: Die slowakischen Gymnasien bieten Unterkunft der panslawistischen Propaganda[8] an.

Reformen oder Revolution?

Die Reformausrichtung b. z. w. -verpflichtung bei den ethnischen Minderheiten des Ungarischen Königreiches ließ aber den Politikern nicht an den nationalen Forderungen Einhalt geboten. Sobald sie bemerkten, dass diesbezüglich wegen der rückständigeren sozialen Lage der Nationalitäten[9] auch die sozialen Reformen nötig sind, nahmen sie in ihre Forderungen – wie eben die *Tribuna* – ein soziales Programm auf. Und hier trafen sich die Interessen der magyarischen und nichtmagyarischen Völker zusammen.

Für die Reformen an und für sich hat die Gesellschaft, in massenpsychologischer Sprache *die Masse*, eigentlich kein besonderes Interesse. Die Reformen, seien sie sozialpolitisch, innenpolitisch oder außenpolitisch, dienen als Tätigkeitsfeld und

---

[4] Slavici, Ion (1848–1925): rumänischer Rechstanwalt, Schriftsteller, Politiker. Geboren in Ungarn, Teilnehmer an der ungarischen Innenpolitik als Abgeordneter im ungarischen Landtag, auf Wirkung des großen rumänischen Dichters *Eminescu* hat er sich der rumänischen Kultur und politischer Expansion der Rumänen in Siebenbürgen zugewandt.

[5] Katus, László: A nem magyar népek nemzeti mozgalmai Magyarországon a dualizmus első negyedszázadában [Die nationalen Bewegungen der nichtungarischen Völker in Ungarn in dem ersten Vielteljahrhundert des Dualismus]. In: Magyarország története 1849–1918. Az abszolutizmus és a dualizmus kora [Geschichte Ungarns 1848–1918. Das Zeitalter des Absolutismus und des Dualismus]. Tankönyvkiadó, Budapest, 1972. S. 269.

[6] Lónyay, Menyhért Graf (1822–1884): ungarischer liberalkonservativer Politiker, Ministerpräsident 1871–1872.

[7] Ebenda, S. 271. 1874 und 1875 wurden noch mehrere Anstalten geschlossen, wie die in Nagyrőce und Znióváralja (Slowakisch Revúca und Kláštor pod Znievom). Túróczszentmárton heute slowakisch „Martin".

[8] Der Panslawismus war eine in der russischen Gesellschaft hoch engagierte Ideologie, die im Dienste des russischen Imperiums stand, um die russische Machtausdehnung in Europa zu begünstigen und die Machtaspirationen an den Meerengen am Bosporus und Dardanellen zum Sieg zu verhelfen. Über den Panslawismus detailliert siehe: Gecse, Géza: Bizánctól Bizáncig. Az orosz birodalmi gondolat [Von Byzanz bis Byzanz. Die Entwicklung des russischen Nationalgedankens]. Nemzeti Tankönyvkiadó, Budapest, 2007.

[9] Die Slowaken bewohnten/bewohnen die für die Landwirtschaftskulturen weniger brauchbaren nördliche Bergregionen des alten, historischen Ungarn, die Rumänen waren Bergbewohner, mit besonderer Rücksicht darauf, dass sie als Hirtenvölker überwiegend fern von den urbanisierten Gebieten leben mussten. Kein Zufall, dass die Kontaktaufnahme in erster Linie zwischen diesen zwei Volkstämmen zu Stande kam. Die Zusammenarbeit involvierten die Erfolge der Madjarisierung in den 1890er Jahren. In: Gogolák, Ludwig von: Beiträge zur Geschichte des slowakischen Volkes III. Zwischen zwei Revolutionen (1848 1919). R. Oldenbourg Verlag München, 1972. S. 105–109.

geistige Nahrung den Intellektuellen, dem höheren Stand der Gesellschaft und den politischen Führungskräften. Diese Schichten sind das, die die Notwendigkeit oder Unerlässlichkeit der Reformen erahnen, sie sind das, die die Reformprojekte ausarbeiten, um dann sogar wider Willen der Masse zur Realisierung zu verhelfen. Politikwissenschaftlich: Sie wirken dahin, dass die politische Willensbildung in die Wirklichkeit übertragen wird. So, dass diese Willensübertragung nicht selten den grundsätzlichen Interessen der Masse widerspricht. Die Reformen, mit anderem Wort *Verbesserungsmaßnahmen* betreffen die überlebten, der Umgestaltung dürftigen Einrichtungen und Strukturen. Und während ihr Gegenteil, die *Revolution* alles zerstören will, belässt die Reform die evolutionär entstandenen Grundstrukturen.

Die „virtuelle Masse"

Der Großteil der nationalen Gemeinschaft interessiert sich auf dieser Weise nicht besonders, wenn er sieht, dass in den Strukturen gewisse Änderungen zu erwarten sind. Nicht so sieht es aber aus, wenn der Großteil der Gesellschaft, in gewissen Situationen die Masse, ein Attentat gegen ihre materielle Lage vermutet. In diesem Fall erstellt sich eine neue Situation, die wissenschaftlich in den Bereich der Massenpsychose übergeht. Ende des XIX. Jahrhunderts begegnet man diesen Fällen nur selten, und auch dann nur ihren milderen Äußerungsformen. Der französische Psychologe, Gerard Tarde erinnert uns daran, dass irgendeine Menge der Menschen kann auf etwas einheitlich, also in gleicher Weise reagieren, obwohl ihre Mitglieder im Raum zerstreut leben.[10] Es ist ganz eindeutig, dass diese sogenannte *virtuelle Masse* in Folge der sich Ende des XIX. Jahrhunderts herausentwickelten Öffentlichkeit, und zwar in Folge der Presse auf die Welt geboren wurde. Was Schlimmes passiert aber, wenn diese Masse nicht mehr virtuell ist, sondern wenn sie zusammenströmen, und aufeinander Wirkung gegenseitig ausüben?

Reform für das Wahlrecht, die nationale Selbstbestimmung und das Stück Brot

Im Zeitalter des dualistischen Ungarn kam so was erst in dem ersten Dezennium des XX. Jahrhundert in größerer Zahl vor. Der Anlass dazu: soziale Untergebenheit, Armut, Hunger, Forderung der freien und geheimen Wahlen, immer mehr radikalisierende sozialdemokratische Gesellschaftspolitik, Klassenkampf – die Gründe dazu sind noch zahlreich. Mit dem Unterlassen der Reformen in der Nationalitätenfrage äußerte die Masse ungarischer Zunge eindeutiges Einverständnis. Den Massen, die mit dem ungarisch-nationalem Mythos reichlich durchsättigt waren, entsprach die Lage vollkommen. In den 14 Jahren bis zum Ausbruch des Ersten Weltkrieges spielten auf den Budapester Straßen aber wirklich turbulente Szenen ab. Diese Straßendemonstrationen standen jedenfalls mit der russischen Revolution von 1905 im Zusammenhang, bei einigen können wir unmittelbare Wirkung nachweisen. Als Initiator und Organisator standen die Linken, vor allem die Sozialdemokraten an der Spitze dieser Bewegungen.

---

[10] Pataki, Ferenc: A tömegek évszázada [Das Jahrhundert der Massen]. Osiris Kiadó, Budapest, 1998. S. 139.

Der „Rote Freitag" in Budapest

Um ein annähernd ziseliertes Bild zu gewinnen, zählen wir nun einige herausragende historische Daten aus diesem Themenkreis ohne Anspruch auf die Vollständigkeit auf. Im Fokus der Massenbewegungen befand sich der Kampf für das Wahlrecht. 15. September 1905 (kurz nach dem Ausbruch der russischen Revolution) demonstrierten auf den Budapester Straßen 100 tausend Menschen für die allgemeinen und geheimen Wahlen. Die Die der Brachialgewalt widersetzenden Masse rief die brutale Antwort der Polizei heraus, mehr als fünfhundert Toten und Verwundeten ergab die Salve der Polizisten und Soldaten. Das Ereignis zog als „roter Freitag"[11] in die ungarische Geschichte ein. Der sozialen Frage wurde bei diesem Anlass nur mittelbare Bedeutung beigemessen: Die das operative Programm gebende Leitung der Sozialdemokratischen Partei dachte so, es soll zunächst die politische Macht erkämpft haben, und im Besitz der Mehrheit im ungarischen Parlament wird die soziale Lage der Arbeiterklasse und überhaupt der „um den Anteil gebrachten", mittellosen Schichten verbessert.

Dass die MSZDP, die Ungarische Sozialdemokratische Partei ihre Anhänger zu den Waffen des politischen Widerstandes gerufen hat, entsprach der allgemein üblichen Gewohnheit sozialistischen Bewegungen in Europa. Ausgegangen aus dem Terminus von Aronson: Es gab in dieser Aktion nichts „Wahnsinniges", und die Teilnehmer, sowohl die Demonstrierenden als auch die kommandierten Streitkräfte waren keine „Wahnsinnigen". Sie wollten die bestehende Ordnung nicht durch eine andere Ordnung abwechseln, sie bestrebten sich nur nach einer *Verbesserung* deren, um sich aus ihrer sozialen Not herauszukriegen. Sie wollten sich nur für das „größere Stück Brot" in eine offene Schlacht einlassen, und dies wurde von den Machtbesitzern als verheerender Feldzug gegen die Staatsgewalt angedeutet. Die Interaktion „Masse und Masse", und anschließend daran „Masse–Polizei" führte zum Massenmord. Die „tierische Wesensart" wurde diesmal von Seite der Brachialkräfte offenbart, aber es hätte ohne Zweifel umgekehrt sein können. In den Kommentaren der Regierung und der Regierung nahe stehender Presse findet man nicht einmal die Spuren des Gewissensbisses wegen der Geschehenen. Abgesehen davon, dass das Blutopfer der für die Reformen ins Feld gezogenen Massen nicht ohne Erfolg war: 19. Dezember, kaum ein paar Wochen danach erschien ein Regierungskommunikee über das einzuführende Wahlrechtsprojekt, in dem Sinne die schreib- und lesekundigen Männer über 24 Jahre zum geheimen Wahlrecht verholfen werden können. (N. b.: Sie wurden dazu noch eine Weile nicht verholfen.)

Der freudsche Begriff „Ansteckung". Die Salve in Csernova

Kaum vergingen einige Monate nach dem Massaker in Budapest, und weitere Regierungsreformen erregten die Gemüter in den von den Nationalitäten bewohnten Komitaten[12]: das so genannte Lex Apponyi, der Gesetzartikel 1907/XXV, der die Rechte der nicht magyarischen Stämme beschränkende. Das Gesetz sprach aus, dass Kinder, unabhängig davon, welcher Muttersprache sie sind, die Kompetenz in der ungarischen Sprache bis zum Abschluss der vierten Klasse der Grundschule in Schrift und Rede erwerben müssen. Das in seiner weiteren Auswirkung diskriminierende Gesetz löste in vielen Regionen des Landes Protestbewegungen aus, in mehreren Fällen so, dass die

---

[11] Ungarisch „vörös péntek".
[12] Mittelalterlich-lateinischer Ausdruck: „Grafschaft", ungarisch „megye", bezeichnet die Verwaltungsbezirke im Ungarischen Königreiche.

Einwände von diejenigen Geistlichen verfasst worden waren, die die ethnisch homogene Kirchengemeinden leiteten, und die auch selber nichtmagyarischer Herkunft waren. Rumänen, Serben, Slowaken u. s. w., Evangelischen, Katholiken, Reformierten, Griechisch-Orthodoxen – also die ganze Palette der ungarländischen Minderheiten. Exzessen ereigneten sich allerdings wenig.

Ausgenommen die weltweit berüchtigt gewordene Salve in Csernova 27. Oktober 1907, wo fünfzehn einheimische Einwohner starben. Es besteht außer Zweifel, dass im Hintergrund als „Stimmungselement" die mit Abstand nicht gefügige Nationalitätenpolitik der ungarischen Regierung stand, aber die Gendarmen, die auf die versammelte Gläubige schossen, waren Slowaken, und was sie getan haben, stand gar nicht mit dem Lex Apponyi[13], und dem ungarische Sprachunterricht in den slowakischen Schulen. In unmittelbarem Zusammenhang mit den abgefeuerten Schüssen stand das unberechenbare Verhalten der Masse, der gänzlich aus katholischen Slowaken bestand. Die Vorgeschichte kurz zusammenfassend: Andrej Hlinka, slowakischer katholischer Priester, der spätere Leiter der rechtsradikalen slowakischen Volkspartei, der in dem kleinen slowakischen Städtchen Csernova geboren wurde, ließ in seinem Geburtsort eine Kirche erbauen. Die Kirchengemeinde beantragte, dass Hlinka zum Pfarrer der Kirche ernannt werden sollte. Nachdem das zuständige Bistum den Antrag zurückgewiesen hatte, scharte die Kirche eine unzufriedene, in ihren Äußerungen aggressive, drohende Masse herbei. Die Gendarmen gaben viermal Salve auf die Masse ab, aus den unterschiedlichen Forschungen der Geschichtswissenschaft aus berechtigter Notwehr, zu der sie von dem Dienstreglement verpflichtet waren.

Was das Massenverhalten anbetrifft, sind in den Darstellungen der Augenzeugen viele Elemente der Massenpsychose ausgewiesen. Gemäß allen Quellen über die blutigen Akten des Tages können wir darauf folgen, dass die *Ansteckung*, der Grundbegriff der Massenpsychologie von großer Bedeutung war. Siegmund Freud zitiert in seinem Werk „Massenpsychologie und Ich-Analyse" den französischen Sozialpsychologen, einen seiner eigentlichen Vorgänger: „Eine zweite Ursache, die Ansteckung, trägt ebenso dazu bei, bei den Massen die Äußerung spezieller Merkmale und zugleich deren Richtung zu bewerkstelligen. Die Ansteckung ist ein leicht zu konstatierendes aber unerklärliches Phänomen, das man den [...] zu studierenden Phänomenen hypnotischer Art zurechnen muss. In der Menge ist jedes Gefühl, jede Handlung ansteckend, und zwar in so hohem Grade, dass das Individuum sehr leicht sein persönliches Interesse dem Gesamtinteresse opfert. Es ist dies eine seiner Natur durchaus entgegengesetzte Fähigkeit, deren der Mensch nur als Massenbestandteil fähig ist."[14]

Der „blutrote Donnerstag" in Budapest

Nach einer verhältnismäßig ruhigen Periode ist am Anfang 1912 wieder ein explosionsartiger Frühling angekommen. Die dem 1905er ähnliche Massendemonstration am 23. Mai 1912 verursachte über die ungarischen Gesellschaft Spannungen. Die Forderungen sind diesmal weit über die „Verbesserung der Lage" gegangen; in der Politik der Sozialdemokraten hat sich inzwischen eine markante Umwandlung vor sich gegangen: Die Partei radikalisierte sich, ihr Programm wurde nach links verschoben. „Die

---

[13] Apponyi, Albert György Graf (1846–1933): ungarischer konservativer Politiker, Geheimrat, Minister für Kultus und Unterricht, 1920 Vertreter der ungarischen Regierung an den Pariser Friedensverhandlungen, Mitglied der Ungarischen Akademie zu Wissenschaften. Fünfmal für Nobel-Preis kandidiert.

[14] Freud, Sigmund: Massenpsychologie und Ich-Analyse. Internationaler Psychoanalytischer Verlag G. m. b. H. Leipzig Wien Zürich, 1921. S. 11.

Parteiführung hat alles versucht, um die allgemeine Erbitterung der Massen in die Losungen des Wahlrechtskampfes zu gießen." – lesen wir die Bewertung des Historikers.[15] Das Wahlrecht wurde seit den 1905er Versprechungen nicht ausgebreitet, unverändert blieb die Lage bestehen, dass nur ein enger Kreis der Gesellschaft wahlberechtigt sein konnte. Graf István Tisza, Ministerpräsident 1903–1905, 1912 Vorsitzender des ungarischen Abgeordnetenhauses wollte die Opposition im Parlament und im Lande durch die Modifizierung der Geschäftsordnung im Abgeordnetenhause abbrechen. Gegen seine geplanten autoritären Maßnahmen verkündete die MSZDP die Demonstration am 22. Mai.[16]

Der Tag 23. Mai erhielt den Beinamen „Blutroter Donnerstag"[17], der in der Arbeiterbewegungsgeschichte bis heute gebräuchlich ist, und forderte „nur" 6 Toten. Es ist einer besseren Organisation zu verdanken, dass die Partei den Gang der Ereignisse in den ersten Stunden kontrollieren konnte, weniges Mal kam es zu spontanen Ausschweifungen. Bis in die späten Nachmittagsstunden, als es sich herausstellte, dass die Parteiführung, weil sie ursprünglich ein kämpferisches, aggressives Auftreten vorhatte, die Ereignisse nicht in dem erwünschten Spurrinnen halten kann. Die Parteileitung entschloss sich die Demonstration aufzuheben. Diese Entscheidung ließ den spontanen, unberechenbaren „Ausbrüchen" freien Raum. Die Klassische massenpsychologische Situation hat die Budapester Straße unter ihre Gewalt gebracht. Die einzelnen Individuen fingen an, in der Masse ihren eigenen Interessen wider zu handeln. „Die Straßen von Pest voll mit dem Volk, das läuft rasend hin und her, knallende Schüsse, Polizei, Volksstimme[18], Revolution [...]" – berichtet über das wirbelnde Chaos des „Blutroten Donnerstags" der Augenzeuge, der berühmte ungarische Dichter, Mihály Babits.[19] Die Massenauflösung erfolgte unwahrscheinlich brutal, zerbrochene Schaufenster, umgekippte Straßenbahnwagen, aufgebrochenes Kopfsteinpflaster zeigten von der heftigen Reaktion der Masse auf die polizeiliche Brutalität.[20] Das von der Masse umgebene und von Impulsen angesteckte Individuum war nicht mehr es selbst, er benahm sich als willenloser Automat. Selbst der Dichter, Mihály Babits entkleidete sein altes, ausgeglichenes Ego:

„Komme die tödliche, lange gewartete Wahrheit,
die Lüge vertreibe die Leichen speiende Straße,
alles egal, nun sollen erschallen die Gründe der Meere,
eiternde Wunde breche, komme das dämmernde Licht!
Komme das Barbaricum! Komme das Reich, wo
es nur Wahrheit gibt, Schuld der vergeudeten Zeiten!
Komme die fieberhafte, nächtliche Irrsucht, die Beichte,
Und zittert der Mörder des Rechtes, der Feige."[21]

---

[15] Pölöskei, Ferenc – Erényi Tibor: A vérvörös csütörtök. In: Magyarorstág története 1890–1918. [Geschichte Ungarns]. Band 2. Akadémiai Kiadó, Budapest, 1978. S. 827.

[16] http://mek.oszk.hu/01900/01905/html/index264.html

[17] Ungarisch: „vérvörös csütörtök".

[18] Titel des Presseorgans der Österreichischen Kommunistischen Partei, hier wird aber das Vort in seiner gemeinsprachlicher Bedeutung verwendet.

[19] Pölöskei, Ferenc – Erényi Tibor [...]. S. 826. Babits, Mihály: Május huszonhárom Rákospalotán [Dreiundzwanzigster Mai in Rákospalota]. In: Hét évszázad magyar versei [Ungarische Gedichte von sieben Jahrhunderten]. Band II. S. 790-791.

[20] http://mek.oszk.hu/01900/01905/html/index264.html

[21] Aus dem Ungarischen übersetzt von Zoltán Tefner.

Man hat hiermit hinzuzufügen: Babits gehörte nicht den Menschen, die aktiv politisierten; der „ästhetische Dichter", der in einem Bann der Antike lebte, konnte sich nicht von der Reformatmosphäre und der Massendynamik abgrenzen. Die sozialdemokratischen Weltverbesserungsideen haben auch ihn mitgerissen. Unter den Massen hatten sie einen großen Reiz.[22]

Der Schwund der Persönlichkeit

„Die Hauptmerkmale des in der Masse befindlichen Individuums sind demnach: Schwund der bewussten Persönlichkeit, Vorherrschaft der unbewussten Persönlichkeit, Orientierung der Gedanken und Gefühle in derselben Richtung durch Suggestion und Ansteckung, Tendenz zur unverzüglichen Verwirklichung der suggerierten Ideen. Das Individuum ist nicht mehr es selbst, es ist ein willenloser Automat geworden." – wie es wir bei Sigmund Freud lesen.[23]

Die Massenbildung und die Ereignisse in dem ersten und dritten Fall blieben aber innerhalb der Rahmen der nationalen Gemeinschaft, nur in Csernova wirkte schon der slowakische Nationalismus der ungarischen Nationalstaatlichkeit entgegen. Die Protestäußerung 1905 und 1912 ging nicht den nationalen Interessen entgegen, obwohl es wohl bekannt ist, dass in den Reihen der Demonstrierenden Slowaken, Rumänen, Serben, Kroaten in großer Zahl da waren (Budapest zog Arbeitnehmer auch aus von den Nationalitäten bewohnten Gebieten zu sich, die ungarische Hauptstadt gilt damals als Schmelztiegel der nichtmagyarischen Bevölkerung.) Die Reformsensibilität der multiethnischen ungarischen Gesellschaft überschrieb in diesen Jahren im Geiste der sozialdemokratischen Solidarität die nationalpolitischen Interessen, und schüttelte den Klotz des Chauvinismus ab. Das außerordentlich hoch gestiegene Wirtschaftsboom im Karpatenbecken – über das wir oben Erwähnung machten – in der Ebene des Protestes gegen die Hinterziehung der Sozialreformen, Wahlreformen, und weiterer Reformen hat die Front geschaffen, wo die angreifenden Truppen die bloße Existenz dieses Wirtschaftsbooms gefährdeten.

Die Reaktion der ungarischen Gesellschaft auf die wirtschaftlichen und sozialen Reformen 1990–2007

Nach dem Friedensvertrag von Trianon 1920 hat sich diese Zwiespalt der Interessenkollision mit einem Schlag verändert. Das Land hat zwei Drittel seines Staatsgebietes verloren, und mehr als eine Hälfte seiner Bevölkerung. Die Nationalitäten gerieten außerhalb des Landes. Rumänien erhielt 5 257 467 Einwohner (31,6 % Ungarn), die Tschechoslowakei 3 517 568 Einwohner (30,3 % Ungarn).[24] Die Reformforderungen liefen seitdem nicht auf einem doppelten Gleis, wie vor 1914.

---

[22] Romsics, Ignác: Hungary in the Twentieth Century. Corvina Osiris, Budapest, 1999. „Unlike Hungary's traditional parties, which between general elections operated largely as clubs for their members of parliament, the Social Demokrats directed, or had a voice in, a broad organisation of local party bodies and the trade union branches across the country. As a results, the numbers of workers who were enrolled in the movement grew rapidly after the turn of the country." S. 60.
[23] Freud, Sigmund [...]. S. 11.
[24] Romsics, Ignác: Hungary in the Twentieth Century [...].. Das historische Ungarn hatte 1 8264 533 auf der Basis der Volkszählung von 1910. S. 121.

Umso mehr Schwierigkeiten verursachte die soziale Verarmung. Infolge der Modernisierung der Wirtschaft verringerte sich die Zahl der Leute, die aus dem Ackerbau lebten, bis 1940 etwa auf 48%.[25] Die industriellen Zentren sind dadurch überbevölkert, insbesondere Budapest, wo in den Vorstädten die alten sozialdemokratischen Traditionen die Sache der Reformpolitik vorangetrieben hatte. Natürlich hat auch in vielen Bereichen der Sozialpolitik ein konservatives, staatliches, christliche Engagement die Oberhand bekommen.[26]

Probleme der sozialen Wandlung und Modernisierung in Ungarn vor dem politischen Systemwechsel 1990

Zwischen 1948 und 1956 herrschte in Ungarn die extremste kommunistische Diktatur im Sinne des stalinistischen Despotismus, die mit dem Namen Mátyás Rákosi gebrandmarkt war. Durch die strengste polizeiliche Retorsion wurde vergolten, wenn irgendjemand sein Wort für die Reformen erhoben hat. [27] Bis 1956 realisierte die Regierung keine wahrhaftigen Wohlstandsmaßnahmen, sie funktionierte nur wie eine „Quasi-Sozialpolitik".[28] Nach einigen skizzenhaften Feststellungen über die Zeit von 1914 und 1956 lenken wir unsere Aufmerksamkeit auf die für uns diesmal wichtigste historische Etappe der ungarischen Reformpolitik 1956 bis 1990.[29]

Politische und Wirtschaftliche Schwierigkeiten des Kádár-Regimes unmittelbar nach der 1956er Revolution

Die heldenhafte Taten der ungarischen Revolution dauerten nur elf Tage: ab 23. Oktober bis 4. November. Die grausame sowjetische Vergeltung folgte aus den inneren Gesetzmäßigkeiten des Poststalinismus, 456 Hingerichtete und 20.000 Gefängnisstrafen, Zahlen, die sich auf eine Zahl beliefen, die wesentlich höher war, als die nach den jeweils niedergeschlagenen Aufständen in der ungarischen Geschichte der Neuzeit. Dazu kam noch die Zahl der in den Kampfhandlungen Gefallenen (insgesamt 4000), die 20.000 Verwundete, und 200 tausend Flüchtlinge, die das Land im Winter 1956/57 verlassen haben.

---

[25] Cser, Erika: Sozialpolitische Umwandlungen in Ungarn zwischen den zwei Weltkriegen. In: Cser, Erika – Laurinkari, Juhani – Mária, Sárosi: Grundlinien der ungarischen Sozialpolitikgeschichte. Hrsg.: Laurinkari, Juhani; Tefner, Zoltán. disserta Verlag, Hamburg, 2012. S. 111.

[26] Ebenda, S. 124-127.

[27] Sárosi, Mária: Sozialpolitik in Ungarn seit 1945 bis heute. In: Cser, Erika – Laurinkari, Juhani – Mária, Sárosi: Grundlinien der ungarischen Sozialpolitikgeschichte. Hrsg.: Laurinkari, Juhani; Tefner, Zoltán. disserta Verlag, Hamburg, 2012. „Das so geschaffene System verstärkt die Ausgeliefertheit des Staatsbürgers, und – scheinbar – hält es die Produktionskosten niedrig. Die Rhetorik der Sozialpolitik: „Der Staat bringt ein Opfer, der Werktätige bekommt viel, die Unternehmensleitung tut viel für die Werktätigen." Die weit und breit hinausposaunten Slogans verbargen die noch im Jahre 1948 als Grundprinzip deklarierte Vorstellung, laut deren die sozialen Rechte primäre, subjektive Rechte sind." S. 150.

[28] Ebenda, S. 148-151.

[29] Unser Forschungsanlegen erzielt in diesem Aufsatz nur die komparative Analyse zwischen zwei scheinbar nicht zusammenhängenden Zeitperiode: der Dualismus, und die postkádárische Welt. In einem später auszuarbeitenden Forschungsplan stellen wir dasselbe Thema betreffs der Horthy-Zeit (1920–1944) ins Programm. In diesem Programm wollen wir auf die Ergebnisse der Sozialpolitik bis 1944 konzentrieren. Forschungsbasis: Cser, Erika: Sozialpolitische Umwandlungen in Ungarn zwischen den zwei Weltkriegen. In: Cser, Erika – Laurinkari, Juhani – Mária, Sárosi: Grundlinien der ungarischen Sozialpolitikgeschichte. Hrsg.: Laurinkari, Juhani; Tefner, Zoltán. disserta Verlag, Hamburg, 2012. S. 105-130.

Die elf Tage verliefen jedenfalls in einer Atmosphäre von euforistischen Massenbewegungen, wobei sich ein nie in der Geschichte erlebter nationaler Konsens äußerte. Wegen der kurzen Zeit konnte es nur zu einem weniger differenzierten politischen Pluralismus kommen, die Sache der Erkämpfung der nationalen Unabhängigkeit neutralisierten die auseinandergehenden Ziele und Bestrebungen. Der emblematischen Figur der Revolution, Imre Nagy hat darin die Geschichtsschreibung eine maßgebende Bedeutung beigemessen. Der einst stalinistisch gesinnte Apparatschik aus der Moskauer Emigration rutschte auf der Flut der rasend fortlaufenden Ereignisse in das nationale Lager hinüber. Entweder aus politischer Naivität oder denn er sich gegenüber den höheren Kräften der Weltgeschichte widerstandsunfähig erwies, bleibt noch eine lange Zeit eine heftig diskutierte Frage der Geschichtsforschung. Die fast totale Unterstützung seiner Politik ist jedenfalls unbestritten.

Nach der Niederlage erschwerte die Konsolidation die zerrüttete Wirtschaft (zerrüttet wurde sie 1950–1956). Man konnte die Versorgung der Menschen nur lückenhaft organisieren, wenn die internationalen Hilfsorganisationen die Lage bis etwa Ende 1957 nicht hätte bewältigen können, würde es leicht zur Hungersnot und zu einem anderen (neuen) bewaffneten Widerstand führen.[30] Die Stimmung im Winter 1956/57 war überaus düster und hoffnungslos. Der Mangel an den grundlegendsten Lebensmittel ließ in Budapest Kilometer langes Schlangestehen ergeben, Die urteilenden Gerichtshöfe sprachen Todesstrafen auf die Hauptakteure der Revolution aus, und ab Sommer 1957 fingen die Scheinprozesse an.

Die Vergeltung nach dem Einzug der sowjetischen Truppen vom 4. November 1956 leitete an der Spitze eines kleinen Teams János Kádár ein, ein sportlicher, ruhiger, überlegener, entschlossener, zielbewusster, folgerichtiger Mann. So ein ausländisches Presseorgan der 1970er Jahre, was im Grunde genommen wahr ist, nur der Hinrichtung von vielen Hunderten ist er beschuldigt. Nach 1957 konnte er mit der Wirtschaft nichts Positives anfangen. Die relative Armut, der alle Jahre von 1950 das Land belastete war dem außerordentlich niedrigen GDP zu verdanken. Das GDP litt an krankhafter struktureller Ungleichheit. Die Investitionen und die Sozialausgaben erreichten nicht einmal das Niveau vor 1938, die militärischen Ausgaben – die Sowjets bestimmten die Leitzahlen – gingen zu Lasten der vorherigen zwei Posten. Die Lage rief um Hilfe, und diese Hilfe kam bald an.

Der „neue Wirtschaftsmechanismus" in den 1960er Jahren. Die Jenő-Fock-Regierung (1968–1974)

Zu Mitte der 1960er Jahre hat auch Moskau in seinem eigenen Interesse begriffen, dass in dem von der Revolutionsgefahr ständig bedrohten Ungarn nur mit der Umgestaltung der Wirtschaft und Erhöhung des Lebensniveaus auf einen grünen Zweig kommen kann. Jenő Fock[31], der neu kandidierte Ministerpräsident markierte den neuen Weg zur Verbesserung der Lage. Der Versuch erwies sich mit seiner ungewohnten Extremität in der kommunistischen Welt als Verstoß gegen alles, was aus den Para-

---

[30] In diesen Tagen entstand die neue Losung der Revolution im Bild einer Abkürzung „MUK": „Márciusban újra kezdjük." [„Im März fangen wir damit wieder an."]

[31] Fock, Jenő (1916–2001): seit 1949 Mitglied der MSZMP, Partei der Ungarischen Werktätigen (kommunistische Partei), 1952–1954 Minister für Stahlindustrie, 1957 Sekretär des Zentralbüros der MSZMP, 1967–1975 Ministerpräsident. Nach seiner Abberufung 1975 zog ins Privatleben zurück.

digmen des doktrinären Stalinismus hervorging, und stieß dadurch wegen ideologischer Starrheit auf Widerstand, Eifersucht und Argwohn in den sozialistischen Ländern. Zuerst hat die Regierung die Rolle der zentralen Planung verringert, dann hat sie die Selbstständigkeit der sozialistischen" Großunternehmen erweitert. Das Experiment erhielt einen Beinamen: „neuer Wirtschaftsmechanismus". Alles, was sich ereignete, stand in mittlerem Wege zwischen Kommunismus und Kapitalismus. Vor allem in der Preisreform: Liberalisierte Preise sind teilweise eingeführt worden, es entstand eine eigentümliche Dualität, neben den staatlich festgesetzten Preisen wurden die Preise einiger Produkte den Marktpreisen angepasst.

Infolge der Einführung der Fock-Reformen – tatsächlich wurden sie von Rezső Nyers[32], einem gemäßigt kommunistischen Volkswirt wissenschaftlich ausgearbeitet – gab es nun in dem sozialistischen Lager drei Modelle der Wirtschaft. Der erste Weg: Planwirtschaft auf sowjetischer Art, der zweite Weg, das jugoslawische Modell auf Grund der Selbstverwaltung der Unternehmen, und der dritte Weg, das ungarische Modell, eine Mischwirtschaft. Das ungarische Modell, insoweit es ein Mischmodell war, hatte eher Nachteile als Vorteile, allerdings entsprach es den ungarischen Umständen erheblich besser, als das sowjetische Modell. Zu den Vorteilen kann man zählen, dass der freie Markt der Produktionsmittel und der Konsumgüter ermöglicht wurde, sowie in allgemeiner Ebene der wirtschaftliche Pluralismus, nachdem die staatlichen Großbetriebe, die Genossenschaftsbetriebe und die privaten Kleinbetriebe gleichgesetzt worden waren.

Die „sozialistische Umgestaltung" der Landwirtschaft

Eindeutig als „positive Reform" kann man die Einführung des „Privatparzellen-Systems", der „háztáji gazdaságok" bewerten. Allgemein bekannt, dass die Organisation der LPG-s mit Polizeigewalt im Jahre 1958 eine allgemeine Verbitterung nicht nur im Kreise der Agrarbevölkerung, sondern in ganz Ungarn hervorrief. Die nach 1949 von der kommunistischen Regierung gegründete TSZCS-Bewegung[33], gewalttätiges Zustandebringen von Kolchos-Wirtschaften, geriet 1956 in Krise, die Mehrheit der LPG-s löste sich freiwillig auf, Boden, Werkzeuge, Viehbestand u. s. w. wurden auseinander getragen, und das Bauerntum fing an mit einer unheimlichen Effektivität zu arbeiten. Bevor diese Anstrengungen ihre Früchte hätten tragen können, mussten die Leute wieder LPG-s gründen, und in die LPG-s mit allen Vermögensgegenständen zurücktreten. Die Reformbestrebungen des Kádár-Regimes begegneten dem heftigen Widerstand der Agrarbevölkerung. Die Reformsensibilität von ihnen wurde weit über die mögliche Grenze getrieben, heftige Gegenreaktionen auslösend. Die verlorene Revolution, die Vergeltungen (viele saßen noch im Gefängnis), die Hoffnungslosigkeit wirkte aber dem ohnedies drohenden Ausbruch der Massenunruhen entgegen. 1958 und 1959 wurden so die Jahre der Verbitterung und der Depression unter den Bauern im Lande.

Kein Wunder, dass die Überlassung von kleinen Grundstücken aus dem gemeinsamen Gut (das übrigens von den Bauern rechtswidrig weggenommen und zum „genossenschaftlichen" zusammengelegt worden war) eine totale Stimmungsänderung unter den

---

[32] Nyers, Rezső (1923-): Ökonom, Universitätsprofessor, 1960 Finanzminister, später Präsident der Ungarischen Nationalbank.
[33] TSZCS (termelőszövetkezeti csoport), d. h. LPG, funktionierte wie in der Sowjetunion der Kolchos: Mitglieder als Lohnarbeiter ohne Bodenbesitz.

Bauern verursacht. Die ländliche Bevölkerung freute sich über diese rückerstatteten Grundstücke, es war egal, woher die Idee auch gekommen war, sie haben den Reformen willkommen heißen. Die „háztáji gazdaságok", die „Hofstellen", oder „Privatgelände um das Haus" erfüllten eine sehr wesentliche Funktion, sie spielten eine Basisrolle in der Einkommenskumulation der ländlichen Bevölkerung, aber die enorm ausgedehnte Arbeitszeit überbelastete sie gleichzeitig. 8 Stunden Arbeitszeit in der LPG, 4-5 Stunden Arbeit in der „háztáji".

Nachteile des neuen Wirtschaftsmechanismus

Weniger erfolgreich war die Verknüpfung des Binnenmarktes mit den ausländischen Märkten: die Beschaffung auf dem Weltmarkt blieb für die Akteure der Wirtschaft im Großteil nur eine prinzipielle Möglichkeit. Und nicht nur prinzipielle Möglichkeit, und zwar aus dem Grund der Staatssicherheit: die Geheimdienste beobachteten mit Argusaugen die immer mehr ins Gedeihen geratenen kaufmännischen Auslandsbeziehungen, die allmählich auf die private Ebene hinübergingen. Der unmittelbare Kontakt Mensch–Mensch drohte mit der Auflockerung des seit zwanzig Jahren bestehenden ideologischen Systems. Andererseits – und das war das größte Negativum im Projekt – blieb das gesamte politische Kompetenzsystem nicht betastet. Das Recht der politischen Entscheidungen fiel auch weiterhin der Parteiführung zu, die „führende Rolle der Arbeiterklasse" konnte keiner der Wirtschaftsreformer in Frage stellen. So etwas hätte man von ihnen nicht einmal erwarten können, sie waren selbstverständlich treue Mitglieder der Nomenklatur.

Die Entscheidungen wurden heimlich, ohne Befragung der Gesellschaft getroffen. Kein Zeichen wies darauf hin, dass die Parteileitung die öffentliche Meinung nicht mehr ignorieren wird. Alles blieb im Alten, indem das für die Reformen grundsätzlich sensible Volk nicht ins Spiel eingezogen wurde. Getan hat es die kommunistische Staatsleitung aus der einfachen Überlegung: Moskau steht im Hintergrund. Kontrolle der Kontrolle – diejenigen, die die ungarische Bevölkerung überwachten, wurden von dem sowjetischen Imperium überwacht. Moskaus einzelner aber ständiger Vorwand war es, dass Budapest an der Grenze der politischen Instabilität tanzt.

„Gulaschkommunismus"

Es erscheint ein relativ breites Sortiment der Konsumgüter auf dem Gütermarkt. Diese beschränkte Ausweitung des Nachfragemarktes signalisierte den Anfang des sogenannten „Gulaschkommunismus". Die Menschen freuten sich auf die erhöhte Geldmenge im inneren Verkehr und die Warenstruktur, die sie in vieler Hinsicht an die westeuropäische Konsumstruktur erinnerte. Aus den Nebenstellen ergeben sich Ersparnisse, die sich in den privaten Haushalten ansetzten. Die Schaufenster der größten Warenhäuser von Budapest, wie dem berühmtesten von ihnen, in dem Warenhaus Corvin[34], zeugten sich über eine relativ große Üppigkeit in der Auswahl. Westliche Tonbandgeräte und Tonbänder auf dem legalen und illegalen Markt, Eröffnung des ersten Supermarktes in Budapest, nach der prüden Ära der kommunistischen Diktatur erschien der Körper einer Frau das erste Mal in den Werbungen als Werbemittel.

---

[34] Vergleichende Fotos sind di der ungarischen Presse erschienen, die zu dokumentieren versuchten, dass diese Schaufenster nicht minder attraktiv waren, als die in Wien.

Die Schattenseite wurde nebenbei sichtbar, indem der zu rasch erweckte, lebhafte Nachfragemarkt sporadisch entstandene Warenmangel erweckte. Der erhöhten Geldmenge kam das Angebot der Konsumgüter nicht immer nach, was den zweiten Markt, den illegalen Handel mit dem „wirklichen Geld" (Dollar, D-Mark) empor brachte. Die Grundformel des GDP (C+G+I+NX) wurde während einiger Monate umgekippt. Der Konsum der Haushalte, der „C" musste teilweise aus dem „G", also dem öffentlichen Konsum gedeckt werden, weil der „NX", der Netto-Export mit den angewachsenen Konsumansprüchen nicht Schritt halten konnten. Die Investitionen („I") des Dienstleistungssektors und der Konsumgüterindustrie stockten gleichzeitig, sie schliefen noch in dem Wintertraum, wie sie es seit etwa 1949 getan haben. Das Defizit hat die Regierung durch die erste Dose der aufgenommenen Auslandskredite gedeckt, wobei die Investitionsmittel, die zur Realisierung der Reformen nötig waren sowie die Konsumartikel der privaten Haushalte wurden nicht im Inland erzeugt, sondern eingeführt. Sinkender Nettoexport und schrumpfendes GDP – die Wirtschaftspolitik fing an tief zu fliegen.

Der Mangel. Ökonomische Theorie von János Kornai

Die Erklärung des Tieffluges der Nyers-Fock-Wirtschaftsreformen verfasste 1980, einige Jahre nach dem Scheitern des Reformprogramms, der Ökonom János Kornai[35] in seinem groß angelegten Werk „Der Mangel"[36]. Die Theorie gibt eine äußerst akzeptable Analyse über die Gründe der Erfolglosigkeit des neuen Wirtschaftsmechanismus. Das Buch ging den Gründen nach, warum die Reformen zu einer noch tieferen wirtschaftlichen Krise gekommen waren, die die Widersprüche der Modernisierungspolitik des Kádár-Regimes ergaben, und die geplante Wohlfahrts- und Lebensqualitätsverbesserungspolitik der MSZMP aufhielten. Kornai hat sich auch in seiner früheren Forschungsperioden mit den unausgeglichenen Wirtschaftssystemen befasst[37], die Theorie des Mangels im Bereich der Unternehmen kann als eine Fortsetzung der Theorie der „Gleichgewichtslosigkeit" aufgefasst werden. Nach ihm wurzelt sich das Problem der (Un)wirtschaftlichkeit in der ungarischen unternehmerischen Sphäre tief an. Der Mangel an Materialien, Rohstoffen, Arbeitskräften ist nicht nur Folgen der schlechten Planung oder der falsch festgesetzten, „künstlichen" Preisen zu verdanken, sondern er ersprießt aus der immanenten Natur des sozialistischen Systems. Er beschrieb den Vorgang, wie die Unternehmen („sozialistische" sowie „nicht-sozialistische") die Grenzen der Wirtschaftlichkeit, genauer gesagt die Grenzen ihrer finanziellen Konditionen regelmäßig überschreiten. Aber sie müssen die Gefahr des Krachs trotzdem nicht ins Auge schauen. Diese ökonomische Irrationalität macht sie nicht zu Grunde, weil sie sich in unterschiedlichen Formen, auf die Hilfe des „Zentrums" so oder so verlassen können. Gegenüber dem grundlegenden Begriff des Kapitalismus „harte Budgetrestriktion" hat er den Begriff „weiche Budgetrestriktion" eingeführt.

Bei ihm erscheint das für ihn typische englische Wort „slack", „Schlacke" oder „Auswurf", eine überflüssige Menschenmenge in den Arbeitsplätzen, die in der Arbeitszeit fast gar nichts machen. Wegen dieser Irrationalität misslingt die richtige Preispolitik,

---

[35] Kornai, János (1928-): Ökonom, Universitätsprofessor an der Karl-Marx Universität in Budapest, später an der Harvard-Universität und an der Zentraleuropäischen Universität in Budapest. Heute Professor emeritus an der Universität Harvard und der Budapester Corvinus Universität.
[36] Kornai, János: A hiány [Der Mangel]. Közgazdasági és Jogi Könyvkiadó, Budapest 1980.
[37] Kornai, János: Anti-equilibrium. Budapest, 1971.

es ist nämlich unmöglich, die enorm hohen Arbeitskosten in die Preise einzukalkulieren. Der klassische Marktmechanismus kann aus ähnlichen Gründen nicht richtig funktionieren: Angebot und Nachfrage brauchen reale Preisverhältnisse. Reines Wasser ins Glas zu gießen wäre die Lösung, aber es behindert die Politik selbst. Oben staatliche und parteiliche Ebene, unten Unternehmen. Der im Grunde *hierarchische Aufbau* hindert die freie Allokation der Güter und Arbeitskräfte, die Partnerfirmen sehen nicht ganz klar, wie und wo *slack* bei den anderen Unternehmen entsteht.

In diesem Punkt taucht bei Kornai die Notwendigkeit der Einführung des freien Marktes auf. Nur theoretisch. In der Wirklichkeit hätten die Reformen in den früheren 70er Jahren nie so weit kommen dürfen die die politischen Interessen des Parteistaates hätten gefährden können. Die Selbstständigkeit des Marktes würde mit der Überwälzung des Informationsmonopols gleich, was die Frage der politischen Loyalität berührt hätte. Eine schmale Schicht der Oppositionellen forderten politische Reformen verwendend den Slogan des Prager Frühlings von 1968 „Sozialismus mit menschlichem Antlitz", aber nach 1970 erwies die Partei immer mehr ideologische Strenge: Die linkskommunistische Propaganda und die Informationsdiktatur haben das Wort ergriffen. Das plötzliche Innehalten der Reformen hat die ungarische Gesellschaft unmittelbar nicht wahrgenommen. Die Entscheidungen hatte die oberste politische Ebene sowieso mit dem Ausschließen der Öffentlichkeit getroffen, und für die Reformen wegen ihrer konservativen Einstellung ziemlich abstinente ungarische Gesellschaft hätte auf den sozialpolitischen Rücktritt nur im Falle einer drastischen Verschlechterung ihrer Lebensqualität reagiert. Zu Mobbing, also aggressiven Massendemonstrationen, ähnlich wie in der Zeit des Dualismus, wäre es nicht gekommen, nachdem die allgemeine Stimmung im Lande polizeilich sehr konsequent überwacht war. Der innere Abwehrdienst des Innenministeriums, das berüchtigte Departement III/III. baute seit 1956 eine weit umfassende Vernetzung der Agenten, die über die wegen der Einstellung der Reformen geplanten Demonstrationen immer auf dem Laufenden war.

Aufnahme ausländischer Bankkredite. Die sich vertiefende Krise

Die Angst davor, dass es trotz der stabilen Diktatur und Polizeigewalt einmal schlimmer geht, wenn die Lebensverhältnisse in Folge der Ressourcenverminderung sich verschlechtern, versuchte das Politbüro der MSZMP weitere Kredite aufzunehmen. 1973 standen die Brutto-Auslandskredite nur bei 21,1 Milliarden Dollar, nächstes Jahr bei 28,6 und 1975 41,9. Die Schuldendienstrate erreichte das bedeutungsschwere Niveau von 25 %, in diesem Jahr musste Ungarn schon 5,59 Milliarden Dollar Zinsen bezahlen.[38] Die „Existenzunfähigkeit" des Reformprozesses in Ungarn fiel auch in Moskau im Kreise ultraorthodoxen Politiker auf, die Druck auf Budapest ausübten. Im Dezember von 1973 fasste das Politbüro den Beschluss: Die Reformen müssen verlangsamt werden, und in einigen Elementen zum Rückkehr zum Plananweisungssystem zurückkommen. Die Zermürbung der Reformkräfte war unaufhaltsam. Im Frühjahr von 1974 konnten die Reformisten der Absage von Jenő Fock nicht mehr ausweichen. Aber die Lust der Menschen ihr Leben gemütlich zu führen und eigenständig zu

---

[38] Jahresbericht der Ungarischen Nationalbank, 1975. In:
http://en.wikipedia.org/wiki/Hungarian_National_Bank. Diese Zahl war 1878 schon 98,1 Milliarden Dollar.

organisieren konnten diese administrativen Maßnahmen nicht mehr unterdrücken. Mit der angekurbelten Konsumlust hat die politische Elite den Geist aus der Flasche gelassen, wodurch aus den GDP die „C"-Komponente auf dem gewohnten Niveau zu halten nur zu Schaden der anderen Komponente möglich war. Die führende Parteielite folgte den Gewohnheiten des alten ungarischen Mittelstandes und die Kluft zwischen der Lebensform und dem Lebensstil der Parteisekretäre und den Massen wäre anderenfalls all zu groß gewesen. Die Korruption (es sammelte sich wirklich sehr viel Geld aus dem Ausland) blühte wie nie in den letzten zwanzig Jahren. Aber die Masse schwieg, nur die schmale Schicht der Oppositionellen hoben ihr Wort auf, wie der namhafte Dichter, József Utassy, der verzweifelt rief Sándor Petőfi, den Dichter voll flammenden Eifers aus dem XIX. Jahrhundert und „Volksfreund" zur Hilfe in seinem polizeilich verbotenen Gedicht „Der März braust":

Deinen Grabdeckel reiß ich, mein Freund, herunter:
Steh auf, Sándor Petőfi, und singe munter! [...]

Aus Gebeinen ruf ich dich wieder zum Leben:
Der Korb der Fülle ist leer, ihretwegen,

die dein Volk auch seines Rechtes plündern,
und bist tot? Gesperrt dein Mund? Auf zum Singen!

Ab mit den sieb'mal Memmenhaften, die morgen
haben das Sonnenlicht des Geistes weggenommen.

Auf die Füße, Petőfi! Dein Grab wühle ich schreiend,
sing wieder Gesänge – über die Freiheit![39]

Die Korruption ging aber auf Hochtouren weiter. Das Schlimmste daran war es, dass es an der demokratischen, sachverhaltsklärenden Presse fehlte. Die hinterschlagenen materiellen Güter und des Geldes haben die im Ausland aufgenommenen Kredite gekürzt.

Die mit Propaganda verschleierte Krise (1974–1978)

Auf den neuen Ministerpräsidenten, György Lázár[40], eine „graue Eminenz", einen mittelmäßig talentierteren Mann wurde die nicht leichte Aufgabe auferlegt: Er hätte den Ausweg aus der Krise finden können, eher aber die Krise hinausschieben. Lázár gehörte der Gruppe der gemäßigten Stalinisten, aber am Lenkrad stand die „harte Linie". Über Reformen zu sprechen wurde verboten, und die Presse flößte in die Masse die Hoffnung auf eine bessere Zukunft, aber nur im Falle, wenn sie die Verschlechterung der Lage erdulden, wenn sie dem bösen Spiel eine gute Miene machen. „Jetzt ziehen wir den Hosengürtel, damit es künftighin besser wird".

---

[39] Übersetzung aus dem Ungarischen von Zoltán Tefner.
[40] Lázár, György (1924-): origineller Beruf: technischer Zeichner. Seit 1948 Mitglied der Kommunistischen Partei, Präsident des Landesplanungsamt., Minister für Arbeit. Bis 1975 Ministerpräsident. Er war der loyalste Lakai von János Kádár. In: http://en.wikipedia.org/wiki/Gy%C3%B6rgy_L%C3%A1z%C3%A1r. „He was called Secretary-General János Kádárs „most loyal sidekick".

Inzwischen sind 200 sozialistische Großbetriebe im Lande in Konkurs geraten, 38 aus ihnen wurde so zahlungsunfähig, in dem Maße, dass sie sogar die Reserven verzehrt haben. Laut der politischen Doktrinen der Partei – János Kádár hat darauf hartnäckig beharrt –, musste mindestens den Schein der Vollbeschäftigung bewahren. Der Cashflow in die Löhne und mittelbar in den Konsum erhöhte die Schuldenrate weiter, die ab 1978 exponentiell in den Himmel stieg. Die Gesellschaft räumte Informationen aus den Nachrichten der westlichen Presseorgane, überwiegend aus den Sendungen der Rundfunkanstalt „Freies Europa" ein, aber die Gegenpropaganda vermag in der Mitte der 1970er Jahre das Gleichgewicht zwischen den zwei Gehirnwäschen noch aufrecht zu erhalten. Sogar ging der Propagandakampf in einen verbitterten Hurrah-Optimismus über. Was teilweise berechtigt war, weil es im Lande so viel Kapital, so viel Geld, so viel Ressourcen in Rohstoffen vorhanden war, wie nur zur Zeit des Dualismus, in den „alten goldenen Friedenszeiten" bis 1914. Eine andere Frage war es, dass dieser Reichtum den Auslandskrediten entsprang: Die Wirtschaft stockte immer mehr aus den oben ausgelegten Gründen. Ob die Massen in dieser Situation hätten im Stande gewesen sein können, für die hinterzogenen Reformen den Ring betreten, ist fraglich. Die Üppigkeit an den Waren war sehr groß, und wenige haben nach der Schuldenrate gefragt, umso mehr, da die Zahlen vor der Gesellschaft verborgen waren. Die „sozialistische Staatlichkeit" rannte rasend in ihr Verhängnis.

Zusammenbruch des sozialistischen Modernisierungsversuchs (1985–1990)

Nach 1977 musste man etwas tun: Die negativen Auswirkungen der Energiekrise von 1973 konnte nicht mehr kompensieren. Die Zinsen, die der Staat den westlichen und asiatischen Banken zahlen musste, näherten sich den astrologischen Summen. Da die aufgenommenen Gelder größtenteils in die Sozialpolitik investiert wurden (Großteil verzehrte die Korruption), erwartete man nicht viel von dem produzierten Mehrwert der Arbeit. Der Grund lag darin, dass der Fock-Regierung gelang es nicht, in der Industrieproduktion umfassende Strukturwandlungen durchzuführen. 1978 ist der Moment der Wahrheit eingetroffen. Nachdem das Politbüro 1975 Jenő Fock abgelöst hatte, war es zu neuen, radikalen Maßnahmen gezwungen. Der Beschluss des Politbüros von 1978 hat die Reformen angehalten, und kehrte teilweise zu der konservativen Lösung, zu einer beschränkten Planwirtschaft zurück.

Die sich fortwährend multiplizierenden Schuldendiensttraten, die steigende Schuldenspirale ließen aber die Regierung von Lázár nicht Atem holen. Die ersten Jahre nach 1980 vergingen im Zeichen der Suche nach einer unbekannten, aber stabilen Zukunft, da es in der Sowjetunion durch die Reformen von Gorbatschow eine vollkommen neue Situation zum Vorschein kam. Das kommunistische Regime in Budapest verlor langsam seinen seit 1949 so beständigen, sicheren Hintergrund. Hinter den vorsichtigen, reformistischen Losungen der Perestrojka leuchtete der Anfang des Endes hervor. Sowohl die Parteiführung, als auch die staatliche Bürokratie verunsicherte sich.

Bis 1985 dauerte die Zeit des Abwartens. Die Ablösung Lázárs von dem Posten des Ministerpräsidenten im Mai von 1987 hat die Gesellschaft ohne besondere Erregung, eher mit Resignation zu Kenntnis genommen. Der Nachfolger, Károly Grósz hat die Zukunft in seinen Äußerungen in keinem zu optimistischen, mit lebhaften Farben gemalten Bild geschildert. Die Massenkommunikation verabreichte – unter strenger, später immer weniger strenger Kontrolle der Propagandaabteilung der Partei –die

Sache der einzuführenden wirtschaftlichen und sozialen Einschränkungen in Dosen. Das Grósz-Kabinett war dazu berufen, dass es eine noch schwierigere Aufgabe erfülle, die Quadratur des Zirkels. Sie musste die Sparsamkeit und die Erhaltung eines sozialpolitischen Optimums zusammen verwirklichen. Hinter Grósz stand eine mit Abstand nicht handvolle Gruppe der Reformisten, aber die Opposition, die Orthodoxen, war auch zahlreich. Vor allem der letzten Gruppe zuliebe ging es darum, dass die zentralisierte Parteihierarchie unberührt blieb. Währenddessen die Reformisten, anders die sogenannten „Reformkommunisten" (in dieser historischen Situation laut dem ungarischen Idiom „eiserner Ring aus Holz"[41]) wohl wussten, die Reformen ohne die politischen Subsysteme einzubeziehen wären in der sich veränderten Weltlage ein Selbstmord. Nach 1987 sind die ersten politischen Initiativen auf pluralistische Umgestaltung in von Tag zu Tag wachsender Intensität erschienen.

Umgestaltung des sozialistischen Einparteiensystems, Anfänge des parlamentarischen Pluralismus (1989–1990)

1989 wurde Miklós Németh zum Ministerpräsidenten ernannt. In seiner Vorstellungsrede im Parlament verlautete er, dass in Ungarn „sozialistische Marktwirtschaft" notwendig ist (seine Regierungspolitik war also nicht frei von den grotesken Konstruktionen der Grósz-Ära), aber der Pluralismus, über den er vor der Presse lange gesprochen hat, kann als eine vorwärts weisende Tendenz angesehen werden. Im Kabinett Németh's nahmen Platz Leute, die nichts mehr mit der alten, orthodoxen Moskowitenpolitik zu tun hatten. Unternehmensförderung, Rechtsstaatlichkeit passten in ein nagelneues Programm ein, und letzten Endes hatte sich dieser neue, nach vorwärts fliehender Regierung teilweise schon für die Demokratie westliche Typ verpflichtet. Sie hatten einfach keine andere Wahl als die Änderung der früheren politischen Leitpunkte und der marxistischen Ideologie. Im Großteil waren sie nie strenggläubige Marxisten, insbesondere die pragmatisch denkenden Technokraten. Ab Januar 1989 wurden Gesetze verabschiedet, die den Weg zur Rechtsstaatlichkeit und zum durchgreifenden Wirtschaftsumbau vorbereiteten[42]. Am 23-sten Oktober wurde die Republik ausgerufen, kurz darauf, im Januar 1990 hatte Ungarn ein Verfassungsgericht.[43]

Die Ereignisse haben das Maß der Reformen weit überschritten, sie befanden sich in der unmittelbaren Nähe einer Revolution. Seit mehr als dreißig Jahren sah die Budapester Straße keine solchen spontanen Demonstrationen, welche der Wille der Massen zu Stande brachte. Die Menschen haben mitgefühlt, dass es sich hier von der Selbstbestimmung handelt, und sie haben ihr Schicksal in die Hand genommen. Nicht einmal im Wirbel der 11-tägigen Ereignisse vom Oktober 1956 kam es so eindeutig zum Vorschein, dass die Entfernung zwischen die der die Politik organisierenden Elite und der Geführten so minimal war, als 1989–1990. (Kaum sind zwei Jahre vorbei, und ist diese Gleichgewichtslage wieder in eine Verbitterung umgeschlagen.)

---

[41] Ungarisch: „fából vaskarika"

[42] Eines von diesen Gesetzes wurde schon 1988 verabschiedet: „Gesetz 1988/VI über die Handelsgesellschaften". Dann folgten mehrere in dem wirtschaftlichen Bereich, wie „Gesetz 1989/XIII über die Umgestaltung der bewirtschaftenden Organisationen und der Handelsgesellschaften". In: Magyar történeti szöveggyűjtemény 1914–1999. II. [Ungarische historische Textsammlung 1914–1999. Band II] Hrsg.: Romsics, Ignác. Osiris Könyvkiadó, Budapest, 2000.

[43] In: http://en.wikipedia.org/wiki/Mikl%C3%B3s_N%C3%A9meth

Die Erwartungen erreichten die magische Höhe: westliches Lebensniveau und Lebensmilieu. Die Menschen dachten so, es wird mit dem Moment des Systemwechsels durch ein Federzeichen realisiert. Nicht so ist es geschehen. Aus den großen Erwartungen erhielten sie Gesten, die wirklich sehr edel und schön waren, und gar nicht kosteten. Die Öffnung der Grenze, die Überlassung der DDR-Touristen nach Österreich berührte die Seele der Menschen tief. Als die zwei Außenminister, Alois Mock und Gyula Horn mm 27. Juni 1989 einen symbolischen Schnitt am Stacheldraht der westlichen Grenzsperre machten, war die ungarische Gesellschaft tief beeindruckt oder sie hat mindestens mit einer gewissen Zuversichtlichkeit in die Zukunft vorausgeschaut. Noch schien es aber total unvorstellbar zu sein, dass zum Beispiel die Russen das Land einmal verlassen. Nach dem Austritt aus dem Warschauer Pakt wurde der vertragsmäßige Truppenauszug der sowjetischen Armee – sowohl die Vorbereitung als auch der Ablauf –, der Ende der Besatzung von 46 Jahren bedeutete, reibungslos und einfach. Das sowjetisch–ungarische Abkommen 10. März 1990 über den Auszug der sowjetischen Truppen wurde in Moskau von Gyula Horn und Eduard Schewardnadse in Moskau unterzeichnet. Kaum mehr als ein Jahr musste man warten, und der letzte russische Soldat, Generalleutnant Victor Schilow über die Theißbrücke in das sowjetische Staatsgebiet hinübermarschierte. Mit diesem ziemlich theatralischen Akt endete eine 46-jährige Zeitperiode der militärischen Besatzung Ungarns. Wieder ein Moment, der viel mehr als ein einfaches Reformprogramm war. Nach einem langen militärdiplomatischen Tauziehen gelang es erst am Ende des Jahrhunderts, im März 1999, als Ungarn in die NATO eintrat, nachdem das Parlament am 9. Februar d. J. mit überwältigender Mehrheit für einen Beitritt gestimmt hatte[44]. Das Land gehörte damit zu den ersten Staaten des früheren Ostblocks, die der Allianz beitraten.

Umbau der politischen Grundlagen Ungarns 1990–1991

Der politische Systemwechsel ist politisch glücklich abgelaufen, was aber die wirtschaftliche Seite anbelangt, kann die Antall-Regierung über mehrere begangene Fehler die Rechnung tragen. Nach den freien Wahlen von 1990 stellte sich das ungarische Parlament in einer Sechs-Parteien-Formation auf: MDF, Ungarisches Demokratisches Forum; KNDP, Christlich-Demokratische Volkspartei; KGP, Partei der Kleinwirte; MSZP, Ungarische Sozialistische Partei; SZDSZ, Verband der Freidemokraten; und FIDESZ, Verband der Jungdemokraten. József Antall verkündete das Programm von umfassenden Reformen, eine „Westorientierung" des Landes. Die Regierungskoalition brachten die ersten drei Parteien zu Stande, MDF hat nämlich die Wahlen gewonnen, die letzten Drei sind in Opposition hinübergetreten.

Das wirtschaftliche Programm des MDF unterschied sich nur in wenigen Nuancen von denen anderer Parteien oder selbst auch von irgendeiner westeuropäischen sozialdemokratischen Partei. Nur die nationale Verpflichtung wurde nachdrücklich betont: Der V. Absatz beschreibt im Rahmen der Außenpolitik die Politik des Minderheitenschutzes ausführlich, indem er feststellte, dass „Die Sorge für die ungarischen Minderheiten außerhalb der Staatgrenzen muss einen Teil unserer außenpolitischen Strategie bilden."[45] In der Wirtschafts- und Sozialpolitik wurde zum ordnenden Prinzip die

---

[44] „Gesetz 1999/I über den Anschluss an den Nordatlantischen Vertrag". In: Magyar történeti szöveggyűjtemény 1914–1999. II [...]. S. 553.

[45] Magyar történeti szöveggyűjtemény 1914–1999. II [...]. S. 449.

deutsche Praxis, Adenauer und Ludwig Erhard gewählt: „Das MDF – ähnlich allen progressiven politischen Kräften – hält für seine wichtigste Aufgabe die Ausführung des Landes aus der Wirtschaftskrise. Dies wünscht es im Wege der *sozialen Marktwirtschaft* erreichen."[46] Also „Wohlstand für alle", „Ordoliberalismus"[47], „so viel Staat wie nötig, so wenig Staat, wie möglich". Aber wie?

Die Antwort kam von Seite der internationalen, großen Politik. Wie bekannt, nach der „gewaltlosen Revolution" in der DDR im Herbst 1989 kam es zur deutschen Wiedervereinigung. Die Moskauer Politik erhob kein Veto gegen den Verlust der DDR, sogar leistete Gorbatschow Hilfe dafür. Schon am 9. Oktober 1989, als in Leipzig eine Masse von 70tausend Menschen demonstrierte für die Reformen, hatten die sowjetischen Truppen Befehl: „nicht einzugreifen".[48] Eine Reihe von den Verhandlungen brachte die Diplomatie unter den das Potsdamer Abkommen unterzeichneten Mächten zusammen mit dem von Bundeskanzler Helmut Kohl geleiteten bundesdeutschen Regierung. Die Vier-plus-Zwei-Verhandlungen genanntes Forum hatte nur ein Ziel, die sowjetischen Truppen aus der DDR möglichst reibungslos zu entfernen. Am 12. September 1990, an dem letzten 4+2-Treffen unterzeichneten die Großmächte und die zwei deutschen Partner den „Vertrag über die Schlussregelung betreffend Deutschlands". Praktisch bedeutete dieser Akt den Abschluss des Zweiten Weltkrieges. Die Sowjetunion übernahm die Garantie die sowjetischen Truppen aus der DDR bis 1994 auszuziehen.[49] Der Truppenauszug brauchte aber Frieden, jede Störung des Prozesses hätte die deutsche Vereinigung aufheben b. z. w. in eine unsichere Zukunft hinausziehen können. Unter diesen Umständen musste Ungarn den Anforderungen des Friedens anpassen, und die Konflikte mit den Leuten des abgelösten Establishment der vergangenen 46 Jahre so weit wie möglich zu vermeiden.

In Kürze musste die öffentliche Sphäre in ganz Ungarn eindeutig zu Kenntnis nehmen, dass die Wahlen nur die Anfänge des Anfangs waren. Wie der Politologe László Kéri schreibt: „Mit dem Endergebnis der Wahlen ging die politische Wende nämlich selber nicht vor, sondern die politischen Vorbedingungen haben sich radikal verändert."[50] Die Tiefströmungen der Gesellschaft und der Außenpolitik lassen es nicht vergessen, dass die wahrhaftigen Aufgaben nicht von Tag zu Tag realisierbar sind (zerstören ist immer einfacher, als etwas aufbauen).

---

[46] Magyar történeti szöveggyűjtemény 1914–1999. II [...]. S. 447. In das Programm haben sie noch aufgenommen: Demokratisierung des Eigentums, die Angestellten können zu Eigentümern ihrer Betriebe werden (schwedisches Modell?), Erneuerung des Führungsnowhow, das in Dienst der einströmenden ausländischen Kapitals gestellt werden muss, effizient muss sich des Problems der Arbeitslosen bedient werden, Anhalten der Inflation, Überprüfung das Steuersystems u. s. w.

[47] Konzept für eine marktwirtschaftliche Wirtschaftsordnung, Der Staat hält den ökonomischen Wettbewerb auf dem Markt in seinem Ordnungsrahmen. Zentrales Anliegen: „menschenwürdige und funktionsfähige Ordnung", die politische und wirtschaftliche Freiheit vereint. Theoretisches Fundament dazu siehe: Eucken, Walter: Die Grundlagen der Nationalökonomie. Fischer Verlag, Jena 1940.

[48] Mirow, Jürgen: Geschichte des deutschen Volkes von den Anfängen bis zur Gegenwart. Parkland Verlag GmbH, Köln, 1996. S. 1154.

[49] Németh, István: Németország története.Egységtől az egységig 1871–1990 [Geschichte Deutschlands. Von der Einheit bis zur Einheit 1871–1990]. Aula Kiadó Kft., Budapest, 2002. S. 565.

[50] Kéri, László: Választások után [Nach den Wahlen]. In: Parlamenti választások 1990. Politológiai szociológiai körkép [Parlamentswahlen 1990. Politologische soziologische Rundschau]. Hrsg.: Szoboszlai, László. MTA Társadalomtudományi Intézet, Budapest, 1990. S. 36-37.

Die verpasste – nach der öffentlichen Meinung auch heute noch in medias res *schlecht* genannte – Privatisierungspolitik stand mit diesem beschränkten internationalen Spielraum im Zusammenhang. Die Antall-Regierung ließ noch den Weg vor einer „freien" Privatisierung offen gelassen. Der misslungenen Privatisierungspolitik der Antall-Regierung stand das zukünftige Karrieremodell der abgelösten, meistens pragmatischen Elite. Die Privatisierung in dieser Auffassung baute Nest für Korruption. Das berüchtigt gewordene „Betriebsviereck" verteilte das Betriebsvermögen untereinander. Das Rückgrat des alten Establishments (in der Mitte der Parteisekretär des Betriebes, Betriebsdirektor, KISZ-Sekretär[51], Gewerkschaftssekretär, manchmal Chefingenieur) nahm an der Verteilung teil. Obwohl in diesen Ad-hoc-Gruppen nicht selten ein großer Streit über die Beute ging, konnte man das gemeinsame Gut nicht retten, es überging in ihre Hände der „Privatisierenden".[52] Eine typische historische Stereotypie erschien auf der Bühne des ungarischen öffentlichen Lebens: die Flucht nach vorne, und was ihnen in Folge des Ungeschickes der internationalen Politik in den Schoss gefallen war, die Möglichkeit für die „ursprüngliche Kapitalakkumulation".

Die Dislokation der Beute erfolgte nicht ohne jeglichen politischen Unterton. Schon in den ersten Jahren und insbesondere nach 1994, als die Linken die Macht wieder an sich gerissen haben, kam die Bestrebung zur Geltung, um die Macht in die Hände der alten Garnitur zu konzentrieren, ihre Positionen so in der Politik wie in der Wirtschaft zu „einbetonieren". Ein Zitat aus dem Protokoll des Ungarischen Parlaments aus dem Mund von einem konservativen Abgeordneten József Szájer[53]: „Das neue Konzept [die Privatisierung der Kontrolle des zuständigen Ministers zu entheben, und der Kompetenz der politischen Parteien zu überlassen – Z. T.] hat die Lage insofern verändert, dass dies [die Privatisierung – Z. T.] von der Kompetenz des Ministers gekommen ist, und so wurde die von der Politik gelenkte Privatisierung ins Leben gerufen. [...] Die Vorbedingungen sind nunmehr geschaffen, die die Geschäftsprinzipien in den Hintergrund, und der sogenannte Klientel in den Vordergrund gedrückt haben."[54]

Der Ansturm des ausländischen Kapitals näherte sich aber dem Land erbarmungslos. Das Laisser-faire-Prinzip – unter dem Druck der Weltpolitik, außerdem der internationalen finanziellen Zentralen – hat in kurzer Zeit ein mittelloses Neuproletariat aus seinem historischen Traum wieder erweckt. Und vor diesem Proletariat klärte sich langsam das nicht allzu viel Optimismus versprechendes Bild, und sie fingen an zu erkennen, dass die schlechte Wendung in ihrem Los gerade den Reformen zu verdanken ist. („Weil es in der Kádár-Zeit so gut ging.") Durch den Abbau der kommunistischen Infrastruktur der Vollbeschäftigung drohte die Arbeitslosigkeit in steigendem Maße. Seit langem sahen sich breite Arbeitermassen nicht so hinfällig, wie ein paar Jahre nach der Wende.

---

[51] KISZ: Verband der Jungkommunisten, 1959 nach Vorbild des Komsomols und der FDJ hervorgerufene Jugendorganisation.
[52] Viele der einst in dem KISZ tätigen Politiker haben sich an dieser „ursprünglichen Kapitalakkumulation" hervorgetan, sie sind heute fast alle Millionäre.
[53] Szájer, József (1961–): ungarischer konservativer Politiker, Gründungsmitglied des FIDESZ, Mitglied des Europäischen Parlaments in der Fraktion der Europäischen Volkspartei.
[54] Napirend előtti felszólalás In: Szájer, József: Jogállam, szabadság, rendszerváltoztatás. Beszédek, írások, dokumentumok 1987–1997 [Rechtsstaat, Freiheit, Systemwechsek. Reden, Schriften, Dokumente 1987–1997]. Jogállam-könyvek, DAC Alapítvány, Budapest, 1998. S. 307.

Die Unzufriedenheit der ungarischen Gesellschaft zeigt bei Weitem nicht den Anschein eines instinktmäßigen Aufruhrs, wie es zur Zeit des Dualismus der Fall war.
Weltanschauung, Bildungsniveau, Welterkenntnisse, Selbstbewusstsein, organisierte
Forums des Informationsaustausches sind im Laufe von hundert Jahren besser geworden. Keinesfalls steht es zur Diskussion: Nur weniges gibt es am Ende des 20. Jahrhunderts, was mit dem Zustand der 1880-90er Jahre vergleichbar wäre. Alles ließ der
Gesellschaft wissen, dass ihre Jammer und Elend von dem Ausfall des wohlfahrtspoliti-
schen Systemwechsels ausgelöst worden war. Soziologische Datenerhebungen beweisen eindeutig, dass sie aufgefasst haben: Das Land befindet sich unter dem Druck der
wirtschaftlichen Anpassung, wodurch die Regierung der Preispolitik nach den Weisun-
gen der EU und der Weltbank gehorsam sein muss. Und nachdem die IMF, die
Weltbank und Brüssel weit ist, und die Regierung in der handgreiflicher Nähe, richtete
sich die Wut und Ablehnung auf die Regierung. 1994, an den Wahlen stellte es sich
heraus, dass der Zorn der Gesellschaft ein Strafverfahren gegen die Boross-Regierung
einleitete. Die Koalition wurde mit hoher Mehrheit abgestimmt.

Es steht ohne Zweifel, viele Anzeichen errieten schon Jahre vor den Wahlen, dass es
nicht in jeder Hinsicht in Ordnung ist. Da die Regierung, infolge des Anschlusses an
den westlichen Wirtschaftsraum ins Fahrwasser der europäischen Marktwirtschaft
geraten ist, verordnete 1990 Benzinpreiserhöhung um 35%. Auch heute noch weiß es
niemand genau, warum eben eine spezifische Schicht des Dienstleistungssektors, die
Taxifahrer zum letzten Mittel griff. Ende 1990 organisierten sie eine Blockade in ganz
Ungarn. Barrikaden in der Hauptstadt, gesperrte Donaubrücken, Turbulenz, sinkendes
Ansehen der Regierung in der Welt. Die normale Lebensführung wurde zum Erliegen
gebracht. Am 26. tanzten Krieg und Frieden am Rande des Abgrunds, nachdem die
Regierung sich zu einem Widerstand entschlossen hatte. An diesem Tag machte
Polizeipräsident von Budapest, Generalleutnant Sándor Barna bekannt, er danke ab,
wenn die Polizei von der Regierung Feuerbefehl erhält.[55] Die Gesellschaft blieb passiv,
atemlos lauschend den Verwicklungen. Obwohl bei vielen Schichten die Existenz von
den Benzinpreisen abhing, blieb das ganze Unternehmen eine Sonderaktion einer
sonderlichen Berufsgruppe. Gewisse Protestbewegungen sind nebenbei die Regierung
beunruhigt, wie die „Gesellschaft der unter dem Existenzminimum Lebenden". Die
Antwort der Regierung kam schroff ablehnend: Die Festlegung des Staatbudgets ist
nationalpolitisches Interesse.[56]

Regierungsperiode des Gyula-Horn-Kabinetts (1994–1998)

Auf die Probleme mit dem Staatshaushaltsgleichgewicht gab der SZDSZ verheerendes
politisches Programm. Die Senkung der Kosten im Staatsapparat war nur eine der
Kürzungen. Das Horn-Kabinett suchte nach dem Wahlerfolg von 1994 Koalitions-

---

55 A puha diktatúrától a kemény demokráciáig [Von der weichen Diktatur zur harten Demokratie].
Hrsg.: Bodzabán, István, Szalay Antal. Pelikán Kiadó, Budapest, 1994. S. 42.
56 Romsics, Ignác: Hungary in the Twentieth Century. Corvina Osiris, Budapest, 1999. „In 1992 a
pressure group calling itself the Assotiation of People Livig under the Subsistance Level [...] started a
campaign against the introduction of value-added tax [...] at a uniforme rate, across the board, on all
goods and services but this ran aut of steam in 1993 without achieving any concessions." S. 462. Die
Maßnahmen erzielten die Stabilisierung der Posten des Staatshaushaltes, die Interessengemeinschaft
fasste sie so auf, wie „negative Reformen" auf. Besonders die Universitätsstudenten demonstrierten
gegen die geplanten Studiengebühren.

partner, den die Sozialisten in dem nicht zahlreichen radikalliberalen Verband der Freidemokraten gefunden haben. Der SZDSZ stand bis zu seiner Auflösung im Jahre 2010 auf der Basis einer rücksichtlosen neoliberalen Ideologie. Besondere Rücksichtslosigkeit erwiesen sie in der Wirtschaftspolitik der Restriktionen und in der Verminderung der Bedeutung der Politik in den Wirtschaftsprozessen. Das Laissez-fair-Prinzip, ein jeder muss sich nach dem eigenen Erfolg bestreben ohne die mindeste Einmischung des Staates in die Wirtschaftsprozesse zu erdulden, haben sie auf ihre Fahne geschrieben. Nach vier Jahren erfolglosem Experiment mit dem Ordoliberalismus zwangen sie den Neoliberalismus zurück.

Im Mittelpunkt ihrer Innenpolitik stand das Konzept zum bedeutenden Personalabbau im öffentlichen Sektor (nachträglich muss anerkannt werden: Es nützte dem Staatsbudget, seit einem halben Jahrhundert galt dieser Schritt als begründet), in der Realisierung haben sie aber diesen Plan überfüllt und rationalisierte auch da, wo es nicht notwendig war (nachträglich muss es behauptet werden: Diese Maßnahmen nützte dem Staatsbudget, aber machten die Staatverwaltung zu Grunde).

Der Kampf der Liberalen gegen die Bürokratie. Das Bokros-Paket

Der Neuweberianismus: „den eisernen Käfig der Bürokratie zu zerstören" erschien in diesem Fall als kein bürokratischer Rationalismus. Doktrinär wurde von ihnen verlautet, dass es hier um etliche Restelemente des Feudalismus handelt, wo das Lehnwesen weiterlebt, wo die Hierarchie die Wertordnung bestimmt. Korrekter Staatsapparat ist nicht abhängig von der Zahl der Bürokraten – argumentierten sie in den Sitzungen des Parlaments. Und weil die Sozialisten ohne ihre Mithilfe nicht gegen die Opposition und die Massen auf der Straße auf einen grünen Zweig kommen konnten, kam es zu der frivolen Lage, die nur mit einem scherzhaften ungarischen Wortspiel darstellen kann: „Der Schwanz wedelte mit dem Hund."

Auf genau demselben Programm beruhte Restriktionsprojekt des Finanzministers Lajos Bokros[57]: Theorie der neoliberalen Wirtschaftspolitik. Obwohl Bokros keinem der beiden Koalitionspartner angehörte, identifizierte sich mit ihren Vorstellungen völlig: angebotsorientierte Produktion in den Firmen, Marktfundamentalismus, strenge und folgerichtige Monopol- und Kartellkontrolle. Bokros gelangte zur Überzeugung, dass das Staatshaushaltdefizit sowie den Mangel der Leistungsbilanz der Ungarischen Nationalbank nur mit einer modifizierten Währungskurspolitik und durch die Reformierung der Subsysteme der sozialen Versorgung abgeschafft werden kann. Die beiden Bereiche der Volkswirtschaft bildeten in seiner Auffassung eine untrennbare Einheit. Die Leistungsbilanz behandelte er mit der gleitenden Abwertung des Forints, das soziale System mit radikalen Kürzungen im Bildungswesen, Gesundheitswesen, in der Kultur, in der Staatsverwaltung. Die Einnahmen aus der galoppierenden Privatisierung deckten auch den sehr hohen Schuldendienst (ohne durchschlagende Wirkung).

Volkswirtschaftlich erwies sich die Reform als richtig, sie fasste im Ausland Vertrauen, besonders die IMF, der damals Kredite in hoher Menge gewährte, zollte Anerkennung

---

[57] Bokros, Lajos (1954-): Volkswirt, Politiker, Universitätsprofessor, ab 2009 Abgeordneter im Europäischen Parlament.

den neuen Verfügungen. Nach ein Jahr Dienstzeit als Finanzminister musste aber Bokros abdanken. Grund dafür: rapid sinkende Popularität. Die Horn-Regierung geriet ins Bedrängnis: Es war zu erwarten, dass die Gesellschaft, die Wähler, 1998 selbst die Regierung ablösen wird. Das Versorgungsniveau der Krankenhäuser, die Kapazität der Universitäten hat sich um etwa 20 % gesenkt, die Kaufkraft der Renten und Löhne erreichten den Tiefstand, der Sozialbeitrag wurde erhöht, die Inflation war rasend (30 %, die höchste seit 1946). Der freie Arbeitsmarkt erzeugte eine noch größeren Kreis der Arbeitslosen, der unternehmerischer Mittelstand fing an abzurutschen, die Kapitalhilfe ließ den ausländischen Investoren zufließen, demzufolge mussten 23 % der Privatfirmen bis 1997 die Türe schließen. Auch die gleitende Abwertung brachte den Globalunternehmen Nutzen. Die Entlassungen in der Geschäftssphäre sowie die im öffentlichen Sektor erweiterten das Lager der „Strafwählerschaft". Selbst der Großteil der eigenen Parteimitglieder sowie das Umfeld der der Partei nahe stehenden Firmen wurden von dieser drakonischen Strenge gegen die MSZP–SZDSZ-Koalition gedrängt.

Die Unzufriedenheit der Bevölkerung wegen des wiederholten Fortfalls der Wohlstandspolitik fing an organisatorische, bewusste Gestalt mit viel Aufgeregtheit und Verbitterung anzunehmen. Umsonst entließ Horn Bokros, umsonst betrieb die Regierung Agitation, 1998 hat sie die Wahlen verloren. Das Lenkrad übernahmen der national-konservative Flügel der ungarischen Politik, der FIDESZ und die KDNP.

Die erste FIDESZ-KDNP-Regierung (1998–2002)

Der FIDESZ beteiligte sich an der Politik in den zwei ersten Wahlperioden als eine sozialliberale Kleinpartei. Nachdem die konservative Seite 1994 eine schwere Niederlage erlitten hatte, verließen viele der Mitglieder und der Wählerschaft das MDF. Aus diesen abgesplitterten Elementen, außerdem von den Reihen der „Unsicheren" bewarb sich die Massenbasis, die an den 1998er Wahlen den FIDESZ, (nomen est omen: Verband der *Jung*demokraten) an der Spitze mit Viktor Orbán in die Macht einsetzten. Zu einem Wahlsieg musste die Partei, eine Gruppen von jungen Leuten aus der heldenhaften Zeit des Widerstandes, Attitüde, sogar Ideologie verändern. Aus den Sozialliberalen sind Rechtskonservativen – anders: die rechte Mitte – geworden. Sie sollten von den Fehlern der vorherigen Regierung viel gelernt haben. Vor allem mussten sie die Fehler in die Modernisierungstheorie korrigieren, die das Horn-Kabinett in die Tiefe gestürzt hatten.

Der amerikanische Soziologe, Talcott Parsons unterscheidet vier gesellschaftliche Subsysteme, die der Modernisierung einen Geltungsbereich anbieten, ein Feld, auf dem die Reformen gleichzeitig und in ihrer gegenseitigen Zusammenwirkung durchgeführt werden müssen. Politik, Wirtschaft, Kultur und die *persönliche Sphäre*. Keiner wird es bezweifeln, dass in der Wirtschaft die Reformen nicht genug weit gekommen wären, sogar gerade das Gegenteil war der Fall. In den übrigen drei gab es schon Probleme. Mit der Kultur nicht so sehr. In dieser Zeit wurde den Grundstein des Nationaltheaters niedergelegt, und begann der Bau des Kunstpalastes, eines der modernsten Kulturinstitute Europas nach Béla Bartók genannt. Bezüglich der persönlichen Herangehensweise vermehrten sich dagegen die Schwierigkeiten mit der Zeit. „Junges Blut hat Mut" – sagt das deutsche Sprichwort –; in dem Umgang mit der Öffentlichkeit begingen die FIDESZ-Politiker Fehler. Ihr Verhalten, ihre Geste spiegelten eine Art von Überlegenheit, manchmal Anmaßung wieder. Auf die Gesellschaft wirkte es abstoßend aus.

Leitpunkte von David McClelland[58], der die Methoden erforschte, wie man die Menschen für die Modernisierung gewinnen könnte, wurde von dem FIDESZ gleichermaßen nicht vor Auge gehalten. Aufstiegschancen, Belohnung individueller Leistung, gesellschaftliche Anerkennung[59] – Leistungsmotivation der Einzelnen war in der von ihnen bevorzugten Politik nicht gewichtet erschienen. Gleichzeitig brachten sie in die Praxis die Lehren von Joseph Schumpeter[60], die in der vorangehenden Wahlperiode die Horn-Regierung ignorierte.

Mittelstandspolitik. „Substanzialistische" Theorie von Károly Polányi

Der FIDESZ stellte in die Frontlinie seiner Wirtschaftspolitik die Mittelklassenförderung, entdeckt, dass der Motor der Konjunktur nur die eigene, nationale unternehmerische Klasse werden soll, dadurch, dass sie ständig Neuerungen einführt. Die Horn-Regierung rechnete nur mit dem ausländischen Knowhow, exportierte geistige Produkte aus dem Ausland, und drängte die interne unternehmerische Schicht zurück. Alte Wirtschaftseinheiten raus, neue Wirtschaftseinheiten rein: die „aufbauende Zerstörung" von Schumpeter funktionierte bei Horn fast gar nicht, bei der Regierung der Jungdemokraten hatte diese Theorie mindestens die Chance, dass sie einmal Bürgerrecht erhält. Dieser optimale Zustand trat aber nicht ein. Der FIDESZ nahm die Politik der Rückkehr zur „nationalen Förderung", hielt das Staatsbudget und der Schuldendienst in Ordnung, hörte mit der Restriktionspolitik auf, ein wenig gelang es ihm die Wirtschaft anzukurbeln, aber um mehr zu machen reichte ihm die Zeit nicht aus. Die Wahlen von 2002 hat wieder die MSZP gewonnen.

Vier Jahre genügte ihm allzu wenig. Der ständig verlautete Slogan, der Korn der nationalen Förderung, „[...] versuchen wir groß zu werden." ist auf unfruchtbaren Boden gefallen. Nur die Familienförderung haben die Menschen in gewissem Maße verstanden, in diesen Reformbestrebungen unterstützten sie die Regierung. Ein mehrmaliger Beweis der einfachen Evidenz war diese Attitüde, indem die Menschen Veränderungen nur in der Beziehung ihres eigenen Wohlstandes oder ihrer eigenen Verelendung unterstützen. Orbáns Mittelstandspolitik wurde zum Beispiel mattherzig zur Kenntnis genommen, geschweige den die Gestaltung der Makrodaten der Wirtschaft, die obwohl mit der aufrichtigen Absicht der Beglückung des Volkes erfüllt waren, trafen auf lauwarmen Empfang, nicht selten auf Feindseligkeit.

Die Mittelstandspolitik gegenüber weltumspannender Globalisierung wurde jedenfalls nicht gut ausgelegt, und noch schlimmer der Gesellschaft erklärt, was teilweise mit einem psychologischen Moment, mit der oben erwähnten Anmaßung, und mit der von oben nach unten handelnden Haltung verbunden war: „Warum müssen wir ihnen Rechnung tragen, sie brauchen keine Erklärung [...], sie verstehen alles, was wir tun, sie haben uns nämlich an die Macht geholfen." – sprach einmal eine amtierende Vize-

---

[58] McClelland, David (1917–1998): Psychologe an der Harvard Universität, amerikanischer Theoretiker der menschlichen Motivation.

[59] McClelland, David: Human Motivation. Boston, 1987.

[60] Schumpeter, Joseph Alois (1883–1950): österreichischer Volkswirt, unterrichtete nach 1919 an mehreren amerikanischen Universitäten.

staatssekretärin.[61] Dank der patriotischen Wirtschaftspolitik und geschickten Propaganda gewann das Problem des in Ungarn immer mehr um sich greifenden Globalismus nicht so ausschlaggebende Bedeutung, wie es nach 2002 geschehen ist. Der Patriotismus bestand in der neuen Mittelstandspolitik: „[...] das Auslandkapital ist wichtig, die Megaunternehmen brauchen wir, aber sie dürfen nicht machen, was sie wollen."[62] In der Angst, dass der übertriebene und von den heimischen Regierungen mit Servilität gehorchende Wirtschaftspolitik, erscheint die Lehre des ungarisch-amerikanischen Volkswirtes, Károly Polányi[63], die sogenannte „substanzialistische Schule". Die Wirtschaft und die Gesellschaft sind voneinander nicht unabhängig, die Wirtschaft ist in die Gesellschaft „eingebettet", das System des Marktes[64] gefährdet der *natürlichen und menschlichen Substanz der Gesellschaft.*

Die national-konservative Regierung musste sich aber – ähnlich wie die anderen demokratischen Regierungen seit mehreren Jahrzehnten – nicht viel mit der menschlichen Substanz kümmern. Sie musste, wie alle diese Regierungen immer auf das schwer belastende Erbe der jeweils vorherigen Regierungen konzentrieren, ihren Fehlern und Versäumnissen nachgehen. Es handelte sich hier vor allem über die Makrozahlen. Erstens die Auslandsschulden, dann andere. Dieser Bereich ihrer Politik – trotz der zu verfügenden kurzen Zeit – erfolgreich. Die makro- und mikroökonomische Indikatoren in den letzten Monaten der FIDESZ-Regierung zeigten eine Inflation von 4,4%, das GDP-bezogenes Defizit des Staatshaushaltes 4,3% (also ganz in der Nähe der Kriterien von Maastricht). Der Kurs der Nationalwährung Forint stieg an, günstige Austauschverhältnisse haben sich für die Exportfirmen ausgestaltet. Wie vorhin festgestellt wurde, der nach seinen Existenzinteressen rennende Mensch zerbricht sich den Kopf nicht über die Makrozahlen, von den Reformen unterstützt er nur solche, die in seinen Lebensverhältnissen grundsätzliche Besserung versprechen. Um Bruchteil der Prozente, aber die FIDESZ-KNDP-Koalition sowie die MIÉP (nationalradikale Partei) haben die Wahlen 2002 verloren.

Die Medgyessy–Gyurcsány-Ära (2002–2010)[65]

In der Sozialpsychologie werden zahlreiche Modelle in Evidenz gehalten, mit denen man die Gründe von den Massenreaktionen, sowie in besonderen Fällen die Reaktionen einer ganzen Nation zu verstehen und zu erklären versucht. Ein Zitat von dem Italiener Robert B. Cialdini: „Wir, Menschen leben in einem sehr komplizierten Umfeld [...]. Wir müssen Vereinfachungen ergreifen, damit wir uns in diesem Umfeld orientieren können. Es ist von uns nicht zu erwarten, dass wir in diesem Umfeld sogar an einem einzigen Tag unseres Lebens alle Aspekte aller Personen und Ereignisse, Situationen und Gegenstände erkennen und analysieren, denen wir entgegenkommen. Dazu haben wir ganz einfach keine Zeit, Energie und Kapazität. Anstatt dessen

---

[61] Äußerung einer FIDESZ-Politikerin am 22. September 2003. Tagebuch, eigene Aufzeichnungen.
[62] Rede von Viktor Orbán 2001. Tagebuch, eigene, nicht worttreue Aufzeichnung.
[63] Polányi, Károly (1886–1964): ungarischer Ökonom, nahm an den revolutionären Ereignissen der 1918er Revolution teil. Er emigrierte nach England, später nach Canada. Professor in Oxford und an der Columbia Universität.
[64] „the purpose of the bussiness is the bussiness"
[65] Dieses Kapitel ist eine fast worttreue Übernahme meines Textes aus dem Buch: Cser, Erika: Sozialpolitische Umwandlungen in Ungarn zwischen den zwei Weltkriegen. In: Cser, Erika – Laurinkari, Juhani – Mária, Sárosi: Grundlinien der ungarischen Sozialpolitikgeschichte. Hrsg.: Laurinkari, Juhani; Tefner, Zoltán. Disserta Verlag, Hamburg, 2012. S. 180–183.

verlassen wir uns auf unsere Stereotypien, Faustregeln, und auf Grund der für uns zur Verfügung stehenden wenigen Eigenschaften müssen wir die Sachen in Klassen einteilen, d. h. wir reagieren ohne nachzudenken, wenn wir einen auslösenden Impuls wahrnehmen."[66]

Und weil die alte/neue Regierungskoalition MSZP-SZDSZ und die Medgyessy-Regierung in ihrer Kampagne den Wählern soziale Begünstigungen versprochen haben, fing es auf staatlicher Ebene mit einer maßlosen Überfinanzierung der sozialen Ausgaben an. Schon in der Nacht der Wahlen, als es endgültig wurde, dass die Partei ein unerwarteter Wahlsieg heimgesucht hatte, haben die leitenden MSZP-Politiker in ihren euphorischen Freudenausbrüchen die „wahrhaftige sozialdemokratische Epoche" verkündet. Die Regierungspolitik wechselte auf eine Austeilungs- und Wohltätigkeits-politik im Geiste der alten sozialdemokratischen Traditionen. Die Verdienste der Pädagogen und der Angestellten im Gesundheitswesen hat die Péter-Medgyessy-Regierung um 50% (!) erhöht, der Staat garantierte die 13. Monatsrente.[67] Die astrologi-schen Ausgaben belasteten das Staatsbudget riesig.

Obwohl der kleinere Koalitionspartner, der SZDSZ, diesen sozialen Maßnahmen hic et nunc zugestimmt hatte, änderte er anderthalb Jahre später seine Meinung. Vor allem aus lautem Pragmatismus, sie mussten sich merken, wie die Ressourcen des Staates durch diese Politik erschöpft werden. Außerdem aus parteiideologischen Gründen (siehe Laissez-Fair-Prinzip im Testament von Ricardo und Saint-Simon) widersetzten sie sich jeder Art der unmittelbaren Einmischung des Staates in die Sozialpolitik. Bis zu diesem Umfall des SZDSZ gegen Ende 2003 ähnelte der politische Kurs der Sozialisten der sozialdemokratischen „Unwirtschaft" der 1960-70er Jahre in Österreich. Es geschah fast so, wie es zur Zeit der sozialdemokratischen Herrschaft von Bruno Kreisky der Fall gewesen war: Die von einem Extrem in das andere gefallenen Koalitionspolitiker versuchten ihre Wähler für ihre Treue aus dem Staatsbudget zu beschenken. Der Lebensniveaupolitik ging es gut, die Staatskasse wurde aber wieder leer. Der Anfang der Wahlperiode 2002–2006 entbehrte nicht einmal der positiven Entwicklungen. Dem Namen Péter Medgyessy[68] knüpft sich ein wirklich großartiges Geschehnis der ungari-schen tausendjährigen Staatsgeschichte, der Beitritt der Europäischen Union am 1. Mai 2004.

Die Freude war nicht restlos: kurz nach dem von der Quelle an erhebenden Akt ließen sich dissonante Klänge hören. Keine positive Aufnahme fand die Erkenntnis, als es sich herausstellt hat: die EU und die internationale Finanzwelt zwei Seiten einer und derselben Sache sind. Der Druck der großen Institutionen der internationalen Finanz-vernetzung wurde immer intensiver, die multinationalen Firmen, denen schon ganz am Anfang der Wende die unterschiedlichsten Begünstigungen zugelassen worden waren (besonders Steuerfreiheit) führten den in Ungarn erzeugten Reingewinn aus

---

[66] Cialdini, Robert B.: Hatás. A befolyásolás pszichológiája [Die Wirkung. Die Psychologie der Beeinflus-sung] HVG Könyvek, Budapest, 2009. S. 25.

[67]In ihrem Wahlprogramm war die Erhöhung der Verdienste der Pädagogen die wichtigste Versprechung.

[68] Medgyessy, Péter (1942–): Volkswirt, Geschäftsmann, Bankier, in der Kádár-Ära mehrmals Finanzminister, Ministerpräsident 2002–2004. In den Jahren des Kommunismus Mitglied des ungarischen Geheimdienstes als „III/II-Offizier". Er beteiligte sich an der Spionage gegen die westeuropäischen Staaten.

dem Lande von Jahr zu Jahr in wachsender Menge aus. Die Pflege und Erhaltung der Infrastruktur (Straßen, Autobahnen, Eisenbahnlieferung, medizinische Versorgung, Bildung usw.), denen die multinationalen Unternehmen ihre Gewinne zu verdanken hatten, wurde auf den Staat überwälzt.

Gyurcsány tritt auf

Das Staatshaushaltsdefizit überstieg nicht nur das 3-prozentige Limit des Maastrichter Vertrages, sondern es stieg weit über die 10-Prozent-Grenze. Und in an diesem Punkt folgte der überall im Lande Anstoß erregende Anordnung der EU, die Europäische Kommission ließ Verfahren wegen des überhöhten Defizits gegen Ungarn einleiten. Die Verschwendung dauerte allerdings bis Ende 2004, als die Medgyessy-Regierung die Ferenc-Gyurcsány-Regierung abgelöst hat. Nicht zuletzt deshalb, weil der radikalliberale SZDSZ am Sturz von Medgyessy sich mit Rat und Tat sehr aktiv beteiligte. Mit der Verteilungspolitik in sozialdemokratischem Stil musste man dringend aufhören, das war die Aufgabe Nummer 1. Eine Nummer 2, ein positives, in die Zukunft weisendes Aktionsprogramm konnte die Regierung an Stelle des Medgyessy-Programms nicht erfinden. Um die Lücken des abgezapften Staatshaushalts musste man allerdings stopfen, was wie ehemals in der „postkádárischen Ära", in den 1980er Jahren, auch diesmal mit Hilfe von Aufnahme ausländischer Kredite ausgefallen war. Die Auslandspositionen der ungarischen Notenbank erreichten eine tragische Grenze. Die Stimmung war nämlich gespannt, und die Gyurcsány-Regierung wagte es nicht, die sozialen Ausgaben, wie es beim Bokros-Paket der Fall war, drastisch zu kürzen. Nur eine Lösung hat sich dargeboten, und zwar das Spiel darauf, dass die Zeit vergeht. Nicht selten kommt so was in der Geschichte vor: Unbeweglichkeit, kränkelnde Passivität, die Politik des unendlich langen Wartens. Ein treffendes Beispiel dafür bieten die Jahre etwa 1900–1914 in der Österreichisch–Ungarischen Monarchie an. Die Führung der gemeinsamen Außenpolitik von den drei letzten Außenministern, Agenor Goluchowski, Alois Lexa von Aehrenthal und Leopold von Berchtold in dem österreichischen Reichsteil ausfallen. So die gemeinsame Außenpolitik, wie die österreichische Binnenpolitik hätten so vielen Teilinteressen im Reich entgegenkommen müssen, dass die politische Elite in ihrer menschlichen und beruflichen Kapazität überfordert war. Die vielen, voneinander diametral abweichenden Teilinteressen, die in diesen Jahren aus dem multinationalen Charakter der Donaumonarchie ergeben waren, haben die Akteure der politischen Reformen lahmgelegt.[69] Auch sie, wie die Mitglieder der Gyurcsány-Regierung und vor allem Ferenc Gyurcsány, handelten so, wie es in unserem Zitat von Cialdini steht: sie haben sich auf ihre Stereotypien, Faustregeln, und reagierten ohne nachzudenken, als sie die drohenden Impulse wahrgenommen haben.

Nur Eines hätte die Gyurcsány-Regierung in diesen kriselnden Monaten retten: eine weltwirtschaftliche Konjunktur. Zu seinem Unglück brach aber Krise ein. Der Druck der finanziellen Weltfaktoren hat sich nicht unterlassen, und die von diesen Faktoren (IMF, Weltbank, führende Brokerfirmen in aller Welt, verursachte Auslieferung der Regierung paralysierte jede vernünftige Initiative. Ein Herausbrechen aus diesem *circulus vitiosus* erwies sich nicht weniger deshalb als unmöglich, da die finanzielle

---

[69] Darüber detailliert siehe: Tefner, Zoltán: Az Osztrák–Magyar Monarchia lengyelpolitikája 1867–1914 [Polenpolitik der Österreichisch–Ungarischen Monarchie 1867–1914]. L'Harmattan Kiadó, 2007. S. 477–497.

Welt war es unter anderem, die die sozialliberale Koalition 2002 ans Ruder geholfen hatten. Sobald als die Regierung diese Abhängigkeit für null und nichtig erklärt, und gleichzeitig kein Hinterland in der geführten Nation hat, unterzeichnet sie ihr Todesurteil. Dem unendlich langen Warten musste man jedenfalls ein jähes Ende machen. Die Unbeholfenheit von ihm selbst und seiner Partei fing an auf den Nägeln zu brennen. Der Ausweg erblickte er darin, dass er einführend die in Ohnmacht gefallene Partei aufrüttelt. Wahrscheinlich mit der Absicht, dass ihm die mobilisierte Partei auch beim Antasten der sozialen Ausgaben behilflich sein wird.

„Nicht unbedingt ein Wahnsinniger ist, der wahnsinnige Sachen verübt." – fängt sich mit diesen paradoxen Worten das großartige sozialpsychologische Essay von Elliott Aronson „The Social Animal" an. In dem ins Deutsche übersetze Werk „Sozialpsychologie" von Aronson wird das Wort nicht im Sinne wie „Tier" definiert, sondern es betrachtet den Menschen als ein sich aus dem tierischen Dasein hervorgegangenes Wesen, oder Lebewesen. Kein Zufall, dass die ungarische Übersetzung des Titels von Aronson nicht das Wort „Tier" anbringt, sondern mit gewissem Euphemismus den wahrlich besser klingenden Ausdruck „lény", d. H. „Wesen", „Lebewesen". Nähern wir uns der Problematik der politischen Reformen, stoßen wir in der Regel auf diese Abweichung zwischen den einzelnen Sprachen, bzw. Kulturkreisen der europäischen Zivilisation. Man vermutet mit Recht, dass im Hintergrund dieser Bestrebung ein zum Euphemismus der Freud'schen Rekompensation verborgen ist.

Die Reaktionen des Individuums – und umgekehrt: der Massen – auf die von der Politik vorgenommenen Änderungen hängt von vielen Faktoren ab, entscheidend aber von der gegenseitigen Beeinflussung, der Interaktion zwischen den Akteuren des sozialen Daseins, des gesellschaftlichen Alltags. Aronson benutzt diesen Ort den Begriff „soziale Beeinflussung" als Schlüsselbegriff. Seine Definition stimmt mit der von Gordon W. Allports überein, der die Auswirkungen der tatsächlichen oder vorgestellten Gegenwart anderer Menschen auf das Erleben und Verhalten des Individuums erforscht.

Die „Rede von Őszöd"

Es ist nicht klar, aber der zweite Schritt die sogenannte „Rede von Őszöd", die „őszödi beszéd" sollte ein offenes Bekenntnis vor der Gesellschaft gewesen sein. Der Versuch missglückte aber. In seinem mit der Etikette „Rede von Őszöd"[70] in die ungarische Geschichte einmarschiertes Referat vor einer engeren Körperschaft des MSZP erkannte er an, dass die Regierung in der Zeit von 2004 *nichts* gemacht habe, sie hat die ganze Gesellschaft an der Nase geführt. Infolge eines Zufalls oder wohlbedachten politischen Tricks, weiß niemand, ist der Inhalt dieser Rede durchgesickert. Gyurcsány befand sich in einer ambivalenter Lage: einerseits wussten er und seine Regierung, in welchem Maße die Reformsensibilität der ungarischen Gesellschaft, ihre Neigung die drastischen und belastenden Reformen zu ertragen auf schwachen Beinen steht, zugleich waren sie ratlos, in welcher Form sie die konkrete Lage der Öffentlichkeit zur Kenntnis bringen können.

---

[70] Balatonőszöd: Kurort am Balaton-Südufer, wo sich das Urlaubsheim der ungarischen Regierung befindet.

Die Reaktion kam wie Erdbeben. Die für die heimtückischen politischen Manipulationen in jeder Zeit sensible ungarische Gesellschaft brach in einer einzigen elementaren Protestbewegung aus. Die Budapester Straßen und öffentlichen Plätze nahmen sich das Bild eines Schlachtfeldes an. In diesem Protest äußerte sich nicht allein die Wut einer in ihrer Gutgläubigkeit irre geführten Gesellschaft, sondern der seit 1990 dringende, aber im halben Wege stecken gebliebene Sanierung des globalen sozialen Systems.

Die „Rede von Őszöd" kann in dieser Situation nur als der Moment der Ansteckung im Sinne von Freud betrachtet werden. Die Ansteckung ist ein leicht zu konstatierendes aber unerklärliches Phänomen, das man den [...] zu studierenden Phänomenen hypnotischer Art zurechnen muss. – zitieren wir Freud erneut.[71] Der wahre Grund lag in der seit 1990 hinterschlagenen wirklichen und grundsätzlichen politischen Wende. Die Straßenexzessen wurden in aller Welt bekannt, die turbulenten Szenen, wie die beim Ansturm des Gebäudes der MTV[72] oder der massenhafte Nahkampf mit der Polizei am 23. Oktober 2006, haben die Bildmedien in ganz Europa in Direktsendung übertragen. Der Ablauf des Ansturms enthielt Elemente einer „tierischen" Attitüde des unter der Repression leidenden Menschen. Die Polizei ist zum Erliegen gekommen. Die letzten Monate von 2006 vergingen für Gyurcsány im Zeichen des Unterganges, der Hastigkeit und der schnellen politischen Erosion [73] Die Lage aus der Sicht der Ordnungskräfte erinnerte an die Tage der 1956er Revolution. Die Ereignisse waren nicht „einkalkuliert", niemand arbeitete nach 1948 „mildere" Strategien für die Massenauflösung oder Vorbeugungsmaßnahmen im Falle von Massenbewegungen aus.[74] Im Oktober von 1956 gab es nur eine Methode, die Salve, die Benutzung von Schießgewehren: Revolver, Maschinenpistole, Maschinengewehr.[75] 1990 galten noch die Anordnungen und Strategien der Kádár-Ära[76] eine Weile, aber 2006 rechnete damit niemand, dass aus Budapest ein Beirut werden kann.

Die Zahl der auf dem Mindestniveau lebenden Menschen – unter ihnen in großer Menge die Roma-Bevölkerung – machte schon in diesem Jahr 3 Millionen. Schon in dem ersten Jahre seiner Amtsperiode ging er in der Beschäftigungspolitik zurück, und zwar in die Richtung der Horn-Ära.[77] Die Lage der Gyurcsány-Regierung erschwerte sich noch weiterhin infolge des Einbruchs einer erneuten weltwirtschaftlichen Dekonjunktur. Die Regierung wurde gezwungen, um das soziale Gleichgewicht zu erhalten, und um der Zinszahlungspflicht entgegenzukommen, neue IMF-Kredite aufzunehmen.

---

[71] Freud, Sigmund: Massenpsychologie [...]. S. 11.

[72] Magyar Televízió: Ungarische Fernsehanstalt.

[73] Kéri, László: A rendszerváltás krónikája 1988–2009 [Die Chronik des Systemwechsels 1988–2009]. Kossuth Kiadó, Népszabadság, Budapest, 2010. S. 132.

[74] Szabó, Máté: A tüntetések rendőri kezelésének normái a Kádár-rendszerben (1957–1989) [Die Normen der polizeilichen Behandlung der Demonstrationen zur Zeit des Kádár-Regimes (1957–1989)]. In: Tüntetés, rendőrség, demokrácia. Tanulmányok. [Demonstration, Polizei, Demokratie. Fallstudien]. Villányi úti könyvek, Budapest, 1999.

[75] Kopácsy, Sándor: Életfogytiglan [Lebenslänglich]. Bibliotheka, Nyíregyháza, 1989. S. 97. Zitiert von Szabó, Máté: A tüntetések rendőri [...]. S. 135. Generalmajor Sándor Kopácsy diente 1956 als Polizeipräsident von Budapest.

[76] Szabó, Máté: A tüntetések rendőri [...]. S. 152-153

[77] A jóléti rendszerváltás csődje. A Gyurcsány-kormány első éve[Der Krach des wohlstandspolitischen Systemwechsels. Das erste Jahr der Gyurcsány-Regierung]. Századvég, Budapest, 2005. S. 114-115.

Im Jahre 2008 erreichte der Schuldenplafonds seine historische Höhe: 81 Milliarden (!) Dollar.

Unter diesen schwierigen Verhältnissen wäre ein Anachronismus über eine progressive Wohlstandspolitik – egal in welcher Version – zu sprechen gewesen. Die Empfehlungen des IMF, als Voraussetzung zur Kreditgewährung, lauteten wie Ultimatum: Die Regierung soll unter anderem den sozialen Bereich schmälern. Ferenc Gyurcsány musste abdanken, dann folgte – nach einem Jahr Vegetieren[78] – der totale Sturz der sozialliberalen Politik. Der FIDESZ und sein Koalitionspartner, die Christlich-Demokratische Volkspartei, haben 2010 einen nie gesehenen Wahlsieg errungen: eine Zweidrittelmehrheit. In der ungarischen Geschichte der Neuzeit ist dieser Sieg ein einmaliges Ereignis.

Schlussfolgerungen

Der Zyklus der zweiten Gyurcsány-Regierung ist noch nicht vollendet[79], deshalb müssen wir von einem in Länge ziehenden Resümee absehen. Das Grundproblem besteht immer noch darin, ob die Wirtschaftspolitik die Wirtschaft in die Richtung des Wachstums, oder in die Richtung der Restriktion führen kann oder will. Die wirtschaftlichen Machtfaktoren, wie der IMF diktieren aufgrund ihrer Interessen Restriktion, was einer progressiven Wohlstandspolitik entgegensteuert. Die Willensbildung der heutigen Regierung hängt davon ab, wie im Falle der vorherigen Regime, ob man Mut oder Angst zum Widerstand gegenüber den finanziellen Machtfaktoren der Weltwirtschaft leisten kann.

Die großen sozialen Explosionen, wie die nach der „Rede von Öszöd", brechen infolge der sich folgerichtig und serienmäßig wiederholende Frustration aus, nachdem die die Macht ausübende Elite mit unelastischen Methoden regiert, und sie ermisst nicht die Gefährlichkeit ihres Handelns und sie kann nicht genau erkennen, bis zu welchem Punkt sie gelangen kann, wo die Grenze zieht, die sie nie überschreiten dürfte. Aus der Frustration wird mit der Zeit Repression, die dazu berufen ist, die quälende Wunde verursacht von den schlecht Regierenden, zu lindern, in das Unbewusste zurückzudrängen. Der Drang des Individuums, etwas zu vergessen, bleibt aber auch nach Sigmund Freud nur einstweilig abgedrosselt.[80] Gewisse Beispiele in unserem Aufsatz zeugen davon, wie sich diese neuralgischen Punkte während der 150 Jahre sich sehen ließen.

Die Grenze müssen die nationalen Regierungen kennen, die die internen Probleme besser kennen, als die großen, supranationalen, föderativen Vereinigungen, wie die Österreichisch-Ungarische Monarchie, USA, Sowjetunion, Europäische Union. Und

---

[78] Periode der Bajnai-Regierung. Bajnai, György Gordon (1968–): Volkswirt, Geschäftsmann, Minister in der Gyurcsány-Regierung, dann Ministerpräsident 14. April 2009– 29. Mai 2010.

[79] Abschluss des Großteils des Manuskripts August 2006. Etwa um 2011 wurde es teilweise ergänzt [die Herausgeber].

[80] Krech, David – Crutchfield, Richard S.: Theory and Problems of Social Psychology. McGravw-Hill Book Company, Inc. New York, Toronto, London, 1948. „Repression. – Freud has particulary stressed the importance of repression as a consequence of frustration. In repression, unsatisfied needs are apparently subjected to forces that render them inaccessible to consciousness the individual "forgets" the unsatisfied need. It seems that those needs and demands which conflict with social mores and tools as reflected in the moral ideology of the person are the most susceptible to repression." S. 57.

wesentlich besser, als zum Beispiel der IMF, der nur wie eine Bank funktioniert, und hat überhaupt kein Verständnis dafür, wie Arm und Reich untereinander leben.

Literatur:

- A jóléti rendszerváltás csődje. A Gyurcsány-kormány első éve [Der Krach des wohlstandspolitischen Systemwechsels. Das erste Jahr der Gyurcsány-Regierung]. Századvég, Budapest, 2005.
- A puha diktatúrától a kemény demokráciáig [Von der weichen Diktatur zur harten Demokratie]. Hrsg.: Bodzabán, István, Szalay Antal. Pelikán Kiadó, Budapest, 1994.
- Borsi-Kálmán, Béla: Identitáskeresés és nemzetté válás [Die Suche nach der Identität und das Werden zur Nation]. In: Derselbe: Kockázatos viszonyok [Riskante Verhältnisse]. Jelenkor Kiadó Kft., Pécs, 1997.
- Cialdini, Robert B.: Hatás. A befolyásolás pszichológiája [Die Wirkung. Die Psychologie der Beeinflussung]. HVG Könyvek, Budapest, 2009.
- Cser, Erika: Sozialpolitische Umwandlungen in Ungarn zwischen den zwei Weltkriegen. In: Cser, Erika – Laurinkari, Juhani – Mária, Sárosi: Grundlinien der ungarischen Sozialpolitikgeschichte. Hrsg.: Laurinkari, Juhani; Tefner, Zoltán. disserta Verlag, Hamburg, 2012.
- Eucken, Walter: Die Grundlagen der Nationalökonomie. Fischer Verlag, Jena 1940.
- Freud, Sigmund: Massenpsychologie und Ich-Analyse. Internationaler Psychoanalytischer Verlag G. m. b. H. Leipzig Wien Zürich, 1921.
- Gecse, Géza: Bizánctól Bizáncig. Az orosz birodalmi gondolat [Von Byzanz bis Byzanz. Die Entwicklung des russichen Nationalgedankens]. Nemzeti Tankönyvkiadó, Budapest, 2007.
- Gogolák, Ludwig von: Beiträge zur Geschichte des slowakischen Volkes III. Zwischen zwei Revolutionen (1848 1919). R. Oldenbourg Verlag München, 1972.
- Gross, Th. Nachum: Die Stellung der Habsburgermonarchie in der Weltwirtschaft. In: Die Habsburgermonarchie 1848–1918. Hrsg.: Wandruszka, Adam und Urbanitsch, Peter. Band I. Die wirtschaftliche Entwicklung. Hrsg.: Brusatti, Alois. Verlag der Österreichischen Akademie der Wissenschaften, Wien, 1973
- http://en.wikipedia.org/wiki/Gy%C3%B6rgy_L%C3%A1z%C3%A1r
- http://en.wikipedia.org/wiki/Hungarian_National_Bank
- http://en.wikipedia.org/wiki/Mikl%C3%B3s_N%C3%A9meth
- http://mek.oszk.hu/01900/01905/html/index264.html
- Katus, László: A nem magyar népek nemzeti mozgalmai Magyarországon a dualizmus első negyedszázadában [Die nationalen Bewegungen der nichtungarischen Völker in Ungarn in dem ersten Vielteljahrhundert des Dualismus]. In: Magyarország története 1849–1918. Az abszolutizmus és a dualizmus kora [Geschichte Ungarns 1848–1918. Das Zeitalter des Absolutismus und des Dualismus]. Tankönyvkiadó, Budapest, 1972.
- Kéri, László: A rendszerváltás krónikája 1988–2009 [Die Chronik des Systemwechsels 1988–2009]. Kossuth Kiadó, Népszabadság, Budapest, 2010.
- Kéri, László: Választások után [Nach den Wahlen]. In: Parlamenti választások 1990. Politológiai szociológiai körkép [Parlamentswahlen 1990. Politologische

soziologische Rundschau]. Hrsg.: Szoboszlai, László. MTA Társadalomtudományi Intézet, Budapest, 1990.

- Kornai, János: A hiány [Der Mangel]. Közgazdasági és Jogi Könyvkiadó, Budapest 1980.
- Kornai, János: Anti-equilibrium. Budapest, 1971.
- Krech, David – Crutchfield, Richard S.: Theory and Problems of Social Psychology. McGravw-Hill Book Company, Inc. New York, Toronto, London, 1948.
- Magyar történeti szöveggyűjtemény 1914–1999. II. [Ungarische historische Textsammlung 1914–1999. Band II] Hrsg.: Romsics, Ignác. Osiris Könyvkiadó, Budapest, 2000.
- McClelland, David: Human Motivation. Boston, 1987.
- Mirow, Jürgen: Geschichte des deutschen Volkes von den Anfängen bis zur Gegenwart. Parkland Verlag GmbH, Köln, 1996
- Németh, István: Németország története.Egységtől az egységig 1871–1990 [Geschichte Deutschlands. Von der Einheit bis zur Einheit 1871–1990]. Aula Kiadó Kft., Budapest, 2002.
- Pataki, Ferenc: A tömegek évszázada [Das Jahrhundert der Massen]. Osiris Kiadó, Budapest, 1998.
- Pölöskei, Ferenc – Erényi Tibor: A vérvörös csütörtök. In: Magyarország története 1890–1918. [Geschichte Ungarns]. Band 2. Akadémiai Kiadó, Budapest, 1978.
- Romsics, Ignác: Hungary in the Twentieth Century. Corvina Osiris, Budapest, 1999.
- Sárosi, Mária: Sozialpolitik in Ungarn seit 1945 bis heute. In: Cser, Erika – Laurinkari, Juhani – Mária, Sárosi: Grundlinien der ungarischen Sozialpolitikgeschichte. Hrsg.: Laurinkari, Juhani; Tefner, Zoltán. disserta Verlag, Hamburg, 2012.
- Szabó, Máté: A tüntetések rendőri kezelésének normái a Kádár-rendszerben (1957–1989) [Die Normen der polizeilichen Behandlung der Demonstrationen zur Zeit des Kádár-Regimes (1957–1989)]. In: Tüntetés, rendőrség, demokrácia. Tanulmányok. [Demonstration, Polizei, Demokratie. Fallstudien]. Villányi úti könyvek, Budapest, 1999.
- Szájer, József: Jogállam, szabadság, rendszerváltoztatás. Beszédek, írások, dokumentumok 1987–1997 [Rechtsstaat, Freiheit, Systemwechsek. Reden, Schriften, Dokumente 1987–1997]. Jogállam-könyvek, DAC Alapítvány, Budapest, 1998.
- Tefner, Zoltán: Az Osztrák–Magyar Monarchia lengyelpolitikája 1867–1914 [Polenpolitik der Österreichisch–Ungarischen Monarchie 1867–1914]. L'Harmattan Kiadó, 2007.

Zoltán Tefner (Corvinus-Universität Budapest):

VERGLEICH DES FINNISCHEN UND DES UNGARISCHEN MODELLS DER SOZIALPOLITIK MIT HISTORISCHEN BEZÜGEN AB 1867

Zum Vergleich des finnischen und des ungarischen Sozialsystems bieten sich mehrere methodologische Mittel und Herangehensweisen an. Sie richten sich danach, ob man sich in der Forschung und Darstellung nur auf die jeweils konkreten, gegenwartsbezogenen Fragen konzentriert oder ob man sich ein viel differenzierteres Bild von den Unterschieden beider Sozialwirtschaften machen will. Kurz und bündig: unter anderem nach Göran Therborn[1], dem schwedischen Soziologen, sei es richtig, dass man bei der Untersuchung der sozialen Aktivität eines Staates von der historischen Gestaltung der sozialen Rahmenbedingungen in dem untersuchten Land ausgeht.

Historische Rahmenbedingungen

Die historischen Rahmenbedingungen Finnlands sind gerade die Faktoren, in denen sich das Land wesentlich von Ungarn unterscheidet. Daraus folgt die unterschiedliche Schwerpunktbildung der Sozialpolitik. Zweitens können wir der geographischen sowie der geopolitischen Verschiebung des kontinentalen Zentrums eine große Bedeutung beimessen. Wir wissen wohl, dass die historischen und die geographischen Unterschiede eine untrennbare Einheit bilden und dass sie einander zu jeder Zeit gegenseitig bestimmen. Es reicht vielleicht diesbezüglich, wenn wir nur auf die theoretischen Ansätze des französischen Historikers Fernand Braudel hinweisen: Die geographische Umgebung, das Klima, die Demographie, der Verkehr und die Kommunikation beeinflussten die Menschheitsgeschichte in hohem Maße.[2]

Finnische Anfänge

Finnland existierte in den Jahrhunderten des europäischen Mittelalters nicht als selbständiges Staatsgebilde, wohingegen Ungarn bis zur Türkenzeit als eines der mächtigsten Königreiche Europas galt. Es besteht gleichzeitig kein Zweifel darüber, dass diese Eigenstaatlichkeit nach der türkischen Eroberung 1541 stark reduziert wurde, als die ganze Landesmitte, einschließlich der politischen Hauptstadt Buda, von dem Ottomanischen Reich einverleibt wurde. Finnland unterstand seit dem 12. Jahrhundert dem Schwedischen Königreich und hatte, abgesehen von den ganz frühen Jahren der finnischen Geschichte, keine politische Souveränität, weder im mittelalterlichen noch im neuzeitlichen Sinne. Der westliche Teil des heutigen Landes fiel als ein Teil der Kalmarer Union (1342–1524) Schweden zu (im Grunde genommen bis zum 30. Längengrad), der Ostteil, der seit je her von finnisch-karelischer Ethnizität geprägt war und weit von den schwedischen Machtzentren (Åbo, Tammerfors) entfernt lag, zerfiel in kleine Wohngemeinschaften der ländlichen Bevölkerung. Die von Schweden ausgegangene evangelische Bewegung bekehrte vor allem die westfinnischen heidnischen

---

[1] Therborn, Göran (1941-): schwedischer Soziologe, Professor an der Universität Cambridge; sein wissenschaftliches Konzept ist stark geprägt von der post-marxistischen Philosophie.

[2] Braudel, Fernand: La Méditerranée et le Monde Méditerranéen à l'Epoque de Philippe II. Paris, 1949.

Stämme, während im Osten, in den karelischen Regionen, das Heidentum weiter bestand. Später gewann hier die russische Religion, der Prawoslavismus, an Boden.

Ungarische Anfänge

Obwohl zunächst die Türken und danach die Habsburger in Ungarn die Oberhand gewannen, zerriss nie die Kontinuität der Eigenstaatlichkeit, die eine Brücke zwischen Vergangenheit und Gegenwart bildete. Ungarn als europäische Großmacht beruhte – ähnlich wie England – auf dem vertragsmäßigen Kompromiss zwischen dem jeweiligen König und dem die ungarische Nation bildenden Adel. Seit 1222 hatte Ungarn eine De-Facto-Verfassung, die Goldene Bulle, die qualitativ in keiner Hinsicht minderwertiger war als ihr Quasi-Gegenstück, die englische Magna Charta.

Das ungarische Staatsrecht wurzelte tief in fruchtbarem Boden, und aus diesen ersten Produkten der mittelalterlichen Rechtsschaffung ergab sich hinlänglich eine ganze Reihe von staatsrechtlichen Regulierungen. Mehrere Hunderte von Gesetzesartikeln und Statuten schufen die Basis und den Rechtstitel für ein eigenständiges Staatsleben und für die staatliche Souveränität. Und nachdem seit Ende des 17. Jahrhunderts der Kampf ums Dasein, um die staatliche Unabhängigkeit und der nationale Widerstand den allgemeinen Trend der Politik und eine die ganze nationale Gemeinschaft zusammenfassende Lebensform bildeten, dienten diese vielen Dokumente als Unterlagen, mit denen man die Rechtmäßigkeit und Legitimität dieser Freiheitskriege einwandfrei beweisen konnte. Die feudalistische politische Elite in der frühen Neuzeit sowie später im 19. Jahrhundert die bürgerlich-liberalkonservativen Kräfte haben auf diesen Rechtstiteln hartnäckig beharrt. Der hartnäckige Widerstand ließ blutige Jahre kommen. Es kamen blutige Ereignisse wie die Wesselényi-Verschwörung[3], die separatistische Bewegung von Imre Thököly[4], der Rákóczi-Freiheitskrieg[5] und schließlich der ruhmreichste Moment in der ungarischen Geschichte, der Aufstand 1848/49, der nur mit russischen Waffen niedergeschlagen werden konnte. Dieses folgerichtige Ausharren, obwohl die führende Schicht in Ungarn deswegen sehr viele Verluste erleiden musste (Emigration, Gefängisurteile, Todesstrafe und Vermögenseinziehungen in astrologischer Zahl), hat endlich Früchte getragen. Durch den österreichisch-ungarischen Ausgleich im Jahre 1867 erhielt Ungarn die Eigenstaatlichkeit wieder, nachdem die damalige Elite vernünftige politische Kompromisse eingegangen war.

Diese Souveränität war eine beschränkte Souveränität, das Militär und die Außenpolitik wurden zu „gemeinsamen Angelegenheiten" deklariert, aber den eigenen Einfluss auf diese gemeinsamen Angelegenheiten vermag das Land ohne Weiteres geltend zu machen. Und in der Innenpolitik erlangte es die vollständige Freiheit. Und als in den 1880er Jahren im Bismarck'schen Deutschland die ersten Anzeichen für ein staatliches

---

[3] Wesselényi, Miklós (1605-1667): ungarischer Magnat, Großgrundbesitzer, Palatinus von Ungarn. In den 1660er Jahren stand er an der Spitze einer Verschwörung gegen die Habsburger. Nach seiner Verhaftung wurde er hingerichtet

[4] Thököly, Imre von Késmárk Graf (1657-1705): Feldherr, Leiter der Bewegung der antihabsburgischen Kurutzer Heere.kuruc hadvezér, 1682–1685 Fürst von Oberungern, später Siebenbürgen.

[5] Rákóczi, Ferenc von Felsővadász (1676-1735): ungarischer Hochadeliger, 1703-1711 Führer des ungarischen Freiheitskrieges gegen das Haus Habsburg. Feldherr, Politiker, Großfürst von Ungarn und Siebenbürgen. Nach der Niederschlagung des Aufstandes mußte er in die Türkei emigrieren, wo er 1735 starb.

Verantwortungsbewusstsein im sozialen Sektor sichtbar wurden, konnte die ungarische Regierung handeln, ohne darüber nachzudenken, ob Wien der Einführung gewisser sozialpolitischer Maßnahmen zustimmen würde oder nicht. Die Erkämpfung der staatlichen Handlungsfreiheit führte auf diese Weise zu einer besseren Sozialpolitk, wenn auch nicht entsprechend unseren zeitgenössischen Vorstellungen von Univeralismus und einer sich über alle Gesellschaftsschichten, Verteilungssegmente und Subsysteme erstreckenden Sozialpolitik.[6] Das nach dem Ersten Weltkrieg territorial drastisch verkleinerte Land hat diese Bestrebungen mit in die neue Ära hinübergenommen. In der durch den Namen Vizeadmiral Miklós Horthy geprägten, bis 1944 andauernden Epoche mangelte es nicht an sozialen Errungenschaften. Von diesen möchte ich noch zwei erwähnen, die die zeitliche Kontinuität hervorheben: das die Wohnungsprobleme mildernde sogenannte „ONCSA-Programm"[7] und den Gesetzesartikel XXI von 1937, der den 8-stündigen Arbeitstag verordnete[8].

Zwischen Schweden und Russland

Finnland stand bis 1809 unter schwedischer Herrschaft, dann haben die Russen die Verwaltung übernommen. Das Russische Kaiserreich, in dem fast kein staatliches Engagement für die Sozialpolitik vorhanden war, beeinflusste die Entwicklung des sozialen Sektors für eine äußerst lange Zeit. Das Land, das sich Finnisches Großfürstentum nannte, erhielt zwar eine beschränkte politische Selbstständigkeit, aber diese Scheinsouveränität war keineswegs mit der ungarischen Sonderstellung zu vergleichen. Außerdem hatten in Finnland die Unabhängigkeitsbewegungen in institutionalisierter Form keine tiefen Traditionen, während sie in Ungarn alle sozialen Schichten umfassten und tief im nationalen Charakter Fuß gefasst haben. Der Respekt und die im Grunde positive Einstellung gegenüber der die finnische Nation eigentlich unterdrückenden russischen Macht ist eine seltsame Erscheinung in der europäischen Geschichte. Der Epoche der russischen Herrschaft in Finnland (1809-1917) wird sowohl von der finnischen Geschichtsschreibung als auch von der öffentlichen Meinung überwiegend ein verhältnismäßig positiver Wert beigemessen.[9] Bis 1989 kann dies alles für Ungarn nur mit Vorbehalten oder überhaupt nicht behauptet werden.

Obwohl die Zarenherrschaft die Finnen begünstigte[10], blieb die Armut im Lande sehr groß. Bis zu ihrem Sturz haben die russischen Regierungen die europäischen Errun-

---

[6] Titmuss, Richard: Essays on the Welfare State. Allen and Unwin, 1958. In: A jóléti állam [Der Wohlfahrtsstaat]. Hrsg.: Ferge Zsuzsa, Lévai Katalin. Budapest, 1991. S. 87.

[7] Országos Családsegítő Alap [Landesfonds für Familienhilfe]: Kinderreiche Familien konnten kleine neu gebaute Wohnhäuser beantragen. Näheres zu den sozialen Programmen: Cser, Erika: Sozialpolitische Umwandlungen in Ungarn zwischen den zwei Weltkriegen. In: Cser, Erika-Laurinkari, Juhani-Sárosi, Mária-Tefner, Zoltán: Grundlinien der ungarischen Sozialpolitikgeschichte. Ein internationaler Ausblick. Hrsg.: Laurinkari, Juhani-Tefner, Zoltán. disserta Verlag, Hamburg, 2013. S. 127-133.

[8] Ebenda. S. 127.

[9] Jutikkala, Eino-Pirinen, Kauko: Finnország történelme [Geschichte Finnlands]. Kairosz Kiadó, Budapest, 2004.

[10] Ebenda. S. 175-310. Die insgesamt vier Kapitel der in Ungarn vorläufig populärsten finnischen Geschichte stellen kein eindeutig düsteres Bild über die Russen und die russische Herrschaft dar. Das zwischen der zwangsmäßigen Zugehörigkeit zu Schweden und Russland schwankende Land hatte keine so panikartige Angst vor den Russen wie kurz darauf die ungarische Gesellschaft und besonders die politische Elite. Das berühmt gewordene Motto von Johan Wilhelm Snellman beschreibt die Lage wie

genschaften der umfassenden, formalen Sozialpolitik, wie die Bismarck'schen Reformen, weder akzeptiert noch eingeführt. Und da das Elend der russischen Landbevölkerung sowie der städtischen Arbeitermassen noch tiefer und dramatischer war als in den zwei privilegiertesten Reichsteilen, d. h. in Polen und Finnland, konnten die Lebensverhältnisse im Finnischen Großherzogtum gar nicht mit den Umständen beispielsweise in den österreichischen Reichsteilen der Donaumonarchie oder in den deutschen Industriegebieten verglichen werden. Dieses schwere Erbe hat Finnland nach der Erkämpfung der nationalen Selbstständigkeit noch eine sehr lange Zeit mit sich herumgetragen. Man kann nicht behaupten, dass in Finnland nach der Erkämpfung der Unabhängigkeit nur wenig geschehen ist. Die größte Bedeutung können wir dem Rentengesetz von 1939 beimessen, das nach dänischem und schwedischem Vorbild vorbereitet wurde. Durch das Gesetz wurde die Zusicherung der Lebensbedingungen der Population zwischen 18 und 55 Jahren erreicht. Entsprechend der skandinavischen Sozialpolitik erhielt auch der Kinderschutz eine wichtige Bedeutung. Schon 1922 nahm der Staat die Pflege der verlassenen, armen Waisenkinder in die Hand.[11] Die Schritte, die in der Sozialpolitik der Reihe nach folgten, waren umsonst. Sie konnten die seit langer Zeit rückständige Lage des Landes nicht verbessern. Noch in den 50er Jahren des 20. Jahrhunderts betrachtete die Welt Finnland als eines der ärmsten Länder Europas.

Übergang in die Modernität

Revolutionärer Durchbruch in der finnischen Wohlfahrtspolitik

Ein revolutionärer Durchbruch in der finnischen Wohlfahrtspolitik geschah Anfang der 1960er Jahre, als infolge der wirtschaftstheoretischen Tätigkeit von Pekka Kuusi [12]eine nur für Finnlad adequate Wohlfahrtspolitik ausgearbeitet wurde. Das Autorenteam Bäckman-Dallmer stellt seine politische Leistung so dar, dass er die erste „moderne" finnische Sozialpolitik geschaffen hat, deren Zielsetzungen in Finnland auch heute noch vor Auge gehalten werden. Kuusi wandte sich entschlossen von den neoklassischen ökonomischen Lehren ab und schloss sich den Theorien des schwedischen Nobelpreisträgers Gunnar Myrdal an. Das System, die „Theorie des kumulativen Wachstums", das er einführte, erinnerte an den Keynsianismus, der auch das Wachstum und die Förderung des Konsums in den Mittelpunkt stellte.[13] Nicht allein in diesen Punkten wich Kuusis Plan von den damals üblichen nordischen Modellen, insbesondere von den schwedischen, ab. Bei ihm – so wie in allen Teilkonzepten der finnischen sozialpolitischen Planung aller Zeiten – bekam nämlich der klassenversöhnende

---

folgt: „Wir sind keine Schweden mehr, zu Russen wollen wir nicht werden, seien wir daher Finnen." S. 243.

[11] Szende, Zoltán: Finnország szociális politikája és törvényhozása [Die Sozialpolitik und soziale Gesetzgebung in Finnland]. In: Szociális Szemle, 1942. szeptember-december. Jg. III. Nr. 7-10.Hrsg.: Erdődi Harrach, Béla. S. 5-6.

12 Kuusi, Pekka (1917-1989): finnischer Volkswirt, ab 1966 sozialdemokratischer Abgeordneter im Finnischen Parlament, Mitglied des außenpolitischen Ausschusses, 1971 Minister für Soziales. Über sein Leben und Wirken auf Deutsch: Bäckman, Guy-Dallmer, Jochen: Pekka Kuusi's Plan „Sozialpolitik für die 6oer" und der Beginn der Modernisierung der finnischen Sozialpolitik. Åbo Åbo Tryckeri 2000.

[13] Laurinkari, Juhani: Das finnische Modell. In: Cser, Erika – Laurinkari, Juhani – Sárosi, Mária – Tefner, Zoltán: Grundlinien [...]. S.201.

Charakterzug der Sozialpolitik einen besonderen Akzent. Kein Geheimnis, dass die Finnen diesen Eigenwert einem „Urmodell" der staatlich arrangierten Sozialpolitik, und zwar dem Bismarck'schen, entlehnten.

Die Vorstellungen dieser Art stimmten völlig mit den Vorstellungen des Keynesianismus und den Theorien von Myrdal überein. Sowohl Bismarck als auch Keynes und Myrdal und sogar ein durch den Namen Müller-Armack–Adenauer–Erhard geprägtes deutsches Wirtschaftsmodell bauten auf einen starken Staat, ein hohes Nationaleinkommen und darauf, dass sich der Staat in die Wirtschaftsprozesse einmischt.

Beschränkte Wohlfahrt und Verschuldung in Ungarn 1965-1979

Wie sah die Lage in Ungarn aus, als in den 1960er Jahren in Finnland die weitreichenden Pläne vorbereitet wurden? Nach einem blutigen Terror von etwa 12 Jahren hatte das Land eine hoffnungslose, nicht aufholbare Verspätung. Die Marktwirtschaft war stark zurückgegangen und wurde später vollkommen abgeschafft, die Macht übernahm an Stelle der frei gewälten politischen Elite eine von der Parteiposition abhängige Gruppe, die „moskowitische Nomenklatur".[14] Die zentral gelenkte Planwirtschft der Rákosi-Ära 1948-1956 hob die Sozialpolitik auf. Sie dachten so, dass alles, was die Volksdemokratie getan hat, bewährt sich von vornherein als Sozialpolitik – lautete die vielmals zitierte Losung der Parteilenkung aus Moskau.[15] Hinter den wohlklingenden Propagandaphrasen verbarg sich die nackte Wirklichkeit, ein Mindestversorgungssystem, das im Dienste einer angestregten Industrialisierung stand: Nur die staatlich präferierten Sektoren und Arbeiter, die in den industriellen Großinvestitionen angestellt waren, genossen gewisse Privilegien. In Wirklichkeit sanken die für die soziale Sicherheit angewendeten Ausgaben im Verhältnis zum BIP von 5,2 % im Jahre 1950 auf 3,2 %, und erst 1980 erreichten diese Ausgaben eine Höhe von 14,4 % und 1990 von 18,4 %. (Zwischen 1930 und 1990 stiegen diese Ausgaben in Finnland exponentiell von 0,7 % auf 21,4 %.)[16]

Die bewusst durchgeführte Differenzierung in der Sozialpolitik stellte die Ziele einer pflichtmäßigen staatlichen Klassenkampfpolitik dar, selbsverständlich nach den Anweisungen der leninischen Klassenkampftheorie, während die Finnen von dieser

---

[14] Gyáni, Gábor: Huszadik századi magyar társadalom [Gesellschaft des 20. Jahrhunderts]. In: Gyáni, Gábor-Pritz, Pál-Romsics, Ignác-Szarka László-Tomka, Béla: A mi 20. századunk [Unser 20. Jahrhundert]. Komp-Press Kiadó Korunk, Kolozsvár, 2011. S. 69.

[15] Ferge, Zsuzsa: Szociálpolitika és társadalom. [Sozialpolitik und Gesellschaft]. ELTE Szociológigi Intézet Szociálpolitikai Tanszék – T-Twins, Budapest, 1991. S. 77.; Sárosi, Mária: Sozialpolitik in Ungarn von 1945 bis heute. In: Cser, Erika – Laurinkari, Juhani – Sárosi, Mária – Tefner, Zoltán: Grundlinien der ungarischen Sozialpolitikgeschichte. Hrsg.: Laurinkari, Juhani – Tefner, Zoltán. Disserta Verlag, Hamburg, 2013. S. 149.

[16] Tomka, Béla: Európa társadalomtörténete a 20. században [Europas Sozialgeschichte im 20. Jahrhundert]. Osiris Kiadó, Budapest, 2009. S. 209. Der Anstieg war in den anderen skandinavischen Ländern noch rascher: in Dänemark 2,6-28,4 %, in Schweden 1,1-35,9 % (!); in Norwegen 1,0-ungefähr 25,0 %. Interessant ist, dass sich diese Ausgaben in Österreich trotz der sowjetischen Besatzung im Jahre 1950 schon auf 12,0 % beliefen. N. b.: Die Daten beziehen sich auf beide Beatzungszonen, und im Basisjahr 1930 standen schon über 4 %. Den Eigenwert der sozialpolitischen Lage lässt die Tatsache noch mehr verbessern, dass die strukturellen Gegebenheiten der Sozialpolitik (das Niveau der sozialen Dienstleistungen, der Universalismus der distribuierten Güter, die Abdeckung aller sozial-demographischen Sektoren) in diesen Ländern auch gut waren.

politischen Entgleisung gerettet waren, auch wenn dies nur durch harte Opfer möglich gewesen ist (viele Verlust fordernde Kriege gegen die Sowjets, Verzicht auf Karelien).[17]

Etwa nach 1965 begannen andere Winde zu wehen[18], als offensichtlich wurde, dass die hochgejubelte „sozialistische Wirtschaft" mit ihrer irrationalen Unproduktivität nicht einmal die nötigsten Mittel zur Ernährung der eigenen Staatsbürger herbeischaffen konnte. Dies konnte die Bevölkerung an ihrem eigenen Leib spüren. Österreich, das die Sowjets 1955 seinem Schicksal überließen, konnte dieses Problem erfolgreich lösen: Anfang der 1960er Jahre kündigte sich eine dynamische Verbesserung im Sozialwesen an, die obendrein unter dem sozialdemokratischen Regime von Bruno Kreisky noch zunahm.

Die führenden Wirtschaftspolitiker beschäftigte schon seit Anfang der 1960er Jahre das Wachstum, der Übergang aus der extensiven Phase in die intensive, d. h. die Produktivität, Effektivität, die Anpassung an die Herausforderungen des Marktes.[19] Dies waren im Grunde keynesianische Gedanken. Der Erste Sekretär der Partei, János Kádár[20], Ministerpräsident Jenő Fock[21] und weiterhin János Fekete, der mit der Durchführung der Reformen beauftragte Bankier[22], waren fest davon überzeugt, dass die Reformen, der so genannte „neue Wirtschaftsmechanismus", nur mithilfe ausländischer Anleihen durchführbar sei. Die Aufnahme dieser Kredite führte zu einer selbstbewusstseinslosen, instinktiven Bestrebung des öffentlichen Unabhängigkeitsgeistes der kommunistischen Außenpolitik, mittels dieser Gelder zu einer anderen Abhängigkeit zu kommen, die ohne asiatische Brutalität nicht der sowjetischen Abhängigkeit gleich war. Das Modell war mit den alten Modellen nicht identisch, aber erinnerte uns an die Spaltung des Landes im 16. und 17. Jahrhundert. Eine Geste für den Osten, eine für den Westen. Die traditionelle ungarische Politik des „Fährenlandes" erlebte in diesen Jahren ihre Renaissance.

Das Programm hätte sogar von Pekka Kuusi entworfen werden können, vor allem deswegen, weil es sich auf die Entschärfung der Klassengegensätze richtete, durch die soziale Unruhen vermieden wurden. Wenn wir hier den Vergleich zu dem äußersten Punkt der Abstraktion hinführen, bestand zwischen der ungarischen Politik und den Entrevolutionierungsversuchen Bismarcks eine unbestreitbare Verwandtschaft. Und da

---

[17] Jutikkala, Eino-Pirinen, Kauko: Finnország történelme [...]. S. 347-349.

[18] Es ist in der heutigen ungarischen Geschichtswissenschaft umstritten, ob die gemilderte, nach der üblichen Terminologie als „weich" bezeichnete Diktatur überhaupt als Diktatur bezeichnet werden kann. Es überwiegt schon die Ansicht, dass es richtiger ist, sie „hegemonisches Einparteiensystem" zu nennen. In: Bihari, Mihály: Magyar politika 1944-2004. Politikai és hatalmi viszonyok [Ungarische Politik 1944-2004. Politische und Machtverhältnisse]. Osiris Kiadó, Budapest, 2005. S. 89-146.

[19] Romsics, Ignác: A szovjet táborban (1945-1989) [In dem sowjetischen Lager (1945-1989)]. In: Magyarország története [Geschichte Ungarns]. Akadémiai Kiadó, 2010. S. 901.

[20] Kádár, János (1912-1989): 1948-1950 Innenminister, 1952-1954 Opfer eines Konzeptionsprozesses, Gefängnisstrafe, Teilnahme an den Ereignissen der Revolution von 1956 als Mitglied der Imre-Nagy-Regierung, erster Sekretär der Ungarischen Sozialistischen Arbeiterpartei bis 1988. Als bestimmende Persönlichkeit galt er als der erste Mann Ungarns in der Periode von 1956-1989.

[21] Fock, Jenő (1916-2001): Ökonom, kommunistischer Politiker, Vizeministerpräsident, Ministerpräsident 1967-1975, auf diesem Posten zuständig für die Durchführung der Reformen nach 1967. 1975 wurde er samt allen reformistischen Ideengenossen an die Seite gestellt.

[22] Fekete, János (1918-2009): Ökonom, Bankier, erster Vizepräsident der Ungarischen Notenbank, später Vertreter des IWF in Mitteleuropa.

für die finnische Sozialpolitik das Bismarck'sche konservative Modell immer das Musterbild war, können wir behaupten, dass es dem Ausgangspunkt nach keinen grundlegenden Unterschied gibt.

Finnland als Sonderfall, Ungarn als Experiment und Opferlamm im sowjetischen Block

Unter den nordischen Staaten gilt Finnland in dieser Hinsicht als eine Ausnahme. Beispielsweise haben die Schweden eine andere Auffassung von der Zielsetzung ihrer Sozialpolitik: Bei ihnen fehlt nämlich der klassenversöhnende Aspekt.[23] Nicht so in Ungarn. Es reicht schon, wenn wir einen Einblick in die Regierungspolitik in Ungarn nach 1880 gewinnen. Zugleich bemerken wir, in welchem Maße die ersten gesetzlichen Produkte der formalen Sozialpolitik dem Modell von Bismarck folgen. Diese Ähnlichkeit ist teilweise mit der außenpolitischen Gebundenheit der K. u. K.-Monarchie an das Deutsche Reich zu erklären, zum Teil wurde diese klassenversöhnende, staatlich gelenkte Sozialpolitik aber auch durch die viel mehr zum Revoltieren neigende, impulsive Mentalität der ungarischen Gesellschaft bedingt.

Warum ist es aber in Finnland der Fall, wo die Mentalität sich anders entwickelte und die (zumindest scheinbare) Duldsamkeit der breiten Volksschichten ein anderes Modell hätte erwarten lassen? Mangels völlig befriedigender Erklärungen können wir hier vielleicht Argumente in den klimatischen Umständen des Landes finden. Der Charakter einer Nation, die unter mehr oder weniger homogenen klimatischen Verhältnissen lebt, kann nicht von solchen Faktoren losgelöst werden wie Durchschnittstemperatur, Zahl der sonnigen Tage pro Jahr oder der Länge der Vegetationszeit. Das letztere Moment, nämlich dass die für Pflanzenzucht gut geeigneten Tage in Finnland sehr spärlich bemessen sind, zwang die Menschen, friedlich miteinander zusammenzuarbeiten. Um der Hungersnot entgegenzuarbeiten, mussten die Finnen in langen Jahrhunderten ihrer Geschichte kooperieren. Die Kooperation verlangt aber eine Höchststufe der Diszipliniertheit und gut geeignete Mittel, um die „Klassengegensätze" beizulegen. Man weiß wohl, dass es einen ganzen Vorrat an Mitteln in dem von den anderen skandinavischen Ländern abweichenden finnischen Modell gibt. Die Schweden, Bürger einer selbstständigen Mittelmacht auf der Landkarte Europas, waren den knappen materiellen Umständen nicht so stark ausgesetzt wie die Finnen irgendwo am Rande des Schwedischen Königreiches oder im Russischen Kaiserreich.

Anders aber kann Ungarn auch als ein historischer Sonderfall angesehen werden. Als östlicher Reichsteil der K. u. K. Monarchie beeinflußte die Armenpolitik und die anfängliche Quasi-Sozialpolitik der Regierungen nicht die Aspekte einer übergeordneten politischen Macht. Die Österreichisch-Ungarische Monarchie bestand aus zwei gleichrangigen Teilen. Eben das soziale Gebiet war das typische Portefeuille, in das der andere, österreichische Reichsteil keinen Einspruch einlegen konnte. Dasselbe können wir über die Zeiten zwischen 1919 und 1945 sagen, nicht aber über die kommunistische Diktatur nach 1949 oder nach 1956. Der Ausgangspunkt von Kuusi ist – wie oben

---

[23] Laurinkari, Juhani: Das finnische Modell [...]. „Finnland ist bei der Festlegung seiner sozialpolitischen Ziele der deutschen Tradition, im Gegensatz zu vielen anderen skandinavischen Ländern, gefolgt. In Schweden beispielsweise ist ein klassenversöhnender Aspekt nie im Vordergrund seiner Sozialpolitik gestanden." S. 188.

deutlich gemacht wurde – nicht unter dem Zwang einer fremden Macht in der Welt
gewählt worden. Die Prämissen hat er nach eigener Überlegung festgesetzt. Nicht so
aber in dem von dem sowjetischen Imperium beherrschten Ungarn.

Streifen wir nur mit einem Blick die damalige politische Praxis in dem so genannten
sozialistischen Lager, so sehen wir deutlich, dass keiner der sowjetischen Satelliten-
staaten über die Eigenständigkeit in seinen politischen Entscheidungen verfügte. Auch
die Einführung des „új gazdasági mechanizmus" mussten die Leiter des Landes von
Moskau absegnen lassen. Zur Realisierung erhielten sie grünes Licht. Die Russen haben
zugestimmt, weil sie keine andere Wahl hatten. Die infolge der nationalen Impulsivität
ausgebrochene Revolution von 1956 sollte den Russen als Warnung dienen, dass sie
dem Land einen besonderen Status gewähren müssen. Für sie wurde nach 1956 die
politische Stabilität wegen militärpolitischer Überlegungen zur Überlebensfrage.

Die auf Auslandskrediten beruhende, beschränkte Wohlfahrtspolitik

Die erste Kreditaufnahme, vor allem von japanischen und deutschen Privatbanken,
führte bald zu Komplikationen. János Fekete, der bei den Kreditgeschäften eine
maßgebliche Rolle als Initiator gespielt hatte, schlug vor, mit den gewährten Geldern
Investitionen vorzunehmen sowie die veraltete ungarische Industriestruktur umzuge-
stalten. Die ursprüngliche Absicht war richtig, in der Durchführung fiel sie allerdings
anders aus. Wie es in der Politik oft vorkommt, sind mit den riesengroßen Summen
größtenteils soziale Aufgaben finanziert worden (Rentenerhöhung, Förderung des
Gesundheitswesens, Hebung des Lohnniveaus, Import von westlichen Konsumgütern),
um für die gute allgemeine politische Stimmung zu sorgen, was im Interesse des
Budapester Regimes sowie von Moskau war. Jederzeit taucht die Frage auf, ob die
Sozialpolitik der Wirtschaft zu Schaden gereicht oder ihr nützt. Zsuzsa Ferge, die
namhafte ungarische Sozialtheoretikerin und engagierte Expertin in der Armenfrage,
schreibt: Die Investitionen in die Sozialpolitik schaden an und für sich nicht den
Interessen des Kapitals und in engerem Sinne der Wirtschaft.[24]

Prinzipiell können wir diese These akzeptieren, in dem zeitgenössischen Ungarn sind
aber Reformen anders ausgefallen als geplant. Einerseits spornten sie breite Massen
zum „Faulwerden" an, das hohe Niveau des ohne Arbeit erreichbaren Einkommens
(Krankengeld, Kindergeld, Arbeitslosenhilfe usw.) entzog viele erwerbsfähige Menschen der Produktion. (Die Polikliniken und Krankenhäuser wurden auch dann eifrig
besucht, wenn man nur „ein wenig" krank war.) Und da noch dazu in Ungarn die
Vollbeschäftigung aus politischen Gründen strafrechtlich untermauert war, haben
die zu wirtschaftssanierenden Zwecken aufgenommenen Kredite ihre Wirkung nicht
an der richtigen Stelle erzielt, sondern sehr häufig dort, wo sie zur Verschwendung und
Unwirtschaftlichkeit beigetragen haben.[25] Nicht zu vernachlässigen war gleichzeitig die

---

[24] Ferge, Zsuzsa: Mennyire fejlett a magyar szociálpolitika? [In welchem Maße ist die ungarische
Sozialpolitik entwickelt?]. *In:* www.fszek.hu/szociologia/szszda/ferge_mennyire.*pdf* [Abgeladen 28. 08.
2013].
[25] Zur Arbeitslosigkeit jenseits der Türen siehe Kornai, János: A hiány [Der Mangel]. Budapest, 2011.

Korruption, die, so wie in unseren Tagen oder sogar noch mehr, das öffentliche Budget ständig schmälerte.[26]

Die ausgleichende, klassenversöhnende, die Diktatur legitimierende Sozialpolitik führte zu einer großen Menge von Arbeitskräften, die, wenn sie die Vorteile der Sozialpolitik genossen haben, diese sozialen Zuwendungen nicht mit ausreichenden Arbeitsleistungen erarbeitet haben, zweifellos nicht in jedem Fall aus eigener Schuld. Schuld daran waren die nicht fachmännische Planung und die das Angebot und die Nachfrage nicht berücksichtigende Preisbildung. Diese Fehler sind aber nicht auf die übertriebenen Sozialausgaben, sondern auf die grundlegende Mangelhaftigkeit des sogenannten sozialistischen Wirtschaftssystems laut den Theorien von Karl Marx zurückzuführen. Die zu intensive Einmischung der staatssozialistischen Leitung (vor allem wegen der absoluten Kompetenz der Parteiführungsebene) in die betriebswirtschaftlichen Entscheidungen bewirkte jene groteske Irrationalität, durch die es möglich wurde, dass die wirtschaftenden Betriebe die Grenzen ihres zur Verfügung stehenden Budgets übertreten durften. János Kornai hat in seinem oben zitierten Werk zur Beschreibung dieser irrationalen Planung den Ausdruck „puha költségvetési korlát" – frei übersetzt „weiche Budgetrestriktion" – eingeführt. Nicht nur Kornai, sondern der ganze damalige unternehmerische Sektor wusste ganz genau, dass die öffentliche Wirtschaftsführung den Karren aus dem Dreck gezogen hätte, wenn eines der Unternehmen in Konkurs gegangen wäre.

Beförderungspolitik in Finnland ohne Restriktion – Restriktion in Ungarn

Diese allgemeingültige „kollektive Unverantwortlichkeit" war für die finnische Politik jener Zeit gar nicht bezeichnend. Einerseits hat das Land seine Sozialpolitik aus eigenen Kräften verwirklicht, andererseits hat es seine Angelegenheit mit den diktatorischen Regimes ein für allemal beigelegt, wodurch die Finnen zu einem sinnvollen Grad an staatlicher Souveränität gelangten. Die 1966er Koalition, die Sozialdemokraten und die agrarische Zentrumspartei konnten Sozialpolitik in einer wesentlich günstigeren Umgebung betreiben. Dazu hat das Wirtschaftswachstum in Finnland die nötigen Bedingungen erschaffen. Das Rentensystem hat Finnland schon 1957 organisiert, die Arbeitslosenhilfe 1959, bis 1970 wurde das Gesundheitswesen erneuert. Bis in die 1980er Jahre hat das finnische Modell die anderen nordischen Systeme in Bezug auf ihre Errungenschaften übertroffen. Das alles war nur so möglich, weil sich die Volkswirtschaft ausgeglichen entwickelte und die Betriebe entsprechend den Gesetzmäßig-

---

[26] Bis 1990, als die einzelnen Machtzweige nicht voneinander getrennt waren und es keine Pressefreiheit gab, blühte die Korruption lebhafter als heute. Der Parteistaat hat die herausstechenden Fälle der Hinterziehung intern wahrgenommen, außerdem war die Verwendung der öffentlichen Gelder für private Zwecke in dieser Zeit im Allgemeinen anerkannt. Zur Erforschung der Korruption unserer Tage wurde an der Budapester Corvinus Universität 2008 ein entsprechendes Zentrum gegründet. Einige Forschungsunterlagen und Fallstudien zur Tätigkeit des Zentrums: Szántó, Zoltán – Tóth, István János – Varga, Szabolcs: A (kenő)pénz nem boldogít? Gazdaságszociológiai és politikai gazdaságtani elemzések a magyarországi korrupcióról. [Das (Schmier)geld macht nicht glücklich. Wirtschaftssoziologische und politisch-ökonomische Analysen über die Korruption]. BCE, Budapest, 2012.; Alexa, Noémi – Bárdos, Rita – Szántó, Zoltán – Tóth, István János: Corruption Risks in the Business Sector. National Integrity System country Study (Part Two) Transparency International. Nyitott Könyvműhely, Budapest, 2008. In: www.transparency.hu; Szántó Zoltán - Semjén András – Tóth, István János: Adócsalás és adóigazgatás [Steuerhinterziehung und Steuerverwaltung]. TÁRKI–MTA-KTK, Budapest, 2001.

keiten der rationalen Planung arbeiteten. Die finnische Sozialpolitik konnte sich auf diese Weise auf eine sichere Wirtschaft stützen, ohne heillos teuere Kredite aufzunehmen.

Und als 1973 die Ölkrise kam, brach die finnische Wirtschaft überhaupt nicht zusammen, nicht so wie in dem ökonomisch unausgeglichenen Ungarn, wo die politische Führung eine Kehrtwende nach links machte und alle bescheidenen Ergebnisse des „neuen Wirtschaftsmechanismus" ignorierte. Alle schlecht funktionierenden, „faulen" Großbetriebe hat die Regierung wieder unter staatliche Führung gebracht, und ihr Defizit wurde mit dem Einkommen der gut wirtschaftenden Großbetriebe ausgeglichen.[27] Die Machtübernahme der stalinistischen „Erzkommunisten", mit Béla Biszku als Sekretär des Politischen Ausschusses der MSZMP an ihrer Spitze, brachte zum allgemeinen Erstaunen der Welt überraschende Abwicklungen mit sich. Sie hatten diesmal keinen Mut mehr, zu der absoluten Mangelwirtschaft der Rákosi-Ära zurückzukehren. Diese Richtung hielten auch sie schon für falsch, umso mehr, weil es nicht den politischen Bedürfnissen ihrer Brotgeber in Moskau entsprochen hätte. Sie haben den einzig möglichen Weg eingeschlagen: Sie haben bei mehreren Finanzinstituten (diesmal schon beim IWF und der Weltbank) um weitere Kredite angesucht, um die Restriktion im sozialen Sektor zu vermeiden. Die neu angeschafften finanziellen Mittel sind wiederum nicht an die richtige Stelle gelangt, sondern wurden wie zuvor von der verschwenderischen Maschinerie verschluckt. Diese Sackgassenpolitik dauerte noch mehr als 10 Jahre lang an und war von kontinuierlichen Kreditaufnahmen begleitet. Das „moderne" Zeitalter begann mit der politischen Wende von 1990. Dieses Jahr können wir als Trennlinie ansehen – auch zu unserer historisch-komparativen Analyse.

Finnland und Ungarn up to date

Wenn wir in der oben angeführte Fallstudie von Juhani Laurinkari über Finnlands heutige Sozialpolitik blättern, bekommen wir einen Überblick über die Leitlinien für unseren komparativen Versuch. Natürlich können wir uns wegen des beschränkten Umfanges dieses Manuskripts nicht vornehmen, alle Teilgebiete der Sozialpolitik in beiden Ländern in ihrer Totalität vorzustellen. So bleibt uns nur übrig, uns dem Thema durch Reflexion anzunähern. Unten nehmen wir insgesamt fünf Themengruppen unter die Lupe, die für den Vergleich zwischen Finnland und Ungarn geeignet sind.

Der Wohlfahrtsstaat als wirtschaftliches System

„Als Wohlfahrtsstaat wird im Allgemeinen eine Gesamtheit bezeichnet, die die Systeme des öffentlichen Sektors bilden, in denen Bildungs-, Sozial- und Gesundheitspflegedienstleistungen sowie weitere sozialpolitische Dienstleistungen produziert und finanziert werden und durch die das Auskommen der außerhalb des Arbeitsmarktes befindlichen Bevölkerung gesichert wird." – wird in der Fallstudie als klassische Definition für den jeweiligen Wohlfahrtsstaat angeführt.[28] Das System soll in beiden Ländern als äußerst heterogen aufgefasst werden. In Finnland – gebunden an die historischen Systemtraditionen – gehört auch die kommunale Wohlfahrtsökonomie

---

[27] Pritz, Pál: Huszadik századi magyar külpolitika [Ungarische Außenpolitik im 20. Jahrhundert]. In: Gyáni, Gábor-Pritz, Pál-Romsics, Ignác-Szarka, László-Tomka, Béla: A mi 20. századunk [...]. S. 238.
[28] Laurinkari, Juhani: Das finnische Modell [...]. S. 196.

dem öffentlichen Sektor an, so wie beispielsweise die scheinbar vollkommen „außerstaatlichen" Rentengesellschaften.

In nicht ganz korrekter Formulierung: Mit den Rentengesellschaften geht es in Finnland gut, in Ungarn ist gerade das Gegenteil der Fall. Die Genossenschaften und Gesellschaften, die in Finnland aus historischen Gründen viel weniger Organisationen als eher eine die ganze nationale Gesamtheit umfassende Existenzform bedeuten, blicken auf eine Geschichte von mehreren Jahrhunderten zurück. Der Zusammenhalt, der Hilfeleistungszwang gegenüber dem Mitmenschen, wird als ein Eigenwert des finnischen Volkes angesehen. In Ungarn überwiegt demgegenüber der Individualismus, das Gemeinschaftswesen und private Rentenkassen genießen keine eindeutige Popularität. So können wir mit Gewissheit behaupten, dass dieser Teil der Sozialpolitik in Ungarn eine Lücke im wohlfahrtsökonomischen Marktsegment bildet.

Inwiefern funktioniert der ungarische Staat als Akteur in der Wohlfahrtsökonomie, inwiefern können wir hier – und in den meisten Transformationsländern – über eine reine oder annähernd befriedigend funktionierende Wohlfahrtsökonomie sprechen? Die Antwort für Finnland ist ein eindeutiges Ja. In Ungarn fällt die Antowrt zweideutig aus oder ist ein eindeutiges Nein, obwohl die positive Attitüde bei fast keiner der Regierungen seit den 1880er Jahren fehlte.

Wir können der Behauptung ein Recht einräumen, dass der finnische Staat, obwohl mit gewissen Eigentümlichkeiten umflochten, als ein Wohlfahrtsstaat betrachtet werden kann. Der ungarische mit Abstand nicht. [29] Der dänische Sozialtheoretiker Esping-Andersen stellt eine seltsame Variable unter den Typen der Wohlfahrtsstaaten dar: den sogenannten *sich selbst als Wohlfahrtsstaat deklarierenden* Wohlfahrtsstaat. In diesem Fall fließt das nationale Auskommen in andere Subsysteme der öffentlichen Hand wie Verteidigung, Staatssicherheit, Verwaltung, Ausweitung der staatlichen Bürokratie. Der Anspruch auf Wohlstand der in diesen Zweigen beschäftigten Staatsbürger wird auf hohen Niveau befriedigt, der der anderen auf niedrigerem Niveau oder überhaupt nicht.

Die ungarische Staatspolitik konnte zur Zeit der Volksdemokratie diese Art der Güterverteilung ihr Eigen nennen. Und als Restelement beobachtet man auch heute noch nicht selten dieses politische Verhalten. Um die Voreingenommenheit zu vermeiden: Nicht gänzlich wegen politischer Überlegungen, viel mehr sogar als Folgen der knappen wirtschaftlichen Situation. „Eine wachsende Wirtschaft unterstützt die Zunahme der Wohlfahrt der Bevölkerung und schafft Ressourcen für die öffentliche Wirtschaft." – lesen wir des Weiteren in der Fallstudie von Laurinkari.[30] Und die folgende Gesetzmäßigkeit der Ökonomie: „Je langsamer das Wirtschaftswachstum ist, desto stärker tendieren die Sozialausgaben dazu zu wachsen."[31] Die finnische Wirtschaft erlebte zwar in ihrer Geschichte drei Dekonjunkturen, eine Anfang der 1970er Jahre wegen der Ölkrise, eine Anfang der 1990er Jahre und eine gleich nach der

---

[29] Esping-Andersen, Gøsta: Mi a jóléti állam? [Was ist ein Wohlfahrtsstaat?]. In: A jóléti állam [Der Wohlfahrtsstaat]. Hrsg.: Ferge Zsuzsa, Lévai Katalin. Budapest, 1991. S. 116-131. Quelle der ungarischen Übersetzung: The Three Worlds of Welfare Capitalism. Princeton University Press, 1990. S. 19-34.
[30] Laurinkari, Juhani: Das finnische Modell [...]. S. 197.
[31] Ebenda.

Jahrtausendwende. Und obwohl in diesen Jahren die Kosten für die Sozialversorgung erheblich wuchsen, konnte die öffentliche Wirtschaft diesen Herausforderungen entgegenkommen. Die finanzielle Basis, die die finnische Wirtschaft bis zu dieser Zeit erreichte, erwies sich als ausreichend, um die im sozialen Budget entstandenen Löcher zu flicken. Wir konnten oben erfahren, wie sehr die Auslandsverschuldung den ungarischen Staatshaushalt vor und nach 1990 belastete. Vor allem deswegen führten die Unebenheiten der Weltwirtschaft – nicht zuletzt infolge des impulsiven nationalen Charakters[32] zu heftigen politischen Krisen.

Der umfassende Wohlfahrtsstaat

Nach der allgemein akzeptierten Interpretation stehen Wirtschaft und Wohlfahrtspolitik nicht im Widerspruch. Das Wirtschaftswachstum dient der Sozialpolitik zur Erreichung ihrer Ziele.[33] Wenn man aber die Marktstörungen in Betracht zieht, ist das Prinzip der Gegenseitigkeit zwischen Wirtschaft und Wohlfahrtspolitik umstritten. Nicht überall, aber in Ungarn – wegen des politischen Entwicklungsweges, den es in seiner Geschichte durchlaufen hat – allerdings ja. Besonders bezieht sich diese These auf das letzte halbe Jahrhundert und auf die Zeit nach der politischen Transformation 1990. Die Wachstumspolitik des Keynesianismus, der seit Mitte der 1950er Jahre in unleugbaren Errungenschaften resultierte, teilten und teilen alle politischen Parteien in Finnland, unabhängig davon, ob sie in dem rechten oder in dem linken Flügel des nationalen Parlaments sitzen. In den bedeutungsschweren, das nationale Schicksal längerfristig bestimmenden, kardinalen Fragen gibt es Einverständnis. Nicht so in der ungarischen Parteipolitik.

Schon ab den ersten Monaten der Wende spaltete sich die ungarische Innenpolitik, was in etwa drei Jahren zu dem endgültigen Riss führte. Der sozialistisch-liberale Flügel[34] vertrat in der Wirtschaftspolitik einen nicht selten radikalen Marktliberalismus, der andere Teil hielt die staatliche Intervention, eine erweiterte Dekommodifizierung der Sozialpolitik, für notwendig. Wie bekannt, betont der Keynesianismus die Bedeutung der sich ausweitenden Wirtschaft und missbilligt die Theorie des Neoliberalismus, die die Selbststeuerung des Marktes als wirtschaftspolitisches Credo in den Mittelpunkt stellt. „In Finnland ist keine ausgedehnte keynesianische Konjunkturpolitik betrieben worden. Die keynesianische Denkweise hat jedoch auch in Finnland die starke Rolle des Staates in der Wirtschaft, sowohl in der Finanz- als auch in der Geldpolitik, begründet."[35] – finden wir den Satz bei Juhani Laurinkari. Die ungarischen sozialliberalen Regierungen seit 1994 folgten einer Politik, die ständig mit Restriktion (und nicht mit Wachstumspolitik) operierte, um das Staatsbudgetgleichgewicht unter

---

[32] Gerade diese Impulsivität schlägt oft ins Gegenteil um. Otto von Habsburg, der diese Eigenart des Ungartums sehr gut kannte, sprach so in einem Interview: „Wir haben riesige Aussichten. Es gibt natürlich bei uns welche, die pessimistisch sind. Der »Hungaro-Pessimismus«, das ist leider eine ungarische Krankheit. Man sagt auch: Der Ungar amüsiert sich weinend. Also, bitte schön, wer weint, der amüsiert sich gewöhnlich nicht, wenn er sich als ein Mensch bekennt. Es gibt Pessimisten bei uns, aber Gott sei Dank befinden sie sich in der Minderheit." Interview im Hotel Gellért in Budapest 18. April 2002. In: Gecse, Géza: Állam és nemzet a rendszerváltás után [Staat und Nation nach dem politischen Systemwechsel]. Kairosz és Logos Kiadó, Budapest, 2002. S. 617.
[33] Ebenda, S. 198.
[34] MSZP (Ungarische Sozialistische Partei) und SZDSZ (Verband der Freidemokraten).
[35] Laurinkari, Juhani: Das finnische Modell [...]. S. 199.

den von den Maastrichter Dokumenten vorgeschriebenen, jährlichen 3% zu halten. Die andere nationalkonservativ-christlichsoziale Seite, die FIDESZ–KNDP-Koalition, [36] konnte nur für eine kurze Zeit zwischen 1998 und 2002 an die Macht kommen. In diesen vier Jahren wurden die Vorbedingungen für ein Konjunkturpaket geschaffen, die konjunkturelle Wirtschaftspolitik vermochte aber nicht zur Geltung zu kommen, dementsprechend kam es nur in beschränktem Maße zu öffentlichen Investitionen (ein wesentlicher Punkt in dem keynsianischen Programm), noch dazu stagnierten die Einkommenstransfers, was die Förderung des sozialen Sektors hart betroffen hat.

Nach der Wahlniederlage der FIDESZ–KNDP-Koalition im Jahr 2002 nahm die Politik eine krass entgegengesetzte Richtung, wobei die Medgyessy–Gyurcsány-Regierungen[37] die Interessen des multinaltionalen Finanzkapitals und der mit ihnen verbundenen heimischen Gesellschaften preferierten. Um das Staatshaushaltsgleichgewicht aufrecht zu erhalten, haben sie einen Stand-by-Kredit vom IWF aufgenommen, wodurch zum Ende der Wahlperiode das Land an den Rand des wirtschaftlichen Kollapses geriet. Die Politik in Bezug auf den sozialen Sektor und insbesondere in Bezug auf auf das grundlegende Prinzip der Solidarität war bei Weitem nicht „umfassend". In diesen Jahren können wir die radikale Veränderung der Gesellschaftsstruktur spüren: Den Zerfall der Gesellschaft in zwei sich gegenüberstehende Teile, wobei die Entfernung zwischen Reich und Arm signifikant vergößert wurde.[38] Obwohl diese Jahre auch in Finnland die Jahre der Wirtschaftsdepression waren, gelang es der finnischen Politik mit keynsianischen Mitteln, das öffentliche Finanzierungssystem zu retten. Dadurch ging im Grunde ein wahrnehmbarer Rückfall in dem sozialen Transfer und in den sozialen Dienstleistungen vor sich.

Die sich ausweitende Wohlfahrtspolitik und die Abnahme der Entwicklung

Wie oben mehrmals erwähnt, beschritt die finnische Wohlfahrtspolitik bis etwa in die 1990er Jahre – wenn auch mit bestimmtem „nordischen Akzent"[39] – den keynsianischen Weg. Die ersten Symptome des Rückgangs wurden nach 1992 spürbar.[40] Traten

---

[36] FIDESZ (Verband der Jungdemokraten) und KDNP (Christlich-demokratische Volkspartei)

[37] Medgyessy, Péter (1942–): Volkswirt, Geschäftsmann, Bankier, in der Kádár-Ära mehrmals Finanzminister, Ministerpräsident 2002–2004. In den Jahren des Kommunismus Mitglied des ungarischen Geheimdienstes als „III/II-Offizier". Er beteiligte sich an der Spionage gegen die westeuropäischen Staaten; Gyurcsány, Ferenc Gyurcsány, Ferenc (1967–): Ökonom, früher Sekretär in der Bewegung der Jungkommunisten (KISZ), 2002 Sportminister, 2004–2008 Ministerpräsident.

[38] Die ungarische Gesellschaft war an diesen Zwiespalt seit langem gewöhnt. Zur Zeit der dualistischen Herrschaft bis 1914 kennen wir Perioden, in denen diese Entfernung, wenn auch einstweilig, auch groß war. Die jeweiligen Regierungen haben dieses Problem von Zeit zu Zeit überwiegend mit Hilfe einer autoritären Politik beseitigt. Die Demütigkeit als Erbe der mittelalterlichen Leibeigenschaft drückte den Geist des Revoltierens zeitweilig unter die Reizschwelle. Dadurch erklärt es sich, dass die Duldsamkeit der benachteiligten soziologischen Schichten eine bestimmte Weile die breiten Massen fangen kann, so dass in einem unberechenbaren Moment der Protest unter stürmischen Begleiterscheinungen unerwartet ausbricht.

[39] Laurinkari, Juhani: Das finnische Modell [...]. „Die Rolle des Staates als Finanzierer und Ausweiter der Wohlfahrtspolitik war zentral, und die Begründung der Politik beruhte in den großen Linien auf den politischen Akzentuierungen des Wirtschaftstheoretikers Keynes." S. 201.

[40] Zu den Krisenwellen der Wohlfahrtspolitik siehe in der ungarischen Literatur: Jenei, György: Bevezetés a társadalompolitikába. Lételmélet, intézmények, hatóerők [Einführung in die Sozialpolitik. Ontologie, Institutionen, Wirkungskräfte]. Bologna Tankönyvsorozat. Aula Kiadó, Budapest, 2008. S. 168-169.

in dem sozialen Sektor Schwankungen auf, so reagierte die finnische Regierung gleich mit Gegenmaßnahmen zur Aufrechterhaltung des in den 1960er und 1970er Jahren zur Gewohnheit gewordenen Wohlstandes. „Auf diesem Gebiet ist eine zentrale ideologische Richtung die aus der Unternehmenswelt stammende *New Public Management*-Ideologie gewesen, derzufolge der öffentliche Sektor zu einem Markt umgestaltet werden sollte. Der Ideologie zufolge funktioniert der Markt als soziales System, das die Ressourcen der Gesellschaft effizienter und zweckmäßiger ihren Zielen zuführt."[41]

Vergleicht man diese Sachlage mit der in Ungarn herrschenden Situation, bestätig man nur das genaue Gegenteil. Kaum anderthalb Jahre nach der demokratischen Machtergreifung war von dem Konzept „New Public Management" nicht einmal mehr die Rede. Die erste Regierung, das von József Antall[42] geleitete sogenannte „Kamikaze-Kabinet", beschäftigten andere Probleme. Die Wohlfahrtspolitik – nicht bezogen auf den aktuellen „Wohlstand", sondern in perspektivischer Dimension – stellte sich in ganz anderer Form dar. Ins Regierungsprogramm haben sie die Textpassage aufgenommen, die die deutsche Wohlfahrtspolitik à la Ludwig Erhard anberaumt hat. Das Versorgungssystem haben sie praktisch gleichzeitig mit der Demokratisierung modernisiert, und besonders in der Familienpolitik (Kindergeld, Mutterschaftshilfe) leiteten sie antiinflatorische Abwehrmaßnahmen ein.[43] Nur die materiellen Stützen fehlten zu diesem teils dem schwedischen, teils dem deutschen Modell ähnlichen Projekt. Umsonst tadelte die parlamentarische Opposition diese Politik, die ungarische Gesellschaft erwartete von dem Systemwechsel eine radikale Verbesserung der sozialen Umstände. Die Opposition wandte in der Regel ein, dass die Kinderhilfetransfers ungerecht verteilt werden und dass die Unterstützungen nicht universal, sondern nach der Bedürftigkeit verteilt werden müssten[44]. Die Regierung hatte in der instabilen internationalen Lage keine andere Wahl. Eine marktorientierte Sozialpolitik, die woanders in vielen Ländern der Welt auf Hochtouren lief, entbehrte aller Realität. Die soziale Unzufriedenheit, die übertriebenen Erwartungen verursachten den Sturz der Antall-Regierung. Nur eine Begleiterscheinung, wenn auch eine sehr negative Nachwirkung war, dass das Programm in Ermangelung marktbezogener, wertproduzierender Wohlfahrtpolitik das Staatsbudget unwahrscheinlich überbelastet hatte.

Nicht weniger ohne Erfolg konnte die ungarische Sozialpolitik die Lage zur Zeit der nächsten Krise in den ersten Jahren des 21. Jahrhunderts in Griff bekommen. Die Hintergründe waren die gleichen: niedriges BIP, Auslandsverschuldung, nach der erneuten Machtergreifung der sozialliberalen Koalition 2002 eine wahnsinnige Austeilung von Sozialleistungen, zügellose Lohnpolitik usw. Der Individualismus der Staatsbürger äußerte sich in einem maßlosen Ansammeln von Konsumgütern, während sich in makroökonomischer Hinsicht eine dem Anfang des 19. Jahrhunderts ähnelnde

---

[41] Laurinkari, Juhani: Das finnische Modell [...]. S. 202.

[42] Antall, József (1932–1993): Historiker, Direktor des Museums für Medizinische Geschichte, 1990–1993 Ministerpräsident der ersten Regierung nach 1990. Die Mitglieder seiner Regierung gingen das Risiko eines sicheren Falles während der Wahlperiode freiwillig ein.

[43] Gyarmati, Andrea: Népesedéspolitika, szegénypolitika, gyermekszegénység-politika: a családtámogatási rendszer változásai a rendszerváltástól napjainkig. [Populationspolitik, Armenpolitik, Kinderarmut-Politik: Veränderungen im Familienunterstützungssystem von der politischen Wende bis heute]. S. 5-6. In: static.saxon.hu/websys/datafiles/N/22/22777_csaltam_gya.pdf

[44] Ebenda. Das System veranlasste außerdem die Kindergeburt mit dem Ziel des Einkommenserwerbs.

originelle Kapitalakkumulation abspielte, die von einer zügellosen Korruption begleitet war.[45] Die wachsenden Ansprüche der Wohlfahrtspolitik führten zu weiteren Kreditaufnahmen (siehe das oben erwähnte Geschäft mit dem IWF). Dagegen in Finnland: „Der Staat hat jedoch seine starke wohlfahrtspolitische Rolle nicht aufgegeben. Er regelt weiterhin, welche Wohlfahrtsdienstleistungen für wen produziert werden. Der Wettbewerb und die Wahlfreiheit der Bürger, die man sich als Kunden vorstellt, sind in die neuen Modelle des Produzierens und des Erwerbs von Dienstleistungen aufgenommen worden."[46]

Verteilersystem und Finanzierung

Das Bruttoinlandsprodukt beinhaltet in Finnland in der Größenordnung mehr Wert als in Ungarn. 2008 brachte für das skandinavische Land nur im sozialen Bereich 25,7%[47], in Ungarn bilden die Sektoren Verwaltung, Bildung und Soziales nach den Reformen der seit 2010 amtierenden FIDESZ-KDNP-Regierung insgesamt nur 17,3%. Die Einkommensverteilung stösst auf diese Weise in Finnland nur in geringem Maße auf Hindernisse. „Die amtlichen Statistiken in Finnland zeigen in einem Zeitraum von 30 Jahren, dass die Sozialausgaben stetig zugenommen haben. Im Verhältnis sind am meisten die Kosten für das Alter, die Krankenpflege und die Aufrechterhaltung der Gesundheit gestiegen."[48] – lesen wir im Aufsatz von Juhani Laurinkari. Redistribution in einem Land, wo die Wirtschaft jährlich etwa um 3 % wächst[49], ist keine allzu komplizierte Regierungsaufgabe.

In Ungarn zeigen die Vektoren gerade in die gegenteilige Richtung oder weisen ein bestimmtes bescheidenes Wachstum aus, das dadurch beeinträchtigt wird, dass Niveau und Qualität der Versorgung in statistischen Zahlen nicht sichtbar sind (Krankenhäuser in Finnland und Krankenhäuser in Ungarn sind zwei verschiedene Welten). Die stabile Wirtschaft beseitigt die Gefahr, dass der soziale Sektor zeitweiligen Konjunkturschwankungen ausgesetzt ist, was ein hohes Niveau der Dienstleistungen gewährleistet. Das Gesundheitswesen gilt wohlstandspolitisch in allen Ländern der Welt als ein Kulminationspunkt, was mit der wichtigen theoretischen Frage der Menschenwürde zusammenhängt.

---

[45] Mehr als 10 Jahre nach der demokratischen Wende griff in den ehemals sozialistischen Ländern die Lebensform „Konsumgesellschaft" um sich. An die Stelle der früher mit der soziologischen Terminologie als „solide" Gesellschaft" etikettierten modernen Gesellschaften trat die „liquide Modernität" der Konsumgesellschaft auf die Bildfläche. Überall, aber in Ungarn, wo die Erwartungen gegenüber der Wohlfahrt so groß waren, mit größtem Elan. „In marked contrast to the *producer* society of solid modernity, liquid modernity is a *consumer* sociality in which *individuals* have become simultaneously the promoters of the commodities and the commodities the endorse." In: Bauman, Zygmunt: Consuming life. Cambridge: Polity Press, 2007. S. 33.
[46] Laurinkari, Juhani: Das finnische Modell [...]. S. 202.
[47] Ebenda. S. 204.
[48] Ebenda. S. 205.
[49] Ebenda. „Für Finnland wurde festgestellt, dass das Festhalten am Wohlfahrtsstaat im Umfang und auf dem Niveau wie im Jahr 2010 voraussetzt, dass die Volkswirtschaft etwa 3% im Jahr wächst und dass die Effizienz der Tätigkeit, besonders der Dienstleistungen, gesteigert wird." S. 209.

Nach der Meinung von Thomas Humphrey Marshall schafft die soziale Staatsbürgerschaft Grundlagen für den Wohlstand.[50] Soweit die Sozialpolitikgeschichte zeigt, fehlte
diese „soziale Staatsbürgerschaft" in den 1880er Jahren in beiden Ländern, in Ungarn
begann man mit ihrer Einführung früher als in Finnland, aber in den 1950er Jahren hat
Ungarn diesen Vorteil durch die extreme kommunistische Politik verspielt, als nicht
nur die sozialen, sondern auch die allgemeinen menschlichen und staatsbürgerlichen
Rechte aus dem öffentlichen Leben verbannt waren. Vom Anfang bis 1990 wurden
diese Rechte – unter starker internationaler Kontrolle und unter dem Druck der
Menschenrechtsorganisationen – stufenweise und teilweise zurückerstattet.

Die politischen Staatsbürger als *Lebewesen* erheben am meisten Anspruch auf soziale
Staatsbürgerschaft. Ihre Gesundheit ist für alle am wichtigsten. Die ungenügende
Finanzierung im Gesundheitswesen schlägt sich auf die menschliche Würde am
stärksten nieder.[51] Umsonst wird das Recht auf Gesundheit gesetzlich untergemauert,
wenn die Unterschiede zwischen den Ländern und unter den Gesellschaftsschichten in
den einzelnen Ländern so groß sind wie im Falle von Ungarn und Finnland. Nach der
Meinung von Moisio Pasi war der Einfluss der Neuverteilung in der Wohlfahrtspolitik
vor zehn Jahren wesentlich größer als heute. Deshalb entstand zwischen den Bevölkerungsgruppen mit den höchsten und den geringsten Einkommen in Bezug auf das zur
Verfügung stehende Einkommen eine Kluft.[52] Moisio Pasi veranschaulichte, dass die
Anwesenheit einer Kluft zwischen Arm und Reich auch in der finnischen Wohlfahrtspolitik Schwierigkeiten bereitet. Die Frage ist nur: Wie, unter welchen Umständen und
in welchem Maße. Was die miserable Lage des Gesundheitswesens, des Kampfes gegen
den Drogenkonsum[53] und zum Beispiel (und unter anderem) des Hochschulwesens
betrifft, können wir verlangen, dass die ungarischen Regierungen von 23 Jahren über
den Nutzungseffekt im Gebiet der sozialen Staatsbürgerschaft Rechenschaft ablegen.

---

[50] Marshall, Thomas Humphrey Citizenship and Social Class. Cambridge University Press, 1950. In: A
jóléti állam [...]. S. 119-121.

[51] Im Laufe der Zeit erlangte die Obdachlosenfrage und die Sorge für die alten (meistens verlassenen)
Leute immer mehr Gewicht. Unabhängig von der Regierungskonzeption beherrschten die Kabinette das
Problem der sich exponentiell vermehrenden Zahl der Menschen auf der Straße nur am Rande. Die
Maßnahmen hatten den Charakter von Zwangsmaßregeln. Nicht aus Geldmangel, sondern vor allem
wegen der Mangelhaftigkeit der Organisation entstand ein Engpass in ihrer Versorgung, was als ein
grober Verstoß gegen die Menschenwürde angesehen wurde. Zu den statistischen Zahlen siehe: Forrai,
Erzsébet-Ladányi Erika: A hajléktalan emberek nappali ellátását nyújtó intézményekről [Über die
Tagesversorgung für die obdachlosen Menschen gewährenden Institutionen]. In: A szociális szolgáltatások helyzete Magyarországon 2001-2005 [Die Lage der sozialen Dienstleistungen in Ungarn 2001-
2005]. S. 185. Über die Tagesheime der Menschen hohen Lebensalters: Szociális Statisztikai Évkönyv
(Yearbook of Welfare Statistics, 2001). Központi Statisztikai Hivatal, Budapest, 2001. Nach den Angaben
für das ganze Land standen 2001 insgesamt 8208 Unterkünfte zur Verfügung. Diese Kapazität war auch
2001 ausreichend. Nicht so die Zahl der Wärmestuben für Obdachlose und der ständigen Unterkünfte,
die auch heute noch eine Lücke von 28 % aufweist. S. 99.

[52] Moisio, Pasi: Köyhyyden ja toimeentulo-ongelmien kehitys. Teoksessa: Pasi Moisio, Sakari Karvonen,
Jussi Simpura ja Matti Heikkilä (toim.): Suomalaisten hyvinvointi. Sosiaali - ja terveysalan tutkimus - ja
kehittämiskeskus. Vammala, 2008. In: Laurinkari, Juhani: Das finnische Modell [...]. S. 205.

[53] Über das Drogenproblem in Ungarn zusammenfassend: Elekes, Zsuzsanna: Egy változó kor változó
ifjúsága. Fiatalok alkohol- és drogfogyasztása Magyarországon [Die Jugend einer sich wandelnden Zeit.
Alkohol- und Drogkonsum von Jugendlichen in Ungarn], ESPAD 2007. L'Harmattan , Budapest, 2011.

Ungarn nach 2014

Die FIDESZ-KDNP-Koalition hat die Wahlen von 2014 wieder gewonnen. Der Bruch mit dem IMF wurde endgültig als nichtig erklärt. Ungarn hat die Staatsschulden, mit denen es dem IMF verpflichtet war, zurückbezahlt. Alle Quellen des Landes konnte die Orbán-Regierung in den Dienst der Tilgung der seit den 1970-er Jahren kumulierenden Auslandschulden (meistens Privatbanken) stellen. Das Ende 2015 brachte ein drastisches Sinken der Staatsschuldenrate mit sich: Ende Dezember prognostizierte die Wirtschaftszeitschrift „Világgazdaság"[54] für 2016 eine Stärkung des Forints, da der Regierung bis Dezember 2015 gelang es, die Schulden um 800 Milliarden Forint zu kürzen. Eine obwohl nicht marktwirtschaftsorientierte, aber jedenfalls sozialpolitische Wohlfahrtspolitik befindet sich im Kommen. Schon 2015 hat die Regierung die übermäßige Gewinnorientierung der Energiedienstleistungsunternehmen (Strom, Gas, Zentralheizung) mittels Regierungsbeschlüsse beschränkt, womit die kommunale Geldakkumulation anwuchs, was gleichzeitig die inländische Kaufkraft in erheblichem Maße hoch steigerte. Diese eindeutig keynesianischen Maßnahmen entsprachen der konkreten (sozial)politischen Lage im Lande, und den altwürdigen, herkömmlichen sozialpolitischen Methoden der jeweiligen ungarischen Regierungspolitik vor 1945.

Gegen die Realisierung des Konzepts Sozialpolitik wirken gleichzeitig zurückziehende Effekte. An der Spitze derer kann man die Korruption erwähnen. In diesem Bereich kann sich Ungarn auch handgreiflicher Ergebnissen „rühmen". Die oben erwähnte Tradition des Nepotismus – Verwandte, Freunde begünstigende „Vetterwirtschaft" – vergiftete jeder Zeit die politische Atmosphäre. Der Protektionismus und Korruption drang auch in Regierungsebene ein, aber die Dreiviertelmehrheit im Parlament verhindert das wirksame Auftreten dagegen.

Die Ressourcen für das Gesundheitswesen sind auch weiterhin nicht ausreichend. Die Abwanderung der Ärzte und des Krankenhauspersonals ins Ausland setzt sich fort, was eine Folge ist, dass Ressourcen durch die Korruption in privaten Besitz geraten. Das Recht der sozialen Staatsbürger zur qualitativ befriedigenden Verpflegung besteht immer noch nicht, obwohl der Zuwachs der Wirtschaft[55] könnte es unter normalen Umständen sichern. Was aber die Grundtendenzen der Wirtschaft- und Sozialpolitik betrifft, wurde beide in die richtige Spurrinne gesetzt.

Schlussfolgerungen und theoretische Perspektiven

Die ungarische Sozialpolitik verzeichnete gegenüber der finnischen bis zum Ende des Zweiten Weltkrieges gewisse Vorteile, als infolge der klimatisch und politisch günstigeren Lage der Übergang von der traditionellen und informellen Armenversorgung zur modernen Sozialpolitik stattfinden konnte. Die erste Stufe hat der 1867 in großem Maße unabhängig gewordene ungarische Staat nicht aus eigener Initiative, sondern deutschen und österreichischen Beispielen folgend genommen. Die deutsche, die Klassenversöhnung mit autoritären Mitteln erzielende soziale Gesetzgebung hat in Ungarn tiefe Wurzeln geschlagen, auf denen in der Zwischenkriegszeit eine moderne Sozialpolitik aufgebaut wurde. Maßgebend wurde die Bismarck'sche Konzeption in

---

[54] Ungarisch: „Weltwirtschaft". Die Zahlen sind in der Nummer 30. Dezember 2015 mitgeteilt worden.
[55] Die Erweiterung der Wirtschaft, dank der Autoindustrie, erreichte Mitte des Jahres 2016 2,6 %.

Finnland – unter gänzlich anderen historischen und klimatischen Bedingungen. Diesen Vorteil hat Ungarn während den 1950er Jahren wegen der diktatorischen Depression und Irrationalität verspielt, und es konnte den Nachteil bis in unsere Tage nicht aufholen. Die sozialpolitischen Reformen der 60er Jahre haben die Lage teilweise verbessert und die Widersprüche zwischen Politik und Wirtschaft verringert. Die Tatsache, dass das Land in das sowjetische Imperium eingebettet war, war schuld daran, dass die Reformen auf halbem Wege gestoppt wurden. Infolge dieser Verspätung nimmt Finnland einen viel besseren Platz ein, sowohl als Subvariante der nordischen Wohlfahrtspolitik als auch als eigenständige Variante, wie ein sich entschlossen den nationalen Ansprüchen anpassender Sonderweg. Aber ohne Zweifel ist Finnland – trotz der einstweiligen Konjunkturschwankungen – ein unverfälschter Wohlfahrtsstaat. Ungarn, das 2004 der Europäischen Union beitrat, hat nicht jeneVoraussetzungen, die einen Staat entsprechend den europäischen Normen zum Wohlfahrtsstaat machen. Gleichzeitig hat die Regierung auf viele Elemente der staatlichen Souveränität verzichtet, so auf die entsprechend der nationalen Individualität zu führende Sozialpolitik.[56]

Gemäß dieser Überlegungen konnten wir die beiden Länder wohlfahrtspolitisch nicht in jeder Hinsicht und in ihrer Komplexität vergleichen, da die beiden möglichen Alternativen der öffentlichen Wohlfahrtspolitik, die *marktorientierte Wohlfahrtspolitik* und die *sozialwirtschaftliche Wohlfahrtspolitik* (die beiden letzten Kapitel der in unserer Erörterung mehrmals zitierten Fallstudie von Juhani Laurinkari[57]), in Ungarn noch in den Kinderschuhen stecken. Diesbezüglich gibt es einfach keinen Grund zum Vergleich. Schuld daran können die hohe Auslandsverschuldung des Landes sowie die nicht in allen ihren Vorkehrungen gerechte Administration in Brüssel oder der sich ständig je nach Wahlperioden verändernde Führungsstil, das Ringen zwischen dem Neoliberalismus und Keynesianismus sein. Das Ergebnis tröstet niemanden. Die sozialliberale Politik in der Zeit von 2002-2010 hat allerdings versagt, was auch die Wohlfahrtspolitik mit sich gerissen hat. Der 2. Artikel des Römischen Vertrages von 1957 konnte nicht in politische Realität umgesetzt werden: Der Lebensstandard erhöhte sich aufgrund des Marktmechanismus nicht „automatisch". Die Kluft zwischen Verlierern und Gewinnern wurde tiefer.[58]

Ob von den Alternativen der öffentlichen Wohlfahrtspolitik nur eine oder alle beide in einem gemischten Modell durchführbar wären, bildet den Gegenstand heftiger Diskussionen. In einem umfassenden Buch könnte man das obige Thema einer gründlicheren historisch-komparativen Untersuchung unterziehen, in der mindestens die Abstoßpunkte perspektivisch zugewiesen würden.

---

[56] Gewisse Anzeichen weisen darauf hin, dass sich dieser Prozess in der Zukunft wieder umkehrt: „[...] the traditional areas of social policy have reminded largely untouched by Brussels and have been safetly insulated by the member states. Gouvernements have largely retained their souverenity over health, welfare, social security and the treatment of the unemployed." In: Beyond the Market. The EU and National Policy. Hrsg.: Hine, David-Kassim, Hussein. Routledge, 1998. S. 223.

[57] Laurinkari, Juhani: Das finnische Modell [...]. S. 210-218.

[58] Farkas, Orsolya: Az Európai Unió szociális joga és szociálpolitikája [Das soziale Recht und die Sozialpolitik der Europäischen Union]. Grimm Könyvkiadó, JATEPress, Szeged, 1998. S. 20-21.

Literatur:

- Alexa, Noémi – Bárdos, Rita – Szántó, Zoltán – Tóth, István János: Corruption Risks in the Business Sector. National Integrity System country Study (Part Two) Transparency International. Nyitott Könyvműhely, Budapest, 2008. In: www.transparency.hu.
- Bäckman, Guy-Dallmer, Jochen: Pekka Kuusi's Plan „Sozialpolitik für die 6oer" und der Beginn der Modernisierung der finnischen Sozialpolitik. Åbo Åbo Tryckeri 2000.
- Bauman, Zygmunt: Consuming life. Cambridge: Polity Press, 2007.
- Beyond the Market. The EU and National Policy. Hrsg.: Hine, David-Kassim, Hussein. Routledge, 1998.
- Bihari, Mihály: Magyar politika 1944–2004. Politikai és hatalmi viszonyok [Ungarische Politik 1944–2004. Politische und Machtverhältnisse]. Osiris Kiadó, Budapest, 2005.
- Cser, Erika-Laurinkari, Juhani-Sárosi, Mária-Tefner, Zoltán: Grundlinien der ungarischen Sozialpolitikgeschichte. Ein internationaler Ausblick. Hrsg.: Laurinkari, Juhani-Tefner, Zoltán. disserta Verlag, Hamburg, 2013.
- Elekes, Zsuzsanna: Egy változó kor változó ifjúsága. Fiatalok alkohol- és drogfogyasztása Magyarországon [Die Jugend einer sich wandelnden Zeit. Alkohol- und Drogkonsum von Jugendlichen in Ungarn], ESPAD 2007. L'Harmattan , Budapest, 2011.
- Esping-Andersen, Gösta: Mi a jóléti állam? [Was ist ein Wohlfahrtsstaat?]. In: A jóléti állam [Der Wohlfahrtsstaat]. Hrsg.: Ferge Zsuzsa, Lévai Katalin. Budapest, 1991. S. Quelle der ungarischen Übersetzung: The Three Worlds of Welfare Capitalism. Princeton University Press, 1990.
- Farkas, Orsolya: Az Európai Unió szociális joga és szociálpolitikája [Das soziale Recht und die Sozialpolitk der Europäischen Union]. Grimm Könyvkiadó, JATEPress, Szeged, 1998.
- Ferge, Zsuzsa: Mennyire fejlett a magyar szociálpolitika? [In welchem Maße ist die ungarische Sozialpolitik entwickelt?]. In: www.fszek.hu/szociologia/szszda/ ferge_mennyire.pdf [Abgeladen 28. 08. 2013].
- Ferge, Zsuzsa: Szociálpolitika és társadalom. [Sozialpolitik und Gesellschaft]. ELTE Szociológigi Intézet Szociálpolitikai Tanszék – T-Twins, Budapest, 1991.
- Forrai, Erzsébet-Ladányi Erika: A hajléktalan emberek nappali ellátását nyújtó intézményekről [Über die Tagesversorgung für die obdachlosen Menschen gewährenden Institutionen]. In: A szociális szolgáltatások helyzete Magyarországon 2001-2005 [Die Lage der sozialen Dienstleistungen in Ungarn 2001-2005].
- Gecse, Géza: Állam és nemzet a rendszerváltás után [Staat und Nation nach dem politischen Systemwechsel]. Kairosz és Logos Kiadó, Budapest, 2002.
- Gyáni, Gábor: Huszadik századi magyar társadalom [Gesellschaft des 20. Jahrhunderts]. In: Gyáni, Gábor-Pritz, Pál-Romsics, Ignác-Szarka László-Tomka, Béla: A mi 20. századunk [Unser 20. Jahrhundert]. Komp-Press Kiadó Korunk, Kolozsvár, 2011.
- Gyarmati, Andrea: Népesedéspolitika, szegénypolitika, gyermekszegénységpolitika: a családtámogatási rendszer változásai a rendszerváltástól napjainkig. [Populationspolitik, Armenpolitik, Kinderarmut-Politik: Veränderungen im Fa-

milienunterstützungssystem von der politischen Wende bis heute]. S. 5-6. In:
static.saxon.hu/websys/datafiles/N/22/22777_csaltam_gya.pdf

- Jenei, György: Bevezetés a társadalompolitikába. Lételmélet, intézmények,
  hatóerők [Einführung in die Sozialpolitik. Ontologie, Institutionen, Wirkungs-
  kräfte]. Bologna Tankönyvsorozat. Aula Kiadó, Budapest, 2008.
- Jutikkala, Eino-Pirinen, Kauko: Finnország történelme [Geschichte Finnlands].
  Kairosz Kiadó, Budapest, 2004.
- Kornai, János: A hiány [Der Mangel]. Budapest, 2011.
- Laurinkari, Juhani: Das finnische Modell. In: Cser, Erika-Laurinkari, Juhani-
  Sárosi, Mária-Tefner, Zoltán: Grundlinien der ungarischen Sozialpolitikge-
  schichte. Ein internationaler Ausblick Hrsg.: Laurinkari, Juhani-Tefner, Zoltán.
  disserta Verlag, Hamburg, 2013.
- Marshall, Thomas Humphrey Citizenship and Social Class. Cambridge Universi-
  ty Press, 1950.
- Moisio, Pasi: Köyhyyden ja toimeentulo-ongelmien kehitys. Teoksessa: Pasi
  Moisio, Sakari Karvonen, Jussi Simpura ja Matti Heikkilä (toim.): Suomalaisten
  hyvinvointi. Sosiaali - ja terveysalan tutkimus - ja kehittämiskeskus. Vammala,
  2008.
- Pritz, Pál: Huszadik századi magyar külpolitika [Ungarische Außenpolitik im 20.
  Jahrhundert]. In: Gyáni, Gábor-Pritz, Pál-Romsics, Ignác-Szarka László-Tomka,
  Béla: A mi 20. századunk [Unser 20. Jahrhundert]. Komp-Press Kiadó Korunk,
  Kolozsvár, 2011.
- Romsics, Ignác: A szovjet táborban (1945-1989) [In dem sowjetischen Lager
  (1945-1989)]. In: Magyarország története [Geschichte Ungarns]. Akadémiai Ki-
  adó, 2010.
- Sárosi, Mária: Sozialpolitik in Ungarn von 1945 bis heute. In: Cser, Erika – Lau-
  rinkari, Juhani – Sárosi, Mária – Tefner, Zoltán: Grundlinien der ungarischen
  Sozialpolitikgeschichte. Ein internationaler Ausblick. Hrsg.: Laurinkari, Juhani –
  Tefner, Zoltán. Disserta Verlag, Hamburg, 2013.
- Szántó Zoltán - Semjén András – Tóth, István János: Adócsalás és adóigazgatás
  [Steuerhinterziehung und Steuerverwaltung]. TÁRKI–MTA-KTK, Budapest, 2001.
- Szántó, Zoltán – Tóth, István János – Varga, Szabolcs: A (kenő)pénz nem boldogít? Gazdaságszociológiai és politikai gazdaságtani elemzések a magyaror-
  szági korrupcióról. [Das (Schmier)geld macht nicht glücklich. Wirtschaftssozi-
  logische und politisch-ökonomische Analysen über die Korruption]. BCE, Budapest, 2012.
- Szende, Zoltán: Finnország szociális politikája és törvényhozása [Die Sozialpolitik und soziale Gesetzgebung in Finnland]. In: Szociális Szemle, 1942. szeptember-december. Jahrgang III. Nr. 7-10. Hrsg.: Erdődi Harrach, Béla.
- Szociális Statisztikai Évkönyv (Yearbook of Welfare Statistics, 2001). Központi
  Statisztikai Hivatal, Budapest, 2001.
- Titmuss, Richard: Essays on the Welfare State. Allen and Unwin, 1958. In: A
  jóléti állam [Der Wohlfahrtsstaat]. Hrsg.: Ferge Zsuzsa, Lévai Katalin. Budapest,
  1991.
- Tomka, Béla: Európa társadalomtörténete a 20 században [Europas Sozialgeschichte im 20. Jahrhundert]. Osiris Kiadó, Budapest, 2009.

Juhani Laurinkari (Universität Ostfinnland):

SOZIALE UND WIRTSCHAFTLICHE AUSGRENZUNG UND INTEGRATION IM SICH VEREINIGENDEN EUROPA[1]

Es fehlen insbesondere klare Hinweise darauf, wie die Sozialpolitik auf Unionsebene fortentwickelt werden könnte und andererseits daß die ökonomische Zielbestimmung der Europäischen Union trotz relativierender Ansätze immer noch dominierenden Charakter hat. Auch die Zitate viele alltägliche Beispiele deuten daraufhin, in welchem großen Umfang man sich noch über die zukünftige Richtung der Sozialpolitik in der EU im Unklaren ist. Vom Gesichtspunkt des Einzelnen und seines Wohlbefindens her sind die zentralen sozialpolitischen Maßnahmen noch immer von sekundärem Interesse in der EU geprägt - wenn man auch eingestehen muß, daß auch die EU in den letzten Jahren ein wachsendes Interesse gegenüber der Verhinderung der Arbeitslosigkeit und so auch der Eliminierung ihrer Folgeerscheinungen dargelegt hat. Freilich scheint im Hintergrund hauptsächlich die Sorge um Wahrung der Wettbewerbsfähigkeit und die Vermeidung von gesellschaftlichen Konflikten zu liegen.

1.1 Der Begriff und die angrenzenden Begriffe von Ausgrenzung

Als Ausgrenzung kann man eine Situation ansehen, wo Menschen von einer sozial und kulturell angesehenen Lebensweise in eine Randposition geraten. Bei der Ausgrenzung akzentuiert sich die Schwächung der Verbindungen zwischen dem Individuum und der Gesellschaft.

Von der Gesellschaftspolitik her ist es nützlich darüber Information zu bekommen, welche Prozesse einerseits der Ausgrenzung der Menschen von sozialen Beziehungen Vorschub leisten oder andererseits Menschen helfen, soziale Netze zu bilden, die bei Bedarf ihren Mitgliedern sozialen Beistand liefern. Auf der allgemeinen Grundlage der Gesellschaftspolitik kann man indirekt das menschliche Wohlbefinden und die Gemeinschaftsbeziehungen fördern, indem Voraussetzungen geschaffen werden u.a. für die Ausbildung von Familien und Menschen, für ein angenehmes Wohnen und ein wirtschaftliches Auskommen. Die Garantie der sozialen Sicherheit unterschiedlicher Gesellschaftsgruppen gegen verschiedene Risiken ist eines der zentralen Ziele der Sozialpolitik. Auch die Förderung von Bürgeraktivität, von Formen des Engagements und der Kooperativität sind zentrale Faktoren, mit deren Hilfe das Wohl von Individuen und Gruppen gefördert werden kann.

Als Beispiel für Sondermaßnahmen, die zur Verhinderung von Ausgrenzung von Menschen und zu ihrer Hilfe dienen, ist in Dänemark ein mit EU-Geldern finanziertes Programm (SUM-Projekt) verwirklicht worden, wovon der größte Teil der Projekte darauf ausgerichtet sind, Kindern und in Schwierigkeiten befindliche Familien zu helfen.

---

[1] Basiert z. T. auf der Publikation von Laurinkari–Niemelä: Ausgrenzung und Bewältigungsstrategien in Suomussalmi. Publikationen des Sozial- und Gesundheitsministeriums 1999:28 sowie Laurinkari: Über Ausgrenzung und ihre Verhinderung, Vortrag in Berlin 2016.

1.2 Die Formen von Ausgrenzung und die Teilfaktoren des Prozesses

Um die Formen und Prozesse (Teilfaktoren des Prozesses) der Ausgrenzung zu beschreiben, präsentieren wir im Folgenden ein vereinfachtes Schema (1). Darin wird versucht zu veranschaulichen, daß Ausgrenzung ein verschiedenartiger Mangel an Wohlbefinden bedeutet. In Schema 1 (*Referenzrahmen über die Formen der Ausgrenzung und die Teilfaktoren des Prozesses. Quelle: Laurinkari 2004*) wird die Mehrdimensionalität der Erscheinung dargestellt.

Wohlbefinden und Integration fördernde Faktoren	Ausgrenzung fördernde und Ausdruck gebende Faktoren
Bevölkerungsfaktoren und Haushaltsstrukturen	
i) Alter, Geschlecht und Zivilstand ii) Vormundschaft und Mündel iii) Staatsbürgerschaft, Religion usw.	
Gesundheit	
1) Arbeits- und Handlungsfähigkeit 2) Pflege und Rehabilitation	Krankheit, Behinderung und Arbeitsunfähigkeit - Ausgrenzung von der Pflege
Lebenszyklus und -lauf	
3) positive Lebensereignisse in den verschiedenen Phasen des Lebens	negative Lebensereignisse in den verschiedenen Phasen des Lebens
Ausbildung und gesellschaftliche Position	
4) gute Grund- und Berufsausbildung 5) guter Beruf und Rangstellung	schwaches Ausbildungsniveau kein Beruf oder schwacher Beruf und Rangstellung
Soziale Beziehungen	
6) Heim und Familie 7) Freundschafts- und Nachbarschaftsnetz 8) soziales Beistandsnetz	i) Obdachlosigkeit, Losgelöstheit ii) Einsamkeit iii) geraten in den Bereich der Anstaltspflege
Wohnen und Territorialität	
9) zentrale Gebiete 10) qualitatives Wohnen	abgelegenes Wohnen oder „Slum" Enge der Wohnung oder schlechte Qualität Obdachlosigkeit
Wirtschaft und Arbeitsleben und auch soziale Sicherheit	
11) Arbeitsplatz 12) zureichendes Einkommen 13) zureichende soziale Sicherheit	i) Arbeitslosigkeit und Unterbeschäftigung ii) Einkommenslöcher, Überverschuldung iii) schwache soziale Sicherheit
Politik (Machtleben)	
14) Teilnahme 15) Interessenwahrung (Organisationen)	i) Nichtteilnahme ii) keine Interessenwahrung, keine Organisationen
Kultur und Hobbys (Freizeit)	
16) Verinnerlichung von Werten und Normen 17) Anpassungsfähigkeit 18) positive, förderliche Hobbys	i) Nichtverinnerlichung von Werten und Normen ii) Verbrechen, ins Gefängnis kommen iii) keine Hobby, Verfremdung

Bevölkerungshintergrundfaktoren, die der Ausgrenzung Vorschub leisten, sind: Alter, Geschlecht, Zivilstand, Vormundschaft und Mündel bzw. Kinder, Volkstum, Religion usw.Im Folgenden nehmen wir an, daß Ausgrenzung u.a. gefördert wird durch Älterwerden, durch Scheidung von Lebensgemeinschaften und Ehen gegen den Willen, zum Teil durch die Zahl der zu ernährenden Kinder als auch durch Volkstum und Religion. (Minderheiten).

Die Gesundheit ist von der Funktion her ein Arbeits- und Tatkraftshilfsmittel. Folglich kann eine Krankheit oder eine Behinderung Arbeitsunfähigkeit hervorrufen, die dann bei einer Ansammlung von anderen schlechten Zuständen Ausgrenzung bedeutet. Folglich hat die Gesundheit/Krankheit einen bedeutenden Einfluß auf das Wohlbefinden und von da aus auf die Ausgrenzung.

Der Lebenslauf *der Einzelperson* besteht aus Lebensgeschehnissen, die entweder Einschluß oder Ausgrenzung fördern. Die Wurzeln des Ausgrenzungsprozesses liegen oft schon in der Kindheit. Nach den Unsicherheitsforschungen bei Jugendlichen besteht zwischen den negativen Erfahrungen aus der Kindheit und einer unsicheren Kindheit überhaupt eine feste Verbindung zu den späteren Schwierigkeiten mit der eigenen Lebenskontrolle. Die Bedeutung von kritischen Lebensereignissen für die Lebenskontrolle ist bekannt, aber deren Beschaffenheit ist nicht vollständig bekannt.

Ausbildung erzeugt sowohl intellektuelle als auch künstlerische Fähigkeiten, das Leben zu bewältigen, vor allem das Arbeitsleben. Das Ausbildungssystem kann sowohl soziale

Ausgrenzung als auch soziale Integration fördernde Mechanismen beinhalten. Im Lebenslauf der Einzelperson öffnet und verschließt die Ausbildungslaufbahn Möglichkeiten zur Erlangung einer gesellschaftlichen Position. Bei einer Ausgrenzung von der Arbeit spielt eine schlechte Ausbildung oder das Fehlen einer Ausbildung eine oft entscheidene Rolle.

Das Fehlen von menschlichen *Beziehungen* wird als eine Form von sozialer Ausgrenzung angesehen. Das Zuhause (und das Familienleben) ist auch einer der Ecksteine der Bewältigung. Entsprechend fördert auch das soziale Netz (Freunde und Nachbarn) die alltägliche Bewältigung, besonders wird das durch das soziale Beistandssystem gefördert. Falls das soziale Stützsystem fehlt, kann als Folge eine Überführung in die Anstaltspflege sein.

Wohnen ist ein Faktor, der an einen Ort integriert. Falls keine Wohnung vorhanden ist oder sie für den Zweck unpassend ist (klein und in schlechtem Zustand) fördert dies Ausgrenzung. Obdachlosigkeit (homelessness) ist eine zentrale Erscheinungsform und Teilfaktor der Ausgrenzung. Territorialität ist neben dem Wohnen ein zentraler die Bewältigung und/oder die Ausgrenzung fördernder Faktor. Die Abgelegenheit des Zuhauses/der Wohnung bringt oft Probleme in verschiedenen Bereichen des Lebens (in der Ausbildung, bei der Arbeit, Erhalt von Dienstleistungen usw.) mit sich. Hingegen in den Großstädten, Metropolen kann man auf andere Ausgrenzungsprobleme, die durch territoriale Segregation entstehen, treffen.

Wirtschaft und Arbeitsleben stellen einen zentralen den Lebensstandard bestimmenden Lebensbereich. Die Arbeitsstelle fördert das Wohlbefinden. Arbeitslosigkeit und Unterbeschäftigung bedeuten Ausgrenzung vom Produktionsleben. Zugleich haben sie Probleme mit dem wirtschaftlichen Auskommen zur Folge. Überschuldung drückt

sich in Bewältigungsproblemen aus. Einkommensdefizite kompensiert die soziale
Sicherheit (Sozialversicherung).

Politik, Machtgebrauch und *Teilnahme* formen einen zentralen das Wohlbefinden
fördernden Lebensbereich. Nichtteilnahme bedeutet u.a. Ausgrenzung von der legitimen Beschlußfassung und Machtgebrauch. Entsprechend bedeutet auch die Tätigkeit
in Interessengemeinschaften Interessenwahrung. Die Organisationen verkörpern die
Bürgergesellschaft. Oft kann es leichter sein, an Organisationstätigkeiten teilzuneh-
men, als an politischen Tätigkeiten. Das Organisationsleben kann alle Lebensgebiete
betreffen (Arbeitsmarktorganisationen, Organisationen für Freizeithobbys, Patienten-
verbände usw.)

Kultur heißt u.a. Integrierung in die Gesellschaft auf dem Niveau von Werten und
Normen. Die Gesellschaft kann man besser bewältigen, wenn man die herrschenden
Werte und Normen (Moral und Gesetze) verinnerlicht. Andererseits bedeutet eine
Nichtverinnerlichung der Werte und Normen Abweichung. Das kann verfremden und
zu guter Letzt ausgrenzen. In der Extremform äußert sich die Nichtanerkennung
der Normen in Kriminalität, welche Freiheitsentzug zur Folge haben kann.

Zur Kultur gehören auch *Hobbytätigkeiten,* insbesondere Freizeithobbys, Selbstver-
wirklichung. Eine Freizeitbeschäftigungslosigkeit kann Verfremdung und Ausgrenzung bedeuten. Besonders in der Jugend haben Hobbytätigkeiten eine starke integrie-
rende Bedeutung. Nach einigen Theorien braucht ein Jugendlicher auf jeden Fall
einen externen Anleiter - der normalerweise aus dem Freizeitbereich ist - für einen
glücklichen Übergang von der Kindheit zum Erwachsenenalter. Ausgrenzung von dem
Freizeitleben ist keine unbedeutende Sache im Lebenslauf der Einzelperson.

1.3 Ausgrenzung und Integration in den zentralen Lebensbereichen

1.3.1 Ausgrenzung vom Arbeitsleben und der Wirtschaft

Die Probleme *auf dem Makroniveau sind von der Ausgrenzung her wesentlich.* Von der
Struktur der Wirtschaft bedingte strukturelle Arbeitslosigkeit, politisch bedingte
Schwäche der bürgerlichen und politischen Rechte und der wirtschaftlich-sozial-
kulturellen Rechte (u.a. das Fehlen von sozialer Sicherheit), die von der Aktivitäts-
schwäche der Gemeinschaften und Organisationen herrührende Losgelöst-
heit/Nichtintegration und von der Kultur herrührende Härte der Werte gehören zu
den auf dem Makroniveau erscheinenden Phänomenen der Ausgrenzung.

*Die Lage der Makrostruktur schafft die Voraussetzungen für die Teilnahme (inclusion)
des Menschen im Wirtschaftsleben an der Arbeit, in der Politik an der Interessenwahrung und an den Entscheidungen (Gesetzesgebung) über gemeinsame Angelegenheiten,
in den Gemeinschaften und Organisationen am Zusammenschluß und in der Kultur an
Hobbys und Ausbildung.*

Die Teilnahme (inclusion) an den besagten Systemen schafft Möglichkeiten, Hilfsmittel zur Deckung der Bedürfnisse zu bekommen. Im Schema 2 wird vereinfacht die
Beziehung zwischen den Niveaus dargestellt.

```
                              Ressourcen
        Gesundheit, Einkommen usw.                    Macht, Freiheiten

                              Bedürfnisse

            Existenzbedürfnisse    Sicherheitsbedürfnisse



            Wachstumsbedürfnisse   Verwandschafts-und
                                   Achtungsbedürfnisse

        Wissen, Fähigkeit, Selbstbewusstsein      Liebe, Freundschaft,
                                                  Kameradschaft,
                                                  Stellung
```

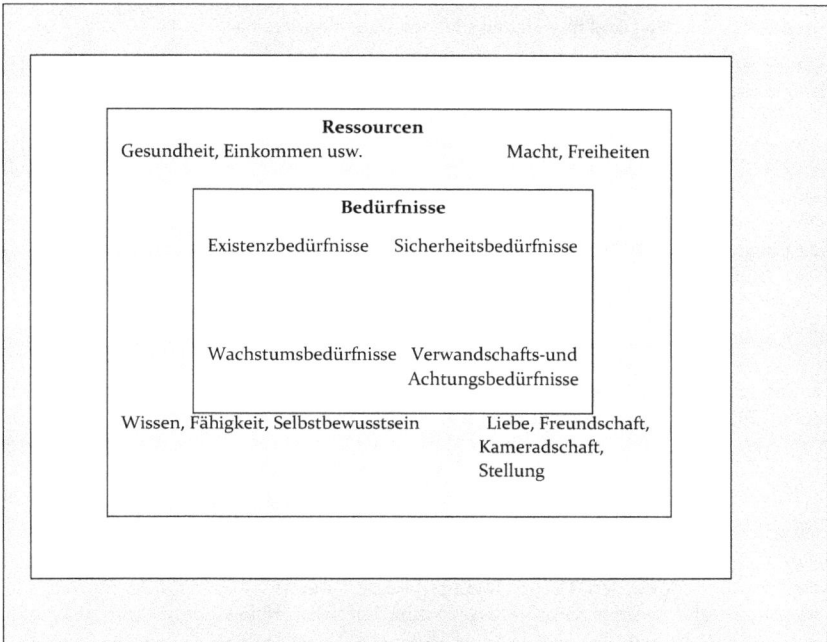

Schema 2. Verschiedenschichtige Systeme und Lebensbereiche unter dem Aspekt derAusgrenzung. Quelle: Laurinkari, 2004

Ausgrenzung ist oft ein mehrstufiger und langer Ungleichheit vermehrender Prozeß in der Gesellschaft. Wenn die Wettbewerbsvoraussetzungen der Person auf dem Arbeitsmarkt schlecht sind, kann es leichter zu einer Ausgrenzung vom *Arbeitsleben* kommen. Ein immer größer werdender Teil der Bevölkerung wird in irgendeiner Phase des Lebens mit der Arbeitslosigkeit konfrontiert.

Die nach Alter geschehende Diskriminierung wird zu einem auf dem Arbeitsmarkt immer mehr um sich greifenden die Lage der Mensch immer mehr differenzierenden und zur Ausgrenzung führenden Faktor. Das Ziel bilden meist ungefähr 50 Jahre alte Arbeitnehmer. Zu große physische Anforderungen an die Arbeit, anstrengende und gefährliche Arbeitsumgebung und schlecht organisierte Arbeit sind bei Personen im mittleren Alter die zentralen vom Arbeitsleben ausgrenzenden Faktoren. Je mehr arbeitsbedingte Belastungsfaktoren auf den Arbeitnehmer zukommen, umso größer ist die Wahrscheinlichkeit, daß er aus dem Arbeitsleben weichen muß.

Man glaubt, daß die Deprivationsannäherungsart zu sehr die Verarmungsentwicklung hervorhebt, ohne dabei individuelle Veränderung und Wechsel wahrzunehmen. Arbeit wird als angesehene und normale Tätigkeit angesehen, aber Arbeitslosigkeit als anormal und negativ. Zwischen Erwerbstätigkeit und Arbeitslosigkeit hat man eine zu große Kluft gesehen, obwohl Leute, die arbeitslos geworden sind, in ihren neuen Lebenssituationen auch vielleicht Möglichkeiten haben sehen können. Es wäre

wichtig herauszufinden zu versuchen, in welchen Gruppen Arbeitslosigkeit eine sehr
negative Bedeutung und in welchen eine weniger negative hat.

Die Ausgrenzung von der Arbeit führt leicht zu schwerer ganzheitlicher *wirtschaftlicher Ausgrenzung*. Wirtschaftliche Ausgrenzung ist ein schwer zu beherrschender
Begriff, da hier wenigstens drei verschiedene Spielarten zu unterscheiden sind. Auf
der einen Seite ist dort die traditionelle wirtschaftliche Unterprivilegierung bzw.
Armut zu sehen. Eine andere Form der wirtschaftlichen Ausgrenzung ist der subjektive wirtschaftliche Teilzustand, der nicht mit der Größe des Einkommens korreliert.
Der subjektive Teilzustand wirkt sich auf das Verhalten der Einzelperson aus und kann
als Folge eine ernste Form der Ausgrenzung sein. Einen konkreten Grund stellt die
Verschuldung dar, die als ausgrenzender Ballast durch fehlende oder verminderte
Kaufkraft fungieren kann.

Eine dritte Form der wirtschaftlichen Ausgrenzung ist die wirtschaftliche Ausgrenzung, die eine Folge der gesellschaftlichen Veränderungen wie die Rezession und die
sich daraus ergebende Arbeitslosigkeit ist. Ein Teil der Menschen wird gewissermaßen
zum Opfer eines sozialen Unglücks, weshalb sie ihre wirtschaftliche Grundlage
verlieren. Arbeitslosigkeit ist ein wesentlicher Urheber von wirtschaftlicher Ausgrenzung, aber nicht der alleinige. Zum Beispiel hat in Finnland die Finanzpolitik, die sich
mit dem Wohnen und den Unternehmertätigkeiten beschäftigt, viele Einzelpersonen
und Hauswirtschaften in den letzten Jahren stark zum Verschulden gebracht.

Die Verschuldung ist immer umfangreicher und sichtbarer zu einem gesellschaftlichen Problem geworden. Es gibt klare Hinweise darauf, daß die von der Verschuldung
hervorgerufene wirtschaftliche Ausgrenzung ein schwerwiegenderes soziales Problem
ist als angenommen. Die von der Verschuldung hervorgerufene Ausgrenzung steht in
direkter Verbindung sowohl zur somatischen als auch psychischen Krankheitsanfälligkeit sowie auch zu Problemen des Familienlebens, woraus im wesentlichsten
vermehrte Erziehungsprobleme entstehen. Außerdem gibt die Voruntersuchung
Hinweise darauf, daß das wirtschaftliche Ausgrenzungsproblem sich auf die Kinder
auswirkt also leicht über eine Generation hinauswächst.

1.3.2 Ausgrenzung von menschlichen Beziehungen und dem Familienleben

Die Modernisierungsentwicklung hat in der sozialen Struktur der westlichen Gesellschaften starke Veränderungen, die sich als Unbeständigkeit auf verschiedenen
Lebensbereichen zeigen, hervorgerufen. Die Unbeständigkeit des Arbeits- und
Familienlebens, zahlreiches Wechseln des Wohnortes und geistig belastende Risiken
stehen oft in einer modernen Gesellschaft bei *der Ausgrenzung von menschlichen
Beziehungen* im Hintergrund.

In der modernen Gesellschaft akzentuieren sich die persönlichen Lebensentscheidungen und Bewältigungsmodelle. Die Entwicklung und die Lebensentscheidungen
des Menschen werden nicht mehr von traditionellen Initiationsriten bestimmt, und
der von kleinen Gemeinschaften und von Traditionen gebildete Schutz ist ersetzt
worden durch umfassende, unpersönliche Organisationen. Die Verantwortung und
das Treffen von Entscheidungen werden immer mehr den Einzelpersonen aufgebürdet.
Dies zeigt sich besonders im Leben der Jugendlichen, wo die traditionellen Normen
nicht mehr die Entwicklung der Identität formen. Die Einzelperson hat die Möglichkeit zu neuer kultureller Freiheit, die eine Freiheit des Treffens von Entscheidungen

und der Risiken ist. Demnach bringt das auch die Möglichkeit des Mißerfolges mit sich.

Die Bedeutung der eigenen Wahlentscheidungen, der Bewältigungsstrategien und der Kompetenz für die Einzelpersonen akzentuiert, während die zur Veränderung der Gesellschaft gehörenden Mechanismen der Wirtschaft und Beschäftigung die Voraussetzungen für die Eingliederung in die Gesellschaft verändern. Die traditionellen Begriffe über die Ausgrenzung und die Unterprivilegierung, deren Gründe und über die dorthin führenden Prozesse gelten nicht mehr als solche.

Im Leben der Einzelperson ist die Bedeutung der Gemeinschaftsbeziehungen fundamental in dreierlei Hinsicht:

- sie bilden die Grundlage für die Schaffung der Sozialisierung und der Identität der Einzelperson
- sie vermitteln sozialen Beistand und fungieren unter besten Voraussetzungen als Puffer gegen stressende und möglicherweise zur Ausgrenzung führende Entwicklungsprozesse
- durch sie bindet sich die Einzelperson an eine breitere Gemeinschaft und Kultur.

Die Gemeinschaftsbeziehungen bieten emotionale Unterstützung, Kameradschaft und die Möglichkeit zur Wechselwirkung. Sie entsprechen den Bedürfnissen der Einzelperson nach Nähe, Zusammenschluß und Zusammengehörigkeit und nach Wertschätzung und Liebe.

Die Einzelperson kann ihre Bedürfnisse nach Zusammengehörigkeit und Zusammenschluß nur in menschlichen Gemeinschaften, Arbeits-, Schul- und Wohngemeinschaften als auch in verschiedenen Freizeitgemeinschaften zufriedenstellen. Menschliche Beziehungen und die Ausgrenzung davon haben für die Einzelperson in verschiedenen Gemeinschaften verschiedene Bedeutung. Mit Hilfe der menschlichen Beziehungen integriert sich die Einzelperson in das von den Gemeinschaften vertretene Kultursystem.

Traditionell hat speziell *die Familie* als Puffer zwischen der Einzelperson und der Gesellschaft gewirkt. Die Familie hat soziale Ausgrenzung verhindert und abgeschwächt und die gesellschaftliche Integration gefördert.

Als Familienforschung im eigentlichen Sinne ist Ausgrenzung wenig erforscht worden. In der Ausgrenzungsprozesse untersuchenden Familienforschung ist das Augenmerk besonders auf die Formen und Mechanismen der Ausgrenzung von Frauen und Kindern gerichtet worden. Eine solche Untersuchung hat geholfen, den Inhalt der Ausgrenzung und das Gebiet detaillierter zu erfassen, als nur eine allgemeine Betrachtung der Ausgrenzungsformen. Die auf die Ausgrenzung gerichtete Familienforschung berührt nicht nur die Fragen, die die Ausgrenzung der menschlichen Beziehungen betrifft, sondern auf breiter Basis wirtschaftliche, soziale und kulturelle Ausgrenzung und Integration.

Die Schwächung der Familieninstitution steigert besonders die Gefahr der Ausgrenzung von Kindern und Jugendlichen in der Gesellschaft. Mit der Ausgrenzung von Kindern und Jugendlichen sind oft der Unwille und die Unfähigkeit der Eltern, sich an das Familienleben zu binden, verbunden, besonders was die Erziehungsaufgabe der Familie betrifft. Auch in der Erwachsenenbevölkerung, besonders unter den erwachsenen Männern, ist Ausgrenzung in verschiedenen Lebensbereichen klar verbreiteter unter den nicht ans Familienleben gebundenen als bei denen mit Familie.

Besonders in der feministischen Forschungsliteratur hat man das Augenmerk auch auf die Ausgrenzung der Hausmütter gerichtet sowie auch auf die Schwierigkeiten der zur Arbeit gehenden Frauen, die Forderungen der Arbeit und die des Familienlebens in Übereinstimmung zu bringen.

Das Phänomen der Straßenkinder ist eine Sonderform der Ausgrenzung von den Familienbeziehungen. Zum Phänomen der Straßenkinder gehört normalerweise auch die Ausgrenzung von der Schule und den Beistandsnetzen der Gesellschaft, und außerdem steht das in Verbindung mit anderen sozialen Problemen im Leben des Kindes, wie Kriminalität, Drogenmißbrauch und Prostitution.

In der leistungsbezogenen Leistungsgesellschaft werden oft die Bedürfnisse des Gefühlslebens vernachlässigt. Die menschlichen Beziehungen in der Familie bieten der Einzelperson wenigstens eine potentielle Möglichkeit zum Ausdruck von tieferen und zärtlicheren Gefühlen und zu nahen Gefühlsverbindungen. Das soziale Netz außerhalb der Familie ist oft unzureichend, um der Einzelperson die Familie bei Befriedigung der Bedürfnisse nach Nähe und Zusammenschluß zu ersetzen.

Die Einzelperson empfindet die Ausgrenzung von den menschlichen Beziehungen als Einsamkeit. Die Ausgrenzung von den menschlichen Beziehungen bedeutet ein Mangel besonders an Möglichkeiten Beziehungsbedürfnisse zu befriedigen, obschon er auch in Form Defiziten in an anderen Bedürfnisbereichen auftreten kann. Die Erfahrung der Einzelperson, geliebt und geschätzt zu werden, entsteht in einer funktionierenden menschlichen Beziehung. Eine Ausgrenzung von menschlichen Beziehungen bedeutet den Verlust dieser Erfahrung. Besonders die Ausgrenzung eines Kindes oder eines Jugendlichen von den menschlichen Beziehungen der Familie kann als Unsicherheit erscheinen und die Entwicklung der Einzelperson schwer schädigen. Das Fundament für die Fähigkeit der Einzelperson, befriedigende und dauernde menschliche Beziehungen zu schaffen, wird vorwiegend in der Kindheit und in der Jugend geschaffen. Die menschlichen Beziehungen der Familie bilden gewöhnlich das Fundament für den psychosozialen Rahmen der Einzelperson. Die Ausgrenzung der erwachsenen Einzelperson nimmt auch oft als Prozeß Gestalt an, dessen Wurzeln bis in die Wechselbeziehungen der Einzelperson in der Familie, in der er aufgewachsen ist, reichen.

Die Ausgrenzung von den menschlichen Beziehungen kann auch an verschiedene Lebensereignisse anknüpfen, ohne daß man diese an die menschlichen Beziehungen in der Familie anknüpfen kann, in der man aufgewachsen ist. Zum Beispiel kann Erkrankung, Verlust der Arbeit, Umzug in eine andere Ortschaft oder Pensionierung im Hintergrund des Abruchs der menschlichen Beziehungen und der Einsamkeit stehen. Die Ausgrenzung von den menschlichen Beziehungen ist nicht unbedingt verknüpft mit Ausgrenzung von der Arbeit, unzureichendem Auskommen und anderen sozialen Problemen. Eine beschäftigte und gut verdienende Person kann sich von menschlichen Beziehungen ausgrenzen und starke Einsamkeit empfinden, obwohl sie sehr viel mit anderen Menschen zu tun hat. Die in den westlichen Ländern sich einbürgernde freiwillige Familienlosigkeit ist nicht als eine Form von Ausgrenzung von menschlichen Beziehungen anzusehen.

1.3.3 Die Ausgrenzung von Teilnahme und Interessenwahrung

Von seiten der Teilnahme bedeutet soziale Ausgrenzung ein *Mangel an Einflußmöglichkeiten.* Im Hintergrund steht die Auffassung über die Gesellschaft als Hierarchie der intellektuellen und politischen Eliten oder als Hierarchie der politischen Eliten oder als auf einem moralischen System basierende an gegenseitige Rechte und Pflichten gebundene Kollektive, Zusammenschlüsse. Die soziale Ausgrenzung ist nach dieser Ansicht ein Prozeß, der die Bürger von dem oben genannten moralischen System loslöst.

Die Europäische Union hat in ihrer die soziale Ausgrenzung verhindernden Aktivität in den letzten Jahren immer mehr die örtliche Initiative und die aktive Teilnahme (participation) der Bürger hervorgehoben. Gleichzeitig ist die bewußte Unterstützung der politischen Beschlußfassung und die zureichende Unterstützung für die gesellschaftlichen Institutionen für die Tätigkeit der örtlichen Gemeinschaften unterstrichen worden. Auf die Hervorhebung der Rolle des aktiven Bürgers und andererseits auf den Bedarf der zentralen Planung und Verwaltung nach Absicherung von einheitlichen Interpretationen und rechtmäßiger Behandlung ist auch in der Überlegung, welche das wechselseitige Dilemma der Bindung (integration) in der postindustriellen Gesellschaft betrifft, hingewiesen worden. In der Nachbarschaft des Teilnahme- und Integrationsbegriffes ist auch der Begriff Einflußmöglichkeiten (empowerment), der besonders in den Gesprächen über die Neuorganisation der Wohlfahrtsdienstleistungen erörtert wurde.

Ausgrenzung von der Teilnahme und der Interessenwahrung kann als Frage, wie unmittelbar und direkt oder mittelbar und indirekt die Teilnahme der Bürger sein kann, untersucht werden. (Richardson 1983, 8-21.). Wenn als Grundlage für Teilnahme Tätigkeit bestimmt wird, irgendein Machen mit anderen Menschen zusammen anstelle Nichtmachens, akzentuiert sich die für verschiedene Bevölkerungsgruppen zu sichernde Möglichkeit sowohl zu unmittelbarer, persönlicher als auch zu mittelbarer, repräsentativer Wechselbeziehung mit den Beschlußfassern. Haben die verschiedenen Bevölkerungsgruppen gleichwertige Möglichkeiten Auswahlen zwischen direkter und indirekter oder institutioneller und eigenständiger Teilnahmeart?

Die Ausgrenzung von der Teilnahme ist auch danach zu werten, was für einen bedeutsamen Teil in der Beschlußfassung und Interessenwahrung man den aus den Alltagsproblemen der Sondergruppen entstehenden Bewegungen zukommen läßt und wie stark sucht man in der Teilnahme nach Lösungen hauptsächlich für die wirtschaftliche Rezession als auch für die Krise der Interessenwahrungs- und Beschlußfassungssysteme in der postindustriellen Gesellschaft.

Wenn bei der Verhinderung der sozialen Ausgrenzung wirklich der Bedeutung der Bürgerteilnahme Vertrauen schenkt, muß man sich auch darüber Gedanken machen, warum man der Teilnahme und Interessenwahrung fernbleibt. Die Verwirklichung oder Nichtverwirklichung der Teilnahme einer Einzelperson ist das Resultat einer rationalen Nutzen und Kosten erwägenden Entscheidung. Eine Person nimmt an einer sozialen Bewegung teil, wenn er die Teinnahmelage kennt, wenn er in der Lage ist, eine oder mehrere Situationen zu nutzen, und wenn er aus der Möglichkeit Wirklichkeit machen will In jeder Mobilisierungsphase der Teilnahme ein Teil der Einzelpersonen zurück. Die Nichtteilnahme kann das Resultat aus vier verschiedenen Gründen sein: das Fehlen von Sympathie für die soziale Bewegung, das Fehlen des Ziels für

einen Teilnahmeversuch, das Fehlen der Teilnahmemotivation und wegen Hindernisse
an einer Teilnahme.

1.3.4 Die Ausgrenzung von der Ausbildung und von Hobbys

Die Ausgrenzung von der Ausbildung schwächt nicht nur die Möglichkeiten der
Einzelperson, sich ins Arbeitssystem der Gesellschaft zu integrieren.Eine Gesellschaft
mit hoher Berufsausbildung stellt ihren Bürgern neuartige Anforderungen an Wissen
und Fähigkeiten auch außerhalb des Arbeitslebens. Die Schule liefert auch Staatsbür-
gerkunde für das Leben als Mitglied der Gesellschaft. Ausbildung ist auch ein
Hilfsmittel für die Bewältigung des Menschen eigenen Lebens.

Das Schulsystem kann für seinen Teil soziale Ausgrenzung für diese Einzelpersonen
und Gruppen hervorrufen, deren Voraussetzungen, die vom Unterricht gesetzten
Anforderungen zu absolvieren und die für den Unterricht gesetzten Ziele zu
erreichen, schwach sind. Das Ausbildungssystem kann sozial ausgrenzende Ungleichheit schaffen, indem es die Bürger in ungleichwertige Gruppen unterteilt.

Der Ausgrenzungskreislauf der Einzelperson kann seinen Ursprung in schwachem
Schulerfolg haben, der ihre Möglichkeiten, die von der Gesellschaft vorausgesetzte
hohe Berufsfertigkeit und die Staatsbürgerfähigkeiten zu erlangen, schwächt. Das
Selbstbewußtsein von Jugendlichen, die unter Integrationsproblemen leiden, ist oft
schwach. Die Schwierigkeiten, sich an das Ausbildungs- und Arbeitssystem zu binden
- schwacher Schulerfolg und Probleme bei der Arbeitsbeschaffung - passivieren oft
die Einzelperson und schwächen ihre Selbstinitiative.

Ein unter Schul- und Anpassungsschwierigkeiten leidendes Kind oder Jugendlicher
grenzt sich auch leicht von den menschlichen Beziehungen in der Schulgemeinschaft
aus. Ausgrenzung in der Schulgemeinschaft kann sich zum Beispiel in Form von
Schulbelästigung und Isolierung der Einzelperson zeigen. Das kann zu langzeitlichen
Folgen im Leben der Einzelperson führen.

Neben den Problemen der äußeren Lebensbewältigung haben die von der Ausbildung und Arbeit ausgegrenzten Jugendliche oft eine schwache innere Lebensbewältigung, deren Symptome neben Passivität und fehlender Selbstinitiative oft das Empfinden von Losgelöstheit, Indifferenz gegenüber den Normen der Gesellschaft, Mißbrauch
berauschenden Mitteln und möglicherweise auch Probleme mit menschlichen Beziehungen.

Eine Einzelperson mit schlechtem Schulerfolg kann schon sehr früh in der Lage
sein, sich die Identität des ausgegrenzten Jugendlichen aufzubauen, der organisierten
Gesellschaft seinen Rücken zu wenden und die Befriedigung ihrer Selbstverwirkli-
chung und des Anschlusses in verschiedenen Sub- und Antikulturen zu suchen.

Neben der Familie und der Schulgemeinschaft fördern auch oft Hobbygemienschaften
die Integration der Kinder und Jugendlichen in die Bürgergesellschaft. Deshalb ist es
bei einer Untersuchung der Ausgrenzung auf dem in die Kultur integrierenden, dem
Wissen, Kenntnisse und Selbstinitiative vermittelnden und besonders dem die Wachs-
tumsbedürfnisse der Einzelperson befriedigenden Lebensbereich begründet, neben
der Ausgrenzung von der Ausbildung und der Ausgrenzung von der Schulgemeinschaft auch die Ausgrenzung *von den Hobbys* in Betracht zu ziehen.

Die Hobbygemeinschaften bieten der Einzelperson oft die Möglichkeit, nicht nur Zusammengehörigkeit mit anderen zu empfinden und sich selbst zu verwirklichen, sondern auch sich das Wissen und die Fähigkeiten zu beschaffen, dass sie als Bürger benötigt. Die können auf bedeutende Weise die von den Schulgemeinschaften und dem Ausbildungssystem vermittelten Staatsbürgerfähigkeiten vervollständigen, sogar die durch die Ausgrenzung von der Ausbildung und der Schulgemeinschaft entstandenen Schwierigkeiten im Leben der Einzelperson abschwächen. Die Ausgrenzung von der Hobbygemeinschaft bedeutet Nichtteilnahme an den Aktivitätssystemen der Bürgergesellschaft, wo die Einzelperson sich frei und kreativ zusammen mit anderen als Bürger und Mensch verwirklichen und entwickeln kann.

Zum Schluss

Während Millionen in der EU arbeitslos sind und Gefahr laufen, arbeitslos zu werden, und die Ungleichheit in der Gesellschaft zunimmt, ist es angebracht, eine nationale und internationale Diskussion darüber zu führen, worauf man die Gesellschaft jetzt und in der Zukunft aufbauen will. Die sozialethischen Stellungnahmen der Kirchen und die aktive Tätigkeit ihrer Mitglieder auch auf regionalem Niveau sind Mittel mit denen man Einfluß auf die Beschlußfassung ausübt. Der Kirchen und verschiederer buergernahen Organisationen. Dies wiederum hängt z.B. mit der politischen Kultur und dem angewendeten Model der sozialen Sicherheit zusammen. Die Ausgrenzung stellt für die Kirche z.B. die Kirchen oder ähnlichen Organisationen eine zentrale Herausforderung, auch der Widerstand dagegen in ihren eigenen Reihen, dar. Wenn irgendwo, dann ist es gerade die Diskussion über die Ausgrenzung, wo sich die Kirche in der Verkündung und in der Praxis beweisen kann.

Literatur:

- Carrizosa, S. & Poertner, J. (1992): Latin American street children: problem, programmes.
- Cochran, M. (1993). Parenting and personal social networks. In Luster, T & Okagaki, L. (Hrsg.) Parenting. An ecological perspective. New Jersey. Lawrence Erlbaum.
- Europa zusammenführen und versöhnen (1996): Äußerungen der Synode und des Rates der Evangelischen Kirche in Deutschland sowie weiterer kirchlicher Gremien zur europäischen Einigung. Herausgegeben vom Kirchenamt der Evangelischen Kirche in Deutschland im Auftrag des Präsidiums der Synode. Frankfurt am Main.
- Giddens, A. (1991): Modernity and self-identity. Self and society in the late modern age. Oxford. Polity Press.
- Giddens, A. (1992). The transformation of intimacy. Cambridge. Polity Press.
- Hayes, B-C & Miller, R.-L. (1993). The Silenced Voice: Female Social Mobility Patterns with Particular Reference to the British Isles. British Journal of Sociology, 44 (4).
- Heikkilä, M. & Hänninen, S. (1995): The social consequences and connections of economic changes: the case of Finland. In Levin, L.S. & McMahon, L. & Ziglio, E. Hrsg.: Economic change, social welfare and health in Europa. WHO Regional Publications, European Series no 54. Office of publication. WHO Regional office for Europe. Copenhagen, Denmark.
- Klanderman, B. & Oegeman, D. (1987): Potential networks, motivations and barriers: steps towards participation in social movements. American Sociological Review, Bd. 52.
- Koch-Nielsen, IU. (1995): Social exclusion in Europe: National and European responses. In o=Cinnéide; S. &Abou Sada, G. & Clasen, J. & Koch-Nielsen, I & Ritakallio, V-M & Kortteinen, M.&Tuomikoski, H. Social exclusion in Europe. Themes from Finland. Themes 2/1995.
- Laurinkari,Juhani-Niemelä,Pauli (1999): Ausgrenzung und Bewältigungsstrategien in Suomussalmi. Studie zur Erarbeitung eines Aktionsprogramms für eine vorbeugende Sozialpolitik. Sozial- und Gesundheitsministerium. Helsinki.
- Laurinkari, Juhani (2016): Über Ausgrenzung und deren Verhinderung. Vortrag in Berlin 2016.
- Laurinkari, Juhani: Gemeinsames Gut oder persönlicher Vorteil? Die Sozialwirtschaft als Architekt der Wohlfahrt. Pellervo ry. Helsinki
- Levinson, D. J. et al. (1978): The season of Man=s life. New York. Ballantine.
- Lusk, W. (1992): Street children of Rio de Janeiro. International Social Work, Bd. 35.
- Melucci, A. (1992): Nomader i nuet. Sociala rörelser och individuella behov i dagens samhälle. Uddevalla.
- Niemelä, P. et al. (1994): Ennakkotuloksia turvattomuudesta ja sen hallintakeinoista Vaasan läänissä vuonna 1992. Kuopion yliopiston julkaisuja E. Yhteiskuntatieteet 14. Kopio.
- Käännös: Vorabergebnisse zur Schutzlosigkeit und Mittel ihrer Hantierung in der Provinz Vaasa im Jahr 1992. Publikationen der Universität Kuopio. E. Gesellschaftswissenschaften 14. Kuopio.

- Ramey, J. W. (1988): Intimate vs. Non-intimate Support Networks. In Steinmetz, S. K. Hrsg.: Familiy and Support Systems across the Life-Span. New York and London. Plenum Press.
- Room, G. (1995): Poverty in Europe. Competing paradigms of analysis. Policy and Politics 23 (2).
- Richardson, A. (1983): Participation. Concepts on Social Policy. Cornwall.

Nelu Bradean-Ebinger (Corvinus-Universität Budapest):

ZUR FRAGE DER MEHRSPRACHIGKEIT UND BIGLOSSE. WEITERFÜHRUNG DER FORSCHUNGEN DER 80ER JAHRE

Seit 1980 hat sich die Welt grundlegend verändert. Politisch, wirtschaftlich, kulturell, und die Veränderungen, die sich inzwischen vollzogen haben, waren nicht ohne Auswirkung auf den Sprachgebrauch. Die politische Karte Osteuropas sieht vollkommen anders aus, die neu konstruierten Ländergrenzen haben früher zusammengehörende Ethnien zerspalten, was auch die Verhältnisse der Zwei- oder Mehrsprachigkeit umstrukturierte. Die linguistischen Forschungsergebnisse der 1980er Jahre sind nicht mehr gültig. Obwohl die Sprache viel konstanter ist als beispielsweise die wirtschaftlichen Bewegungsformen, obwohl sie auf die Herausforderungen langsamer reagiert, lösten die explosionsartige Entwicklung der Informationstechnik, die Revolution im Verkehrswesen, die Demokratisierung der politischen Strukturen, die Globalisierung und noch weitere welterschütternde Erscheinungen gewisse Veränderungen aus.

Vor etwa 35 Jahren haben wir die Gesetzmäßigkeiten der Mehrsprachigkeit in Fennoskandinavien an Ort und Stelle studiert und über die Resultate der Forschung einen Forschungsbericht verfasst. (Bradean-Ebinger 1991) Mithilfe von Fragebögen fokussierten wir auf die Biglosse-Problematik. Nach 35 Jahren haben wir den Eindruck, die Verhältnisse sind in so hohem Maße anders, diese Abfrage und ein neues Forschungsunternehmen wiederholt werden müssen. „Haud igitur redit ad nihillum res ulla." *Nichts wird vollkommen vernichtet.* Der Fragebogen steht immer noch zur Verfügung (Bradean-Ebinger 1991: 165–209), es ist „nur" eine Frage des persönlichen Entschlossenheit, die Forschungen von den Gründen zu wiederholen und sie auf dem gelegten Fundament weiterzubauen. Diesem Zweck dient die vorliegende Neuformulierung des Forschungsprojekts.

Zwei- und Mehrsprachigkeit (Bi- und Multilingualismus). Kurze Übersicht zur Forschungsgeschichte

Die Untersuchung der Zwei- und Mehrsprachigkeit blickt auf eine Geschichte von mehreren Jahrhunderten zurück; so zeigte schon Flavius Bioni (15. Jh.) großes Interesse für solche Menschen, die zwei oder mehrere Sprachen abwechselnd gebrauchten. Diese Frage wurde aber erst gegen Ende des 19. Jahrhunderts eingehender behandelt und gelangte nun in unseren Tagen in den Mittelpunkt linguistischer Forschung. Von den Neogrammatikern über die strukturalistischen „Deskriptivisten" und die generativen Transformationslinguisten bis zur zweiten Generation der „Variationisten" schenkte man bei der Modellierung der Sprachfunktionen, der Sprachentwicklung und des Sprachwandels den gegenseitigen Spracheinwirkungen und innerhalb derer der Interferenz des *code-switching (Sprachumstellung)* immer größere Aufmerksamkeit. Die linguistischen Probleme der Zwei- und Mehrsprachigkeit wurden von den Forschern in erster Linie innerhalb der Analyse der Sprachkontakte untersucht (Rot 1983:181).

Die Sprachwissenschaft im eigentlichen Sinne hat sich seit Schuchardt (1884), Loewe

(1888, 1890) für Fragen der Zweisprachigkeit interessiert (Weinreich 1953:111). Die im Gefolge der Zweisprachigkeit auftretenden Fälle von Sprachmischung – Weinreich nennt dieses Phänomen im Anschluss an die Prager Schule *linguistic interference*, also *Sprachbeeinflussung* – bietet der Sprachwissenschaft Ansatz und Ausgangspunkt für die Beleuchtung verschiedenster Probleme (Weiss 1959:16).

Seither, d.h. in den vergangenen einhundert Jahren, wurde die Problematik der Zwei- und Mehrsprachigkeit nach verschiedenen Gesichtspunkten erforscht, und zwar vor allem nach psychologischen, physiologischen, soziologischen, politischen, linguistischen, pädagogischen, psycho- und soziolinguistischen Aspekten. Wir wollen in diesem forschungshistorischen Überblick nur die wichtigsten Tendenzen skizzieren, um ein allgemeines Bild über die Forschungen zur Zwei- und Mehrsprachigkeit zu vermitteln und die Verdienste von Vorgängern auf diesem Forschungsgebiet zu benennen.

Fast jeder Forscher, der sich mit dieser Frage befasste und darüber eine Monographie geschrieben hat, war bemüht, am Anfang seiner Arbeit die bisherigen Ergebnisse und Erkenntnisse zusammenzufassen und eine breite Bibliographie zusammenzustellen. Hier sei nur auf die bedeutendsten Studien hingewiesen: eine Bibliographie zur Zweisprachigkeitsforschung bis zum Jahre 1939 hat Schliebe (1939) erarbeitet, die dann von Weinreich (1953) bis zum Jahre 1953 fortgeführt worden ist; sie umfasst 658 Titel. Ergänzt wurde sie etwas später von Haugen (1956), der mit seiner Bibliographie über 670 Titel, speziell für den Bereich Nord- und Südamerikas, bis 1956 angab. Für die Periode 1956-1970 schrieb Haugen (1973) eine Monographie mit einer Bibliographie von über 400 Werken über die Zweisprachigkeits- und Sprachkontaktforschung in den USA. Dieser Forschungsbericht erschien in der umfangreichen Reihe *Current Trends in Linguistics* (CTL, Vol. 10), die die Ergebnisse der Linguistik in einer monumentalen Darstellung von 14 Bänden zusammenfasste. In derselben Reihe wurde der Bericht von Oksaar (1972) über die Zweisprachigkeitsforschung in Europa unter dem Titel Bilingualism (CTL, Vol. 9) veröffentlicht, er enthält eine Bibliographie von über 20 Arbeiten. Eine große Konjunktur erlebte die Bi- und Multilingualismusforschung in den 70er und 8oer Jahren: Mackey (196Sab, 1972ab, 1976) mit seiner monumentalen International Bibliography on Bilingualism (1972), Hansegård (1968) mit der Frage der Halbsprachigkeit, Kelly (1969), Lewis (1972ab), Clyne (1975), Adler (1977), Cathomas (1977), Fishman (1978), Wandruszka (1979), Haarmann (1979a, 1980), Gal (1979), Comrie (1981), Nelde (1983b), Baetens-Beardsmore (1982, 1983), Lambeck (1984), Hinderling (1986), um nur die bedeutendsten Werke zu nennen.

Aber auch auf dem Forschungsgebiet dieser Arbeit, welche die Sprachen auf der fennoskandinavischen Halbinsel untersucht, beschäftigten sich insbesondere einige Linguisten mit den Problemen der Zwei- und Mehrsprachigkeit. Oksaar schrieb schon 1961 in der finnischen Zeitschrift *Virittäjä* eine Studie zum Problem der Zweisprachigkeit (Kaksikielisyyden ongelmasta). Dabei zitierte er eine Behauptung von Bloomfield, der in seinem Hauptwerk Language folgendes feststellte: „Finnish, Lappish, and Estonian contain hundreds of words that are plainly Germanic in Origin." Oksaar (1961:388) verweist auf die Tatsache, dass der Mensch durch die Sprache seine Weltanschauung und sein Weltbild von der ihn umgebenden Wirklichkeit erhält und dass diese Auffassung in verschiedenen Sprachen unterschiedlich ist (W.v.

Humboldt, L. Weisgerber); sie führt uns unmittelbar in die zentrale Problematik der Zweisprachigkeit. Den finnischen Verben *leikkiä* und *pelata* entsprechen im Schwedischen spela und leka, im Deutschen, Englischen und Estnischen entspricht ihnen aber nur ein Wortspielen, play, mängima. Im Finnischen und Schwedischen finden wir für Blume und Blüte nur ein Wort: kukka (Fi.), blomma (Schwed.). Die Verfasserin fragte sich nun: Was passiert dann, wenn sich zwei oder mehr Weltbilder in einer Persönlichkeit begegnen? (Oksaar 1961:395) Sie analysierte den Einfluss des Schwedischen auf das heutige Estnische in Schweden. Das estnisch–schwedische Substrat wurde phonetisch, morphologisch und semantisch untersucht und das zweisprachige Individuum in seiner Vermittlerrolle betrachtet. Aus kulturellen, sozialen und wirtschaftlichen Gründen seien nicht nur in der eigenen Sprache fehlende Wörter und Ausdrücke übernommen worden, sondern auch viele Wörter aus der Alltagssprache, im Schwedischen mit großer Frequenz; außerdem habe man mehr internationale Fremdwörter und affektbetonte Wörter (Interjektionen, Grüße, Flüche und andere pejorative Ausdrücke) einbezogen. Die Entlehnungen seien im Allgemeinen in die grammatische Struktur des Estnischen eingebaut worden; es sei häufig zu Lehnübersetzungen und anderen Formen der Entlehnung gekommen (Oksaar 1961:387-392).

Nach dieser bahnbrechenden Arbeit entstanden in den skandinavischen Ländern zahlreiche Werke über Zwei- und Mehrsprachigkeit, ein Phänomen, das in diesem Gebiet so häufig anzutreffen ist: Österberg (1961) über den Bilingualismus in der Schule; Ruke-Dravina (1967) über die Mehrsprachigkeit im Vorschulalter; Schwarz (1967) über die schwedischen Minderheiten; Hansegård (1968, 1979), der den Begriff *hålveprakighet (Halbspraahigkeit)* prägte für Zweisprachige, die keine der beiden Sprachen beherrschen; Otnes (1970) über die samische Nation; Berg (1972) über Circumpolar-Probleme; Jaakkola (1973, 1976), die sich mit der Frage der *Sprachgrenze (språkgränsen)* auseinandersetzte und Diglossie und Bilingualismus bei den Finnen in Nordostschweden beschrieb; Paulaharju (1973) über das mehrsprachige Volk in Finnmarken; Hasselmo (1974) über die Sprachumstellung, den Kodewechsel (codeswitching) bei den Schweden in Amerika; Loman (1974) über die Zweisprachigkeit im Torne-Tal (Nordostschweden); Sammallahti (1975) über die Samen in Finnland; Svonni (1976) über die Samen (Lappen) in vier Ländern; o. Korhonen (1976) über die Samen (Saamis) in Nordnorwegen und -Schweden; Skutnabb-Kangas (1975, 1977) über die Zweisprachigkeit im Schulunterricht, und mit den Akten der ersten nordischen Bilingualismuskonferenz; Bergsland (1977) über die Mehrsprachigkeit der Samen in Kontakt, mit ihren Nachbarvölkern; Bjørklund (1978) über die drei Völker in Nordnorwegen (Quänen, Samen und Norweger); Stedje-Trampe (1979) mit den Akten der zweiten nordischen Zweisprachigkeitskonferenz; Basse-Jensen (1979) über die aktuellen Probleme der eskimoischen Sprache auf Grönland; Nordenstam (1979) über die schwedische Minderheit in Norwegen; Reuter (1979) über Schwedisch in Finnland; Thuen (1980) über die Samen als Urbevölkerung und Minorität; Elert (1981) über das internordische Sprachverständnis; Ejerhed (1981) mit den Akten der dritten nordischen Bilingualismuskonferenz ; Hagström (1982) über die Zweisprachigkeit auf den Färöern; Risehei (1983) über die Sprachpolitik und das Überleben des Grönländischen und Färöischen, über Zweisprachigkeit auf Grönland und den Färöern.

Auch in der Finnougristik (Uralistik) begann man sich den Fragen des Bi- und Multilingualismus zu widmen. Dies geschah etwas später; einer der ersten war Ariste (1965,

1969) mit seinen Studien über die Dreisprachigkeit unter einigen finnisch-ugrischen Völkern. Das großangelegte Projekt des finnisch-ugrischen Instituts der Universität Uppsala setzte sich zum Ziel, den schwedischen Einfluss auf die finnisch-ugrischen Sprachen in Schweden zu untersuchen; das Projekt heißt *Finsk-ugrisk språkkontakt i Sverige - tvåspråkighet och interferens* (Fuskis) .

Volle Anerkennung in der Finnougristik (Wände 1980) fand die Bilingualismusforschung erst aber auf dem fünften finnisch-ugrischen Weltkongress (Turku 1980), wo Paunonen (1980:284) in der Sektion zu *Kernfragen der Zweisprachigkeit* Richtlinien und Aufgaben der Zweisprachigkeitsforschung in der Finnougristik skizzierte. Die Festlegung der Richtlinien und Fragen waren bahnbrechend. Ihrer Wichtigkeit wegen zählen wir diese Richtlinien auf: *1. Die Untersuchung von Manifestierungen des Bi- und Multilingualismus in verschiedenen Perioden zwischen den finnisch-ugrischen (uralischen) und anderen Sprachen. 2. Welche historische Bedingungen führten zur Zwei- und Mehrsprachigkeit in jedem einzelnen Fall? 3. Was für ein Typ von Bilingualismus stellt sich heute dar? 4. Welche Faktoren beeinflussen die individuelle Wahl der Sprache in bilingualen Gemeinschaften? 5. In welcher Form kommen Bilingualismus und Sprachkonflikte in der linguistischen und pragmatischen Interferenz zum Ausdruck? 6. Wie sind die Ergebnisse der Zweisprachigkeitsforschung angewandt worden und wie können sie in Zukunft angewandt werden (z.B. beim Unterricht von Immigranten)? 7. Welche Beziehung gibt es zwischen Bilingualismus und zwei Dialekten in finnisch-ugrischen (uralischen) Sprachgemeinschaften? 8. Wie ist sie z. B. bei der Planung von Standardsprachen in Betracht gezogen worden? Welchen Wert und welche Bedeutung hat die Zweisprachigkeit vom Gesichtspunkt der Benutzer und der Sprachgemeinschaft aus?*

Am Ende seines Vortrags stellte Paunonen (1980:284) die Frage, auf die er eine Antwort vom Kongress erwartete: "What ways – issues of bilingualism – should be studied in future? Is it e. g. advisable to arrange special symposiums devoted these issues?" Es sind unterdessen schon mehrere Jahre vergangen; ein Symposium zu Fragen der Zweisprachigkeitsforschung ist unseres Wissens noch nicht veranstaltet worden, obwohl die Sektion *Kernfragen der Zweisprachigkeit* (Current Problems in Bilingualism) wohl am meisten besucht worden war und sich der meisten Vorträgen (13) rühmen konnte.

Die einleitend auf den vorherigen Seiten vorgenommene, vielleicht zu weitschweifige Auflistung der Literaturangaben und wissenschaftlichen Leistungen war unseres Erachtens trotzdem nicht überflüssig. Damit wollten wir demonstrieren, an welche bedeutungsvolle internationale Zusammenarbeit hat sich damals die ungarische Linguistik angeschossen. Hat er sie auf Grund von Überlegungen getan, dass die ungarische Sprache der großen Familie der oben erwähnten Sprachen gehört? Sicherlich ist es so. Aber historische und politische Verwicklungen spielen und spielten in dieser Aktivität eine maßgebende Rolle: 1920, Trianon, nachdem Millionen von Menschen unter die stiefmütterliche Verhältnisse der Minderheitsexistenz gerieten waren. In Ungarn beschäftigte man sich eher in traditioneller Hinsicht mit der Zweisprachigkeit, mit lexikalischen Entlehnungen aus dem Ungarischen und seinen Nachbarsprachen. Dabei stand das Ungarische als Minderheitssprache in Siebenbürgen (Rumänien) (Márton 1960, L. Balázs 1981, Bakos 1982), in der Slowakei (Sulán 1963, Király 1972), in Jugoslawien (Kossa 1978, 1979) in Kontakt mit den jeweiligen Staats-

sprachen (Rumänisch, Slowakisch, Serbo-Kroatisch), sowie als Mehrheitsspräche in
Kontakt mit den Nationalitätensprachen in Ungarn, insbesondere mit dem Deutschen
(Hutterer 1961, Rónai 1977, Gerstner 1981). Außerdem wurde die Frage der zweisprachi-
gen Zigeunerkinder am Anfang des Schulalters erörtert (Reger 1974a, b) sowie die
psycholinguistische Problematik der zweisprachen Kinder im Kindergartenalter
(Jarovinszkij-Fabricius 1978, Jarovinszkij 1979, 1980). Die Lage der Zigeuner, die in
Ungarn nicht als Nationalität anerkannt sind[1], wurde von Kemény (1974) in einer
soziolinguistischen Studie dargestellt.

Kontra (1981) setzte sich in seiner Dissertation über englische Entlehnungen in der
ungarischen Medizinsprache auch mit theoretischen Problemen des Bilingualismus
auseinander, wobei er sich aber nur auf ältere Arbeiten aus den 5oer und 6oer Jahren
stützte. Die beste Arbeit über die Zweisprachigkeit einer ungarischen Volksgruppe
schrieb eine Amerikanerin ungarischer Herkunft, Gal (1979), die den Sprachwechsel
der burgenländischen Ungarn (Österreich) in einer Studie untersuchte, die in theoreti-
scher Hinsicht wirklich auf dem letzten Stand der modernen Linguistik stand. Zu
erwähnen wäre auch die Konferenz von 1982 an der Karl-Marx-Universität in Budapest[2] über drei Dimensionen der Zweisprachigkeit, über linguistische, psychologische
und belletristische Aspekte (Kovács 1984). In der Einführung zu diesem Band gab
Máthé (1984 1-50) einen ausführlichen Überblick zur Erforschung der Zweisprachigkeit
und der Sprachmischung in der Geschichte der Sprachwissenschaft.

Zwei und Mehrsprachigkeit im nördlichen Areal

Der Bi- und Multilingualismus im nördlichen Areal ist vor allem im fennoskandinavischen Sprachraum gut erforscht: in Nordnorwegen die quänisch-lappisch[3]-
norwegische Dreisprachigkeit, in der Umgebung von Bergen die schwedisch-
norwegische Zweisprachigkeit, in Nordschweden die lappisch–schwedische Zweisprachigkeit, in Tornedalen die finnisch–lappisch--schwedische Dreisprachigkeit, in
Schweden die estnisch-schwedische Zweisprachigkeit, in Lappland (Lappi, Finnland)
die lappisch-finnische Zweisprachigkeit, in Mittel- und Südfinnland die schwedisch-
finnische Zweisprachigkeit, auf den Färöern die färöisch–dänische Zweisprachigkeit
und auf Grönland der eskimoisch–dänische Bilingualismus. Außerdem trachtet man
danach, neben der jeweiligen nordischen Muttersprache eine einheitliche *Interlangu-
age* für ganz Skandinavien zu schaffen (Elert 1981).

Braunmüller (1980) nennt diese Sprache *Skandinaviska*. Daneben ist noch der hohe
Grad der Englischkenntnisse in allen vier skandinavischen Ländern zu erwähnen, der
neben der natürlichen Zwei- und Dreisprachigkeit noch eine künstliche Mehrsprachigkeit impliziert, insbesondere im Kreise der Intelligenz. Der Einfluss des Englischen
auf die nordischen Sprachen und Finnisch nimmt immer mehr zu. Zwei- oder Dreisprachigkeit scheint in Skandinavien zu einer Selbstverständlichkeit zu werden.
Braunmüller (1980:320) spricht von einer aktiven und passiven Mehrsprachigkeit in
ganz Skandinavien.

---

[1] Diese Teile des Manuskripts wurden in den 8oer Jahren verfasst. Seither sind in der Beurteilung und
den sozialpolitischen Umständen ungarischen Roma grundlegende Veränderungen vollzogen.
[2] Rechtvorgänger der heutigen Corvinus-Universität.
[3] Laut PC „samisch".

Aber wie verhält sich diese Zwei- und Mehrsprachigkeit im konkreten Fall, vor allem in Kreise der nationalen Minderheiten? Die Lappen (Samen, Saamis), in vier Ländern ansässig, sprechen eine Fülle von Dialekten. Um ihre natürliche Zweisprachigkeit zu bewahren, ist es nötig, Standardsprachen (Normen) zu schaffen. O. Korhonen (1976:63-64) unternahm eine Befragung bei 200 Lappen in Schweden und erkundigte sich danach, ob sie bereit wären, einen überlebenden lappischen Dialekt zu bewahren, falls die anderen verschwinden würden. Die Umfrage ergab folgendes Ergebnis (Tabelle: Nelu Bradean-Ebinger, 1983):

Erstsprache %	Ja	Nein	Ja zu Nordlappisch	Ja zu Lule- und Pite-Lappisch	Ja zu Südlappisch
Nordlappisch	65,8	2,6	31,6		
Pite- und Lule-Lappisch	84,6	3,9		11,5	
Südlappisch	76,2	4,8	9,5		9,5
Südlappisch (Schwedisch)	83,3	5,6			11,1
Schwedisch	83,3	8,3	8,3		
Finnisch	71,4		28,6		
Norwegisch (nur wenige Personen)	100				

Wie aus dieser Untersuchung hervorgeht, bedeutet die Existenz von mehreren lappischen Standardsprachen ein Problem für die Sprachplanung. Die Samen legen hierauf besonderen Nachdruck. Die Mehrsprachigkeit der Quänen (Finnen) in Nordnorwegen wurde von Aikio (1980:300) auf dem Kongress in Turku präsentiert, der die Sprachkenntnisse der Quänen in Raisia in einer Tabelle nach der zuerst erlernten Sprache zusammenfasste und ein sehr positives Ergebnis erzielte. Die Diglossie und Zweisprachigkeit der Finnen in Tornedalen (Nordostschweden) wurde von Jaakkola (1976:75) erforscht. Die zweite Frage (*Würden Sie den überlebenden Dialekt erlernen?*) wurde folgendermaßen beantwortet (Tabelle: Nelu Bradean-Ebinger, 1983):

Erstsprache %	Ja	Nein	Ja zu Nordlappisch	Ja zu Lule- und Pitelappisch	Ja zu Südlappisch	
					Ja	Keine Antwort
Nordlappisch	48,7	1,3	50,0			
Pite- und Lulelappisch	69,2	3,9		26,9		
Südlappisch	47,6	14,3	9,5		23,8	4,8
Südlappisch (Schwedisch)	61,1	11,2			27,8	
Schwedisch	66,7	25,0	8,3			
Finnisch	71,4	28,6				
Norwegisch (nur wenige Personen)	100					

Aufgrund der Forschungen von Jaakkola stellen wir die Funktionen der beiden Sprachen (Finnisch und Schwedisch) in folgender Tabelle dar (Tabelle: Nelu Bradean-Ebinger, 1983):

	Finnisch %	Beide %	Schwedisch %
Privatleben:			
Sprache gesprochen mit:			
Mutter	69	9	22
Ehepartner	52	23	25
Geschwistern	45	22	33
Kindern	29	22	49
Freunden	22	55	23
Öffentliches Leben:			
Sprache gebraucht für:			
Kirche (Laestadianismus)	47	41	12
Vereinsleben	35	11	54
Arbeit	33	21	46
Einkaufen	26	18	56
Klub	11	16	73
Verwaltung	9	7	84

Die meist erforschte Zweisprachigkeitssituation ist die der Schweden in Finnland. Aufgund von Reuter (1979:174-175) stellen wir das Finnland-Schwedische als Minoritätssprache und Regionalvarietät die Sprachdominanz der beiden Sprachen (Schwedisch und Finnisch) folgendermaßen dar (Tabelle: Nelu Bradean-Ebinger, 1983):

Zu Hause:	Schwedisch
In der Schule:	Schwedisch, aber der Unterricht in Finnisch gilt als sehr wichtig
Hohe Kultur:	vorwiegend Schwedisch, aber auch Finnisch (Lesen, Theater, kulturelle Veranstaltungen)
Volkskultur:	beide Sprachen, aber eine klare Dominanz des Finnischen in Bereichen wie Fernsehen, Rundfunk, Sport usw. Kirche vorwiegend Schwedisch
Kirche:	vorwiegend Schwedisch
Im Kontakt mit der Regierung:	beide Sprachen, trotz des formellen Rechts, Schwedisch zu gebrauchen, verwenden viele Bilinguale Finnisch als konventionelle Sprache

Hansson (1982:93) untersuchte die Lage der schwedischen Sprache in Oulu (Uleåborg), eine Stadt, die ihre Schriftsprache gewechselt hat; früher war sie schwedisch, 1880 aber waren nur noch 8% der Bevölkerung Schweden, ähnlich wie heute. Helander (1982) erforschte die Stellung der finnischen und lappischen Sprache in Övre Soppero (Schweden), wo die finnische Bevölkerung eine kleine Minderheit in einer Stadt mit lappischer Mehrheit bildet. Der größte Teil der Bevölkerung ist dreisprachig (lappisch-finnisch- schwedisch). Die Zweisprachigkeit der Färöer und Grönländer wurde von Rischel (1983) analysiert, der die Sprachpolitik Dänemarks in seinen beiden nordatlantischen Gebieten (Färöische-Inseln und Grönland) und das Überleben der beiden einheimischen Sprachen untersuchte. Beide Sprachen hätten gleiche Rechte wie das Dänische erhalten, das Dänische spiele aber immer noch die Hauptrolle, dominiere die Lebensbereiche, während das Eskimoische und Färöische nur als Haussprache funktionierten und als zweite Schulsprache unterrichtet würden. Dabei sei das Färöische dem Grönländischen einen weiten Schritt voraus; dank einer konsequenten Sprachplanung habe sich ein Standard-Färöisch, eine Normsprache, herausgebildet, die dem Dänisch immer mehr ebenbürtig werde (Haugen 1979, Ferguson 1983:29).

Die drei skandinavischen Sprachen (Norwegisch, Schwedisch, Dänisch) sind als nahverwandte Idiome untereinander leicht zu verstehen. Die nach Maurud (1976:141) berechnete Prozentsätze bei Lese- und Hörverstehen unter den drei Sprachen stellen wir in der folgenden Tabelle dar (Tabelle: Nelu Bradean-Ebinger, 1983):

dänische Schriftsprache in Norwegen	93,1%
norwegische Schriftsprache in Dänemark	88,9%'
norwegische Schriftsprache in Schweden	86,4%
schwedische Schriftsprache in Norwegen	89,1%
dänische Schriftsprache in Schweden	68,7%
schwedische Schriftsprache in Dänemark	68,9%
dänische Rede (gesprochene Sprache) in Norwegen	72,8%
norwegische Rede in Dänemark	68,7%
norwegische Rede in Schweden	48,3%
schwedische Rede in Norwegen	87,6%
dänische Rede in Schweden	22,8%
schwedische Rede in Dänemark	42,8%

Was die direkten und indirekten nachbarsprachlichen Beziehungen im fennoskandinavischen Raum betrifft, können diese von finnländischem Gesichtspunkt aus in folgender Tabelle dargestellt werden (Nach Elert 1981:217 – eigene Darstellung von Nelu-Bradean-Ebinger, 1983):

Direkte Beziehungen		Indirekte Beziehungen	
Andere nordische Sprachen		Schwedisch	
		Muttersprache	Kompetenz in Schwedisch als Fremdsprache
Isländisch		Reichsschwedisch	
Färöisch			
	Norwegisch	Finnlandschwedisch	
	Dänisch		
			Schwedisch der Finnen
			Einwandererschwedisch
Wachsende gemeinnordisch Kompetenz			

Die Bestrebungen nach einer gemeinnordischen Sprache sind sehr groß, was auch die Tatsache unterstreicht, dass in allen fennoskandinavischen Ländern die Sprachen (Nachbarsprachen) in der Schule als Fremdsprache unterrichtet werden (vielleicht außer Finnisch, das neben Lappisch nur als Minderheitssprache gelehrt wird).

Vor einiger Zeit erschien in der *Péter-Hajdú-Festschrift* eine Studie von Bátori (1983) über die Zweisprachigkeit bei den finnisch-ugrischen Völkern. Darin äußerte der Verfasser, die Zweisprachigkeit müsse in Zukunft in einem breiteren kommunikationswissenschaftlichen und soziolinguistischen (kontaktlinguistischen) Rahmen behandelt werden, weil nur so die diese Erscheinung bestimmenden Faktoren wissenschaftlich auf zufriedenstellende Weise beschrieben werden könnten. Zweisprachigkeit und Sprachkontakt seien nicht auf ein einziges Schema zu reduzieren; innerhalb der finnisch-ugrischen Sprachen seien drei Grundtypen zu unterscheiden: die Zweisprachigkeit längs der Grenze (ung. *határmenti kétnyelvűség),* die das ganze Volk umfassende Zweisprachigkeit und die Zweisprachigkeit in der Diaspora. Vom Typ der Zweisprachigkeit hänge die Entstehung des Sprachkontakts und des Sprachwechsels ab (Bátori 1983:56). Bátoris Erörterungen (1983:57-58) gelesen stellten wir eine statistische Tabelle über das Verhältnis von Ein- und Zweisprachigen bei den Finnougriern. Selbstverständlich sind diese Daten heute (2017) als Augenzeugen einer bestimmten, längst vergangenen Zeit:

	Das einsprachige Hinterland		Finnougrier in einem anderen Nationalstaat		
	nationale Einsprachige	nicht nationale Zweisprachige	als Minderheit längs der Grenze	als Volksnationalität	in der Diaspora
Ungarn in					
Ungarn	10.401.871	311.000			
Rumänien			1.672.000		33.810
ČSSR⁴			559.801		19.816
Jugoslawien			385.356		41.511
Sowjetunion			158.446		12.107
Österreich			um 4000		
Westeuropa					um 200.000
Amerika					990.000
sonstig					um 60.000
Finnen in					
Finnland	4.476.807	310.971			
Schweden			?		181.481
Sowjetunion			20.099		56.000
Amerika					um 20.000
Esten in					
der Sowjetunion	947.812	65.592	16.000		56.000
Schweden					15.000
Amerika					85.000
Mordwinen				338.898	852.867
Tscheremissen				306.627	315.334
Syrjänen				386.967	90.501
Wotjaken				479.702	233.994
Ostseefinnen				87.138	60.133
Ostjaken				11.219	9.715
Wogulen	*43.933*				
Lappen				41.000	

(Tabelle: Nelu Bradean-Ebinger, 1983)

In den seither vergangenen 34 Jahren sind diese Zahlen bei mehreren ethnischen Gruppen erheblich eingeschrumpft worden. Die Zahl der Magyaren in Siebenbürgen (Rumänien) – auf Grund der heutigen ungarischen Statistiken – rückte auf 1.234.000.[5]

Die Biglosse

„Zwei- und Mehrsprachigkeit ist ein Phänomen der linguistischen Kontaktgebiete, seit uralten Zeiten in Europa dort verbreitet, wo zwei Nachbarsprachen aneinandergrenzen oder Volkssprachen von fremden Kultursprachen bedient werden." (Décsy

---

[4] Die Daten stellen den Zustand vor dem politischen Systemwechsel von 1990 dar.
[5] http://erdely.ma/kozeletunk.php?id=109815&cim=romaniaban_1_millio_238_ezer_magyar_el

1973:233) Durch längeres Zusammenleben zweier oder mehrerer Volksgruppen entsteht allmählich eine kollektive Zwei- oder Mehrsprachigkeit, sei es in Grenzgebieten oder Sprachinseln. Die sprachlichen Kontaktgebiete in Europa bieten ein reiches und mannigfaltiges Material zur Erforschung der Zweisprachigkeit.

Betrachtet man die sprachliche Karte Europas etwas genauer, fallen zwei interessante Erscheinungen auf: Zum einen, dass auf dem Gebiet Europas in genetischer Hinsicht zwei große Sprachfamilien leben (ungefähr 95% der Bevölkerung sprechen eine indoeuropäische und ungefähr 4% eine uralische, finnisch-ugrische und samojedische Sprache) (Décsy 1973:181). Zum andern aber ergibt sich die vielleicht noch interessantere Tatsache, dass sich beide Sprachfamilien im Herzen Europas treffen: Von der Nordsee bis zur Adria erstreckt sich die Berührungslinie der zu 150 beiden Familien gehörenden Sprachen. Auf beiden Seiten dieser Linie lebt im Allgemeinen eine gemischte Bevölkerung im Zustand natürlicher Zweisprachigkeit; es sind Menschen, die eine indoeuropäische und eine uralische Sprache beherrschen. Sehen wir uns diese Sprachen paarweise einmal konkret an: Lappisch-Norwegisch, Lappisch-Schwedisch, Lappisch-Russisch, Finnisch-Schwedisch, Estnisch-Schwedisch, Karelisch-Russisch, Samojedisch (Jurakisch)-Russisch, kleine uralische Sprachen (Tscheremissisch, Syrjänisch, Ostjakisch usw.) -Russisch, Estnisch-Russisch, Estnisch-Deutsch, Ungarisch-Russisch (Ukrainisch), Ungarisch-Slowakisch, Ungarisch-Deutsch, Ungarisch-Rumänisch und Ungarisch-Serbokroatisch[6]. (Karte 1)

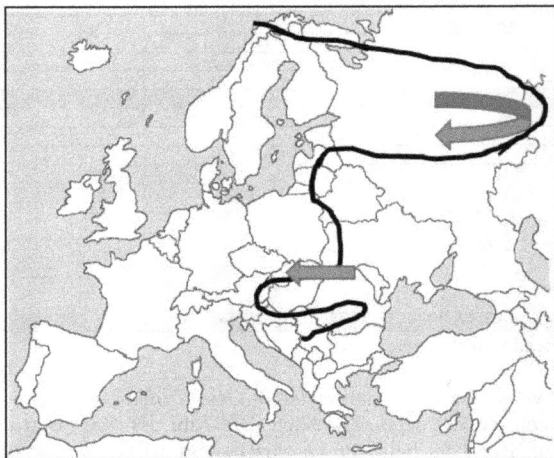

Karte 1. Linie der osteuropäischen Biglosse. Vom Norden nach Osten und Süden der Reihe nach: Lappisch-Norwegisch, Lappisch-Schwedisch, Lappisch-Russisch, Finnisch-Schwedisch, Estnisch-Schwedisch, Karelisch-Russisch, Samojedisch (Jurakisch)-Russisch, kleine uralische Sprachen (Tscheremissisch, Syrjänisch, Ostjakisch usw.) -Russisch, Estnisch-Russisch, Estnisch-Deutsch, Ungarisch-Russisch (Ukrainisch), Ungarisch-Slowakisch, Ungarisch-Deutsch, Ungarisch-Rumänisch und Ungarisch-Serbokroatisch. (Eigene Skizze von Nelu Bradean-Ebinger, 1983)

---

[6] Heute ungarisch-serbisch, ungarisch-kroatisch.

Interessanterweise ist in der Sprachwissenschaft – und in erster Linie in der Soziolinguistik – bisher immer nur der Kontakt zweier konkreter Sprachen, d.h. bei fast allen erwähnten Sprachen die *bilaterale* Zweisprachigkeit, untersucht worden. Es würde sich eine wahre Fundgrube eröffnen, wenn man nicht nur zwei konkrete Sprachen ins Auge fasste, sondern alle Sprachen betrachtete, die zwei verschiedenen Sprachfamilien angehören und miteinander gleichsam im Zustand der Zweisprachigkeit leben. Der Titel der Arbeit könnte lauten: *„Indo-uralische Zweisprachigkeit".*

Kehren wir zur Berührungslinie der beiden Sprachfamilien zurück und versuchen wir, sie zu benennen! Das ist kein leichtes Unterfangen, weil sich in der Dialektologie die Bezeichnung *Isoglosse,* in der Soziolinguistik aber die Benennung *Diglossie* schon eingebürgert hat! Da Latein die Sprache der internationalen Linguistik ist, entnehmen wir dem lateinischen Begriff *Bilinguismus* die Silbe. 'Bi' + 'Glosse' > 'Biglosse', also in unserem Fall die Bezeichnung indo-uralische Biglosse. Wir sind der Meinung, diese Bezeichnung *Biglosse* könnte nicht nur im Falle zweier genetischer Sprachfamilien verwendet werden, sondern auch im Kontakt zweier beliebiger Sprachen, unabhängig von ihrer Herkunft. Wir schlagen also die Einführung der *Biglosse* in die sich in den letzten Jahren entfaltende Kontaktlinguistik vor. (Siehe Karte 1)

Bevor wir mit der synchronen Untersuchung der *indo-uralischen Biglosse* beginnen, wollen wir kurz darstellen, was die Sprachgeschichte über die Beziehungen der beiden Sprachfamilien weiß. Es gibt mehrere Hypothesen über die indo-uralischen Kontakte. Um der Lösung der Frage nach den indo-uralischen Beziehungen näherzukommen, ist eine ausschließlich diachrone Untersuchung unzureichend. Auch ein synchroner Vergleich ist nötig; hier könnte man gerade bei der komplexen Erforschung der Zweisprachigkeit, in erster Linie bei der Untersuchung der *indo-uralischen Biglosse*, überraschende Ergebnisse erzielen.

Im Folgenden vergleichen wir die aufgeführten Sprachenpaare auf jeder sprachlichen Ebene (Phonologie, Morphologie, Syntax und Lexik) und heben die gemeinsamen sprachlichen Erscheinungen hervor. In jeder dieser Sprachen existieren folgende fünf Vokalphoneme: (Tabelle: Nelu-Bradean-Ebinger, 1983):

u		i
o		e
	a	

Bei den Konsonannte sieht es so aus (Tabelle: Nelu Bradean-Ebinger, 1983):

p		t		k
		s		
	v		j	
m		n		
		l		
		r		

Wichtige Kennzeichen europäischer Sprachen sind die Vokalharmonie (vor allem in den uralischen Sprachen) und der Umlaut (in erster Linie in den germanischen Sprachen). Das Lappische hat zum Beispiel seine ursprüngliche Vokalharmonie aufgegeben und ist – sicherlich durch germanischen Einfluss – auf den Umlaut übergewechselt.

Auf morphologischer Ebene fallen folgende Erscheinungen ins Auge: Im Gegensatz zu den drei indoeuropäischen grammatischen Genera gibt es in den uralischen Sprachen kein Genus. Dort existieren Oppositionen wie (Tabelle: Nelu Bradean-Ebinger, 1983):

Deutsch	Finnisch	Ungarisch
wer/was	kuka/mitä	ki/mi
König/Königin	kunigas/kunigatar	király/kiránymé/-nő

Die wichtigsten Flexionskategorien sind: die Deklination der Nomina, die Konjugation der Verben und außerdem in den uralischen Sprachen eine Possessivdeklination. Die Zahl der Deklinationssuffixe liegt zwischen 2 (z.B. im Schwedischen) und 30 (z.B. im Ungarischen). Die uralischen Sprachen sind größtenteils agglutinierend. Das Estnische weist sehr viele flektierende Elemente auf – genauso wie die indoeuropäischen Sprachen. Das Finnische, eine zwar synthetische Sprache, verwendet dagegen viele analytische Elemente (z.B. Genitiv + Zwo-Postposition 'bei jemandem', die im Ungarischen als Suffix vorhanden ist: *-nál /-nél).*

Die Komparation der Adjektive erfolgt fast überall mit Hilfe synthetischer Elemente: (Deutsch: *schön-schöner-schönste;* Ungarisch: *szép-szebb-legszebb,* Finnisch: *kaunis-kaunempi-kauniin, suuri-suurempi-suurin).* In jeder europäischen Sprache existieren Singular und Plural. In einigen Sprachen wie Lappisch, Jurakisch, Friesisch, Baltisch, Sorbisch, Slowenisch und Isländisch gibt es zusätzlich den Dual. Die meisten Sprachen weisen Verbalpräfixe auf: (z.B. aus dem Deutschen führen sie ins Ungarische, aus dem Deutschen [Schwedischen] ins Finnische und Estnische). Die wichtigsten Formen der Wortbildung sind Zusammensetzung und Derivation (mit Prä-, In- und Suffixen).

In der Syntax lässt sich folgendes beobachten: überall sind die wichtigsten Satzglieder (Subjekt, Prädikat, Objekt, Attribut, Adverbialbestimmungen) und das zusammengesetzte Prädikat (mit Kopula) vorhanden. Mit Ausnahme des Ungarischen gibt es in den uralischen Sprachen – wie in den meisten indoeuropäischen Sprachen – keinen bestimmten Artikel. Im Ungarischen, Mordwinischen und Jurakischen existieren zwei Konjugationsformen: subjektive und eine objektive Konjugation. Die Unbestimmtheit wird im Finnischen, da kein bestimmter Artikel vorhanden ist, durch den Partitiv, die Bestimmtheit dagegen durch Nominativ und Akkusativ ausgedrückt (determinierte-indeterminierte Opposition: z.B. (Finnisch) *luen kirjan* 'ich lese das Buch' (-n Akk.), *luen kirjaa* 'ich lese ein Buch' (*-a* Part.). Interessant ist ferner die Erscheinung, dass eine Adjektivdeklination – also die Kongruenz des Attributs der indoeuropäischen Sprachen – nur im Deutschen und in den slawischen und baltischen Sprachen vorkommt. Sie ging auch aufs Finnische über: z.B. (Fi.) *suuressa talossa* 'in einem großen Haus'.

Beiden Sprachfamilien gemeinsam ist auch die Existenz der zwei Fragetypen, nämlich der Entscheidungs- und Ergänzungsfrage. Im Finnischen sind bei der Entscheidungsfrage die Fragesuffixe -ko/kö vorhanden. Eine gemeinsame Charakteristik zeigen die zusammengesetzten Sätze. Sie bilden die Koordination und die Subordination (Beiordnung und Unterordnung). Alle diese typologischen Strukturmerkmale auf phonologischer, morphologischer und syntaktischer Ebene sind auf jahrhundertelange Kontakte der zu beiden genetischen Familien gehörenden Sprachen zurückzuführen, was ohne Zweifel auch in der Zweisprachigkeit sichtbar wird.

Die stärkste Wechselwirkung ist natürlich in der Lexik festzustellen, wo die Beispiele auch interessanter, anschaulicher und plastischer sind. Im Folgenden seien einige lexikalische Beispiele (Entlehnungen, Interferenzen, Transferenzen usw.) aus den beiden größten Kontaktgebieten der indo-uralischen Sprachen, aus dem skandinavischen Areal und aus dem Sprachraum des Karpatenbeckens angeführt. Hierbei kann das andere riesige Kontaktgebiet, und zwar das zwischen Russen und Uraliern, nur kurz erwähnt werden (Bátori 1980). Entlehnungen aus dem Schwedischen ins Finnische: (Schwedisch.) *stad* > (Finnisch) *etadi* 'Stadt'; *grav* > *gravari, skravari* 'Grab'; *frimärke* > *friimerkki* 'Briefmarke'; (schwed. Jargon) *böna* > (Finnisch) *bööna* 'Frau, Weib' und eine Entlehnung aus dem Russischen ins Finnische: (Russisch) *čaj* > (Finnisch) *tsaju, tsaiju* 'Tee' (Karttunen 1979:7-20).

In Siebenbürgen (Transsylvanien), wo seit mehr als sieben Jahrhunderten drei Völker (Ungarn, Deutsche und Rumänen) nebeneinanderleben, hat sich der Einfluss der Staatssprache, des Rumänischen, sehr verstärkt. In der Alltagssprache der Siebenbürger Sachsen und Ungarn kommen solche Spiegelübersetzungen wie z.B. *telefont adok* 'ich gebe dir ein Telefon' statt 'anrufen' vor, die wortwörtlich aus dem Rumänischen übersetzt werden. Solche Äußerungen sind mit der sprachlichen Interferenz zu erklären, ganz zu schweigen von der Sprachmischung, durch welche rumänische Bezeichnungen für neue Begriffe in die ungarische und deutsche Sprache in Siebenbürgen gelangen.

Das bunteste sprachliche Bild hat sich im Banat (gehört heute größtenteils zu Rumänien) entfaltet, wo man auch heute noch von Mehrsprachigkeit sprechen kann. In Temesvár (offiziell: Timişoara), zum Beispiel lernten die Kinder sogar vier Sprachen (Ungarisch, Rumänisch, Deutsch, Serbisch) voneinander auf der Straße, aber jetzt überwiegt hier der rumänische Einfluss.

Es sei mir nun gestattet, ein Beispiel aus meiner Verwandtschaft zu bringen; meine Urgroßmutter verließ ihr ganzes Leben lang nie ihr Heimatdorf, und trotzdem besaß sie vier Staatsbürgerschaften, die österreichische, ungarische, serbische und rumänische, im Laufe ihres Lebens. Bei ihr war eine Sprachmischung interessanterweise weder in der Aussprache noch in der Grammatik und Lexik wahrzunehmen. Sie sprach alle vier Banater Sprachen flüssig und rein: ihre deutsche Muttersprache, Ungarisch, Serbisch und Rumänisch. Bei den beiden letztgenannten Sprachen verfügte sie natürlich über einen geringeren Wortschatz. Bei den heutigen Banater Jugendli-

chen ist eine ziemlich starke Sprachmischung zu spüren, und die rumänische Artiku-
lationsbasis schimmert durch.[7]

Auch in der Wojwodina (heute Serbien) übt das Serbische einen starken Einfluss auf
das Ungarische aus. János Kossa, Sprachwissenschaftler und -politiker, widmete sein
ganzes Leben der Pflege der ungarischen Sprache in dem ehemaligen Jugoslawien und
der komplexen Erforschung der ungarisch-serbisch-kroatischen Zwei- oder Dreisprachigkeit. Die folgenden Beispiele stammen aus seinen auch in Ungarn bekannten und
beliebten Werken: *A mi nyelvünk* (Unsere Sprache), Újvidék (offiziell: Novi Sad), 1978,
und *Nyelvünk fűszerszámai* (Die Gewürze unserer Sprache) Budapest, 1979. Wenn er
die auf „serbo–kroatischen"[8] Einfluss zurückzuführenden Verstöße gegen die Normen
der ungarischen Muttersprache analysiert und beurteilt, greift er – über die sprach-
pflegerische Absicht hinaus – tief in die Natur der Sprachen ein und erzeugt dadurch
ein muttersprachliches Bewusstsein mit verdoppelter Stärke. Eine der auffallendsten
Erscheinungen der serbokroatischen Sprache ist ihr überflüssiger Gebrauch von
Fremdwörtern. Der Ökonom spricht statt des ungarischen Wortes *kockázat* 'Risiko'
vom *reszkir* der Produktion, der Reporter bezeichnet den Schalter auf der Post mit
salterablak, der Theaterkritiker erwähnt-die Pointen und Höhepunkte eines Dramas
als *poénozási rendszev;* im öffentlichen Leben wird über die Affirmation der sozialen
Bewegung gesprochen: *a mozgalom affirmálódásáról* usw.

(Kossa 1979:63). Das Einflechten serbischer Wörter in die ungarische Rede und
Schriftsprache gilt als alltägliche Erscheinung in Gebieten mit gemischter Bevölkerung. Es ist wohl auf Aspektunterschiede zwischen den beiden Sprachen zurückzuführen, wenn man die Welt heute im Serbischen im rosaroten (*rózsaszínű*), im Ungarischen aber im rosigen Licht *(rózsás)* sieht. Genauso ist es bei Zusammensetzungen
wie 'Tag und Nacht', 'Winter und Sommer' *(éjjel-nappal, télen-nyáron),* die im Serbokroatischen in umgekehrter Reihenfolge verwendet werden: 'Nacht und Tag', *(nappal-
éjjel)* (Kossa 1979:170). Nimmt man diese Erscheinung genauer unter die Lupe, findet
man als Motive für diese Reihenfolge Fragen der Vokalharmonie, des Rhythmus oder
der Lautung.

In den indoeuropäischen Sprachen gibt es keine zweifache oder gar dreifache Negati-
on, wie dies im Ungarischen der Fall ist; deshalb ist auch das ungarische Wort
nincstelen 'besitzlos' – wörtlich 'nichtslos' – nicht regelwidrig (Kossa 1979: 13). In den
indoeuropäischen Sprachen sagt man: 'Kommen Sie in acht Tagen wieder', im Ungarischen: *Jöjjön egy hét múlva* 'Kommen Sie'in einer Woche wieder' (Kossa 1979:20). Die
wörtliche Übersetzung von Redewendungen ergibt zuweilen humorvolle Ausdrücke;
z.B.: im Serbokroatischen: *megfogtam az isten szakállát* 'ich halte Gott am Bart' statt
ungarisch *megfogtam az isten lábát* 'ich halte Gott am Bein', was ins Deutsche mit 'viel
Glück haben' übersetzt werden könnte (Kossa 1979:275).

Ähnliche lexikalische Interferenzen könnten auch bei anderen Kontakten angeführt
werden; z.B. bei der deutsch–ungarischen Relation oder – umgekehrt – bei der

---

[7] Das bezieht sich auf die Umstände in den 1980er Jahren, aber die Lage hat sich bis auf heute fast gar
nicht verändert.
[8] Seit der Auflösung Jugoslawiens ist der Ausdruck „serbo-kroatisch" in das Reich der sprachlichen
Archaismen hinübergetreten.

ungarndeutschen Minderheit. Die angeführten Beispiele aus verschiedenen Schichten der Zweisprachigkeit können nur eine Kostprobe geben, die als ein Fragment einer gesonderten Studie zu verstehen ist und lediglich auf die verschiedenen Tendenzen in der indo-uralischen Zweisprachigkeit hinweist. Auch unsere vorliegende Fallstudie dient dem Zweck, mittels Erfrischung dieser sehr wichtigen linguistischen (und Europa-politischen) Fragestellung den Grundstein einer tief eingehenden Biglosse-Forschung niederzulegen.

Schlussfolgerungen. Notwendigkeit eines erweiterten Forschungsprojekts

Wenn man die Sprachenkarte Europas nochmals aufmerksam betrachtet, so ist festzustellen, dass die uralischen Sprachen und Völker gleichsam zwischen den germanischen und slawischen angesiedelt sind, sich also geographisch wie ein Keil dazwischen schieben (Siehe Tabelle: Nelu-Bradean-Ebinger, 1983): Das Rumänische enthält trotz seiner lateinischen Herkunft viele slawische Elemente; etwa 30% seines Wortschatzes sind slawischen Ursprungs.

Indoeuropäisch		
Germanisch	**Uralisch**	**Slawisch**
Norwegisch	Lappisch (Samisch)	Russisch
Schwedisch	Finnisch	Ukrainisch
Deutsch	Karelisch	Slowakisch
	Estnisch	Serbisch [Rumänisch]
	Ungarisch	Kroatisch
	Kleinere uralische Sprachen	Möglichst: *sorbisch* (?)

Eine andere Besonderheit ist die Tatsache, dass alle uralischen Völker Minderheiten sind und in den meisten Staaten über Nationalitätenrechte verfügen, die vor allem im Muttersprachenunterricht und bei der Entfaltung ihres kulturellen Lebens zum Ausdruck kommen. Aber diese Problematik würde bereits den thematischen Rahmen dieser Arbeit sprengen und ein ganz anderes Gebiet der sprachlichen Kontaktforschung berühren.

Durch eine synchrone Untersuchung der oben skizzierten Biglosse kann man zu Ergebnissen gelangen, welche die Frage der indo-uralischen Sprachkontakte auch sprachhistorisch in ein völlig anderes Licht rücken; während durch die komplexe Erforschung der indo-uralischen Zweisprachigkeit in Europa neuartige soziolinguistische Erkenntnisse zu Fragen der sprachlichen Koexistenz erzielt werden können (Siehe dazu Fehér [1983:4] in seiner Besprechung der Studie von Bradean-Ebinger 1983a).

Die Einführung unseres Begriffes *Biglosse* in die Sprachkontakt- und Bilingualismusforschung als Terminus für die bilingualen Kontaktlinien von zweisprachigen Sprachgemeinschaften erscheint uns deshalb als durchaus nützlich und notwendig. Das weist indessen schon auf eine weitere Problematik hin, die den Stoff des künftigen, geplanten Forschungsprogramms bildet. Dort geht es um die soziolinguistische Analyse der Zweisprachigkeit.

Ausgewählte Literatur:

* Adler, M. K. (1977): Collective and Individual Bilingualism: a Sociolinguistic Study, Hamburg.
* Aikio, M. (1980): Saamen kielen asema ja käyttö Suomessa. In: CQJFU Pars I.
* Baetens-Beardsmore, H. (1982): Bilingualism: Basic Principles. Brussel.
* Baetens-Beardsmore, H. (ed.) (1983): Elements of Bilingual Theory. Brussel.
* Balázs, L. (1978): Az indouráli nyelvrokonságelmélete tipológiai szempontból [Die Theorie der indouralischen Sprachverwandschaft aus typologischer Sicht]. In: Általános Nyelvészeti Tanulmányok, 12. S. 5–27.
* Balázs, L. (1981): A kétnyelvűség néhány szociológiai vonatkozása [Einige soziologische Aspekte der Zweisprachigkeit]. In: Korunk Évkönyv. Kolozsvár. S. 68–72.
* Bátori, I. (1983): Kétnyelvűség a finnugor népeknél [Zweisprachigkeit bei den finnougrischen Völkern]. In: Uralisztikai tanulmányok (Hrsg.: Bereczki, G.). Budapest, S. 49–62.
* Bjørklund, I. (1978): Kvaen – same – norsk (magister avhandling). Tromsø.
* Bradean-Ebinger, N. (1991): Sprachkontakte und Zweisprachigkeit in Fennoskandinavien. Soziolinguistische Aspekte der Zweisprachigkeit im nördlichen Areal. Budapest.
* Cathomas, B. (1977): Erkundungen zur Zweisprachigkeit der Rätoromanen. Eine soziolinguistische und pragmatische Leitstudie. H. Lang – Bern, P. Lang – Frankfurt/M.
* Clyne, M. G. (1975): Forschungsbericht Sprachkontakt. Untersuchungsergebnisse und sprachliche Probleme. Kronberg/Ts.
* Comrie, B. (1981): The Languages of the Soviet Union. Cambridge Univ. Press.
* Décsy, Gy. (1973): Die linguistische Struktur Europas. Vergangenheit – Gegenwart – Zukunft. Wiebaden.
* Ejerhed, E. (utg.) (1981): Tvåspråkighet. Föredrag från tredje Nordiska Tvåspråkighetssymposiet. Umeå.
* Fishman, J. A. (ed.) (1978): Advances in the Study of Societal Multilingualism. The Hague.
* Gal, S. (1979): Language Shift. Social Determinants of Linguistic Change in Bilingual Austria. New York.
* Haarmann, H. (1979a): Quantitative Aspekte des Multilingualismus. Studien zur Gruppenmehrsprachigkeit ethnischer Minderheiten in der Sowjetunion. Hamburg.
* Haarmann, H. (1980): Multilingualismus. 1. Probleme der Systematik und Typologie. 2. Elemente einer Sprachökologie. Tübingen.
* Hansegård, N. E. (1968): Tvåspråkighet eller halvspråkighet? Stockholm.
* Hansegård, N. E. (1979): Kaksikielisiä val puolikielisiä? Vaasa.
* Haugen, E. (1956): Bilingualism in the Americans: bibliography and research guide. Alabama.
* Hinderling, R. (Hrsg.) (1986): Europäische Sprachminderheiten im Vergleich. Deutsch und andere Sprachen. Franz Steiner-Verlag. Wiesbaden.
* Jaakkola, M. (1973): Språkgränsen. En studie i tvåspråhighetens sociologi. Stockholm.
* Kelly, L. G. (ed.) (1969): Description and Measurement of Bilingualism. Toronto.
* Kossa, J. (1979): Nyelvünk fűszerszámai [Die Gewürze unserer Sprache]. Újvidék [Novi Sad].
* Lambeck, K. (1984): Kritische Anmerkungen zur Bilingualismusforschung. Tübingen.
* Lewis, E. G. (1972a): Multilingualism in the Soviet Union. Aspects of Languages Policy and its Implementation. The Hague.
* Lewis, E. G. (1972b): Bilingual Education. The Hague.
* Loewe, R. (1888): Die Dialektmischung im magdeburgischen Gebiete. In: Jahr-

buch des Vereins für niederdeutsche Sprachforschung. Jahrgang 1. S. 14–52.

- Loewe, R. (1890): Zur Sprach- und Mundartforschung. In: Zeitschrift für Völkerpsychologie und Sprachwissenschaft. Jahrgang 20. S. 261–305.
- Mackey, W. F. (1968): The Description of Bilingualism. In Fishman, J. A. (1968): Readings in the Sociology of Language. The Hague. S. 554–584.
- Mackey, W. F. (1972a): Bibliographie internationale sur le bilingualisme – International Bibliography on Bilingualism. Quebec, Laval.
- Mackey, W. F. (1972b): Bilingual Education in a Bilingual School. Rowley (Mass.)
- Mackey, W. F. (1976): Bilinguisme et contacte des languages. Paris.
- Márton, Gy. (1960): Adalékok a bilingvizmus kérdéséhez [Angaben zum Problem des Bilinguismus]. In: Nyelv- és Irodalomtudományi Közlemények. (Kolozsvár) IV, 3–4. S. 269–275).
- Nelde, P. H.: (1983b): Plurilingua. I–IV. Bonn.
- Oksaar, E (1961): Kaksikielisyyden ongelmasta. In: Vir. 65. S. 388–395.
- Oksaar, E (1972): Bilingualism. In: Current Trends in Linguaistics, ed. by Thomas A. Sebeok. The Hague, Vol. 9. S 476–511.
- Österberg, T. (1961): Bilingualism – and the first school language an educational problem illustrated by results from a Swedish dialectal area. Umeå.
- Paunonen, H. (1980): Introduction to the Central Problems in Bilingualism. In CQJFU, Pars III, S. 276–285.
- Rot, S. (1979): On the Peculiarities of Linguistic Interference in the Languages of the Northern part of the Euro–Asien Linguistic Area. In: Acta Linguistica Akademiae Scientiarum Hungaricae (Budapest) 29. S. 71–91.
- Rot, S. (1983): A kárpáti nyelvi area két- és többnyelvűségének kérdései [Sprachliche Probleme der Zwei- oder Mehrsprachigkeit des sprachlichen Areals der Karpaten]. In: Balázs, J. (Hrsg.) (1983): Areális nyelvészeti tanulmányok [Areallinguistische Studien]. Budapest.
- Ruke-Dravina, V. (1967): Mehrsprachigkeit im Vorschulalter. Lund.
- Schliebe, G. (1939): Schriftumschau zur Psychologie der Zweisprachigkeit. In: Deutsches Archiv für Landes- und Volksforschung 3. S. 475–488.
- Schuchardt, H. (1884): Slawo-Deutsches und Slawoitalienisches. Graz.
- Wandruszka, M. (1979): Die Mehrsprachigkeit des Menschen. München.
- Weinreich, U. (1953): Languages in Contact. Finding and Problems. New York.
- Weiss, A. von (1959): Hauptprobleme der Zweisprachigkeit. Eine Untersuchung auf Grund deutsch/estnischen Materials. Heidelberg.

[Weitere Literaturangaben siehe: Bradean-Ebinger, N. (1991): Sprachkontakte und Zweisprachigkeit in Fennoskandinavien. Soziolinguistische Aspekte der Zweisprachigkeit im nördlichen Areal. Budapest. S. 215–245].

Nelu Bradean-Ebinger (Corvinus-Universität Budapest):

EIN PLÄDOYER FÜR DIE DEUTSCHE SPRACHE IN DER EU

Kippt die EU nach dem BREXIT Englisch als Amtssprache?

Nach dem EU-Austrittsvotum der Briten hat Bundestagsvizepräsident Johannes Singhammer eine neue Sprachenpolitik in der EU gefordert. Dabei wandte sich der CSU-Politiker gegen die Dominanz des Englischen. Der Austritt von Großbritannien spricht dagegen, Englisch in der EU als Quasi-Einheitsamtssprache auf Kosten anderer Sprachen einzuführen, sagte Singhammer den Zeitungen des Redaktionsnetzwerks Deutschland. Er forderte, dass Deutsch und Französisch als Arbeitssprachen nicht länger diskriminiert werden. Deutsch ist eine der 24 Amtssprachen der EU, in die alle Gesetze übersetzt werden. Außerdem ist Deutsch neben Englisch und Französisch eine der drei Arbeitssprachen der EU-Kommission. Englisch hat sich allerdings zunehmend als die vorherrschende Sprache der EU vor allem in internen Beratungen etabliert.

Tatsächlich ist es so, dass Englisch nach dem Brexit seinen Status als Amtssprache in der EU verliert. Denn nur Großbritannien hatte Englisch als Amtssprache geltend gemacht. Die beiden anderen englischsprachigen Länder, Irland und Malta, hatten sich bei der EU mit ihrem Regionalsprachen angemeldet: Irland mit Gälisch und Malta mit Maltesisch. Jedes Land hat das Recht, eine Amtssprache einzureichen. Die Schlussfolgerung heißt dementsprechend: Wenn Großbritannien raus ist, ist auch Englisch nach derzeitigem Recht nicht mehr Amtssprache.

Als die Briten 1973 der EG beitraten, war die bevorzugte Amtssprache noch das Französische. Mittlerweile ist Englisch die dominierende Sprache – das könnte der Brexit nun ändern.

Nach einem Austritt Großbritanniens aus der Europäischen Union verliert Englisch seinen Status als Amtssprache in der EU. Darauf hat das EU-Parlament vor kurzem hingewiesen. Zur Begründung sagte die Vorsitzende des Ausschusses für konstitutionelle Fragen, Danuta Hübner, nur die britische Regierung habe Englisch als Amtssprache geltend gemacht. Irland und Malta als weitere englischsprachige Länder hätten sich auf Gälisch beziehungsweise auf Maltesisch festgelegt, erklärte die polnische EU-Abgeordnete. Jedes Land habe nur das Recht, eine Amtssprache einzureichen. Hübner folgerte so, dass ohne Vereinigtes Königreich keine englische Sprache ist.

Englisch wichtigste, deutsch meistgesprochene Sprache

Die EU hat derzeit 24 Amtssprachen. Davon zu unterscheiden sind die drei Arbeitssprachen Englisch, Französisch und Deutsch, die benutzt werden können, wenn kein Dolmetscher bereitsteht. Als wichtigste dieser Arbeitssprachen hat sich Englisch durchgesetzt, das von etwa der Hälfte der Europäer verstanden wird. Vor allem die Osterweiterung der EU 2004 hat dazu beigetragen, weil in Polen oder den baltischen Ländern Englisch als Fremdsprache weitaus geläufiger ist als Französisch. Dass künftig gar kein Englisch mehr in den EU-Institutionen gesprochen wird, ist also eher unwahrscheinlich.

Auch viele wichtige Dokumente liegen oft nur in englischer Sprache vor. Ob sich das ändern wird, ist noch offen. Frankreich hat in den vergangenen Jahren penibel darauf geachtet, dass Französisch als ehemals dominierende Sprache in den EU-Institutionen nicht noch weiter an Bedeutung gegenüber Englisch verliert. Spanien und Italien würden ihren Landessprachen ebenfalls gerne mehr Bedeutung bei den EU-Institutionen in Brüssel, Luxemburg und Straßburg verleihen. In der Praxis wird Deutsch in EU-Kommission, EU-Parlament und EU-Rat seltener verwendet, obwohl es mit einem Anteil von etwa 20 Prozent die am häufigsten verwendete Muttersprache ist.

Die EU-Kommission verfügt mit 1.750 Sprachexperten und 600 Verwaltungsbediensteten über einen der größten Übersetzungsdienste weltweit. Im Dolmetscherdienst der EU-Kommission arbeiten 600 festangestellte Dolmetscher, 3.000 freiberufliche Dolmetscher und 250 Personen als Unterstützungspersonal.

Um die geltenden Regeln zu ändern, ist ein einstimmiger Beschluss der übrigen 27 Mitgliedsländer nötig. Möglich ist, dass Länder ihr Veto dagegen einlegen, um Englisch doch zu behalten. Frankreich hat in den vergangenen Jahren penibel darauf geachtet, dass Französisch als ehemals dominierende Sprache in den EU-Institutionen gegenüber Englisch nicht noch weiter an Bedeutung verliert.

Deutsch ist die am weitesten verbreitete Muttersprache in der EU

Als Fremdsprache liegt sie ungefähr gleichauf mit dem Französischen auf einem geteilten zweiten Platz nach Englisch.Deutsch ist eine von 24 gleichberechtigten Amts- und Arbeitssprachen der EU. Laut Verordnung Nr. 1 von 1958 gilt das Vollsprachenregime – d.h. die Übersetzung in alle Amts- und Arbeitssprachen – für alle Rechtstexte und das Amtsblatt. Jeder Unionsbürger kann sich schriftlich in einer der 24 Amtssprachen an jedes Organ und jede Einrichtung der EU wenden und muss eine Antwort in derselben Sprache erhalten.

Das Vollsprachenregime gilt ebenso bei wichtigen EU-Treffen, z.B. bei allen Tagungen des Europäischen Rates und den formellen Ratstreffen auf Ministerebene.

In einer Reihe weiterer Gremien haben sich feste Traditionen herausgebildet. So wird im Ausschuss der Ständigen Vertreter – dem wichtigen Ausschuss der Botschafter/innen der EU-Mitgliedstaaten - Deutsch/Englisch/Französisch gedolmetscht. In den Gremien der Gemeinsamen Außen- und Sicherheitspolitik wird Englisch und Französisch gesprochen - ohne Dolmetschung.

Seit dem deutlichen Anstieg der Zahl der EU-Amtssprachen 2004 gilt für die Mehrzahl der Ratsarbeitsgruppen das sogenannte Marktmodell. Es erlaubt den Mitgliedstaaten, die Dolmetschung ihrer eigenen Amtssprache zu beantragen. Deutschland beantragt dies, wo immer möglich. Nicht zuletzt weil sich die Mitgliedstaaten an den Kosten beteiligen müssen, führt dies im Vergleich zur Alternative einer gemeinschaftlich finanzierten Volldolmetschung zu erheblichen Einsparungen.

Deutsch genießt als eine von drei Verfahrenssprachen eine Sonderstellung in der Europäischen Kommission: Das Kollegium der Kommissare arbeitet in Deutsch,

Englisch und Französisch und auf Grundlage von Dokumenten, die in diesen drei Sprachen vorgelegt werden müssen.

Das Auswärtige Amt bietet in Kooperation mit dem Goethe-Institut ein umfangreiches, themenorientiertes Sprachkursprogramm speziell für höhere EU-Bedienstete und Ministerialbeamte aus EU-Partnerländern und weiteren europäischen Nachbarländern an, um Deutsch als Arbeits- und Verhandlungssprache in der EU zu stärken.

Doch wenden wir nun die Aufmerksamkeit der Europäischen Union zu. In Europa wird die deutsche Sprache am häufigsten als Muttersprache gesprochen, laut Eurobarometer von rund 90 Millionen Menschen in der EU. Seit der Osterweiterung sprechen überdies rund 63 Millionen Menschen Deutsch als Fremdsprache. Auf der Rangliste der in der Union am häufigsten gesprochenen Fremdsprachen teilt sich die deutsche mit der französischen Sprache inzwischen den zweiten Platz. Allerdings, das sei nicht verschwiegen, ist die englische mit weitem Abstand vor diesen beiden Sprachen die am häufigsten in Europa gesprochene Fremdsprache.

Deutsch genießt als eine von drei *Verfahrenssprachen* eine Sonderstellung in der Europäischen Kommission: Das Kollegium der Kommissare verhandelt aufgrund von Dokumenten, die in Deutsch, Englisch und Französisch vorgelegt werden müssen, mit voller Dolmetschung in diesen drei Sprachen. (Informationen des Auswärtigen Amts, im Internet verfügbar unter: http://www.auswaertiges-amt.de/DE/Europa/ DeutschlandInEuropa/DeutscheSpracheInDerEU_node.html [zuletzt abgerufen am 12. Februar 2017]).

In einem Bericht des British Council wird die deutsche Sprache denn auch als eine vorherrschende regionale Sprache Europas bezeichnet. Gleichwohl besorgt uns die Frage, ob sich die deutsche Sprache in einer entgrenzten Welt wenigstens als Europasprache behaupten wird. Denn jener Bericht des British Council sagt voraus, dass das Deutsche im Jahre 2050 nicht einmal mehr den Status einer Regionalsprache haben werde. Selbst die englische Sprache wird sich laut dem Bericht die Rolle der *Lingua franca* bald mit anderen Sprachen teilen müssen. Voraussagen für das Jahr 2050 prophezeien, dass die chinesische Sprache Mandarin, Hindu/Urdi, Englisch, Spanisch und Arabisch die großen internationalen Verkehrssprachen sein werden. Jede dieser Sprachen wird ihre Einflusssphäre haben.

Sprachenregime der Europäischen Union

Allein schon der Sprachenstreit in Spanien und jener in Belgien offenbaren, dass die Sprache ein Politikum ist. Diesen Krisenherd hat man in der Europäischen Union zu vermeiden versucht, obgleich immer wieder für das Monopol des Englischen geworben worden ist. Im Prozess der europäischen Integration ist die Sprachenvielfalt stets hoch gehalten und für die Mehrsprachigkeit gekämpft worden. Auch im bisher letzten Vertrag, in dem von Lissabon, sind die Mitgliedstaaten dem Versprechen treu geblieben, dass die Europäischen Gemeinschaften und nunmehr die Europäische Union den Reichtum ihrer kulturellen und sprachlichen Vielfalt zu wahren hat. Auf den ersten Blick berechtigen die offiziellen Sprachregeln der Europäischen Union zu großen Erwartungen: Alle offiziellen Sprachen der Mitgliedstaaten sind gleichberechtigt.

Weder die Größe, die Bevölkerungszahl noch die Wirtschaftskraft der einzelnen Länder sollen eine Rolle spielen.

Rechtlich betrachtet ist Deutsch eine von 24 gleichberechtigten Amts- und Arbeitssprachen der Union. Doch die Wirklichkeit sieht anders aus. Jede EU-Institution bestimmt ihre Sprachpraxis selbst. Nur im Europaparlament sind alle Sprachen zugelassen. Hier kommt der deutschen Sprache auch die große Zahl der deutschsprachigen Abgeordneten zustatten. Im Gerichtshof in Luxemburg wird intern Französisch gesprochen. Die Europäische Kommission dagegen kennt Arbeitssprachen. Das sind die Englische und die Französische. 1993 ist die deutsche Sprache zur dritten internen Arbeitssprache gewählt worden. Allerdings haben unsere Landsleute in Brüssel daraus kaum Kapital zu schlagen vermocht.

Das hohe Lied auf die Mehrsprachigkeit darf uns nicht darüber hinwegtäuschen, dass sich die Vielzahl der Sprachen in der Arbeit der Europäischen Union als beschwerlich erweist. Die 23 offiziellen Sprachen der Mitgliedsländer bedeuten in der praktischen Arbeit des Übersetzens 506 Sprachkombinationen, einen festen Stab von 2500 Dolmetschern und eine Produktion von rund 1,8 Millionen Seiten im Jahr. Dass angesichts dieser Zahlen immer wieder der Ruf nach einem eingeschränkten Sprachregime laut wird, versteht sich fast von selbst.

Ein neues Sprachenregime der Europäischen Union

Die Mitgliedstaaten der Europäischen Union setzen diesem Trend - gleichwohl oder gerade deswegen - das Politikziel der Mehrsprachigkeit entgegen. Wohl wird von einigen bezweifelt, dass man in der Europäischen Union in vielen Sprachen sprechen, aber gleichwohl über Rede und Gegenrede eines Sinnes werden kann. Beweist nicht die über 50 Jahre fortschreitende europäische Integration und der Beitritt so vieler Staaten das Gegenteil?

Das Scheitern des Verfassungsprojekts und die gegenwärtige Finanzkrise sind gewiss nicht auf die Tatsache zurückzuführen, dass in der Europäischen Union inzwischen 24 offizielle Sprachen gesprochen werden. Zwar erscheint manchem die Mehrsprachigkeit als ein störendes nationalistisches Relikt. Doch die europäischen Eliten aus Kultur und Politik sind sich einig, dass die Vielfalt intellektuellen Reichtum verbürgt.

Das Politik- oder Bildungsziel der Mehrsprachigkeit macht nicht nur aus der Europa kennzeichnenden Sprachenvielfalt eine Tugend. Es verdankt sich der Einsicht, dass Sprache nicht nur ein Mittel der Kommunikation ist. Sie teilt auch etwas über kulturelle Eigenheiten und Traditionen mit. Sprache ist - so Wilhelm von Humboldt - auch Ausdruck der Verschiedenheit des Denkens, jede Sprache ist auch eine Ansicht von der Welt. Für den, der eine Fremdsprache erlernt, sind Wörter gleichsam Fenster in eine andere Welt. Regen sie doch zum Vergleich wie zum Nachdenken an und befördern die Lust, sich auf eine andere Welt einzulassen. Das Erlernen einer Fremdsprache trägt auch mit dazu bei, dass man über die Eigenheiten der eigenen Sprache nachzudenken beginnt. Wer fremde Sprachen nicht lernt, so Goethe, kennt seine eigene nicht.

Einsprachigkeit bringt nicht nur Einfältigkeit mit sich, sie birgt auch die Gefahr der Dominanz. Treffend weist der Sprachwissenschaftler und Politiker Hans Joachim

Meyer auf die Tatsache hin, dass von dem Maß der Sprachbeherrschung wie auch von der inneren Verbundenheit mit einer Sprache abhängt, ob die Kommunikationsteilnehmer als Gleiche miteinander umgehen oder nicht. Ein guter Wortschatz und eine gute Kenntnis der Grammatik reichen nicht aus, um ein gegenseitiges Verstehen sicher zu stellen. Der Gesprächspartner müsse wissen, in welchem Maße der fremdsprachige Wortschatz kulturell geprägt und aufgeladen sei. Wer sich in den höheren Diskurswelten seiner Gesprächspartner bewegen möchte, muss in deren sprachlich kodierten Begriffen, Bildern und Vorstellungen denken können, die ihrerseits Teil eines tradierten kulturellen Zusammenhangs sind.

Aus alledem folgt, dass der Gebrauch einer Fremdsprache die Ungleichheit der Gesprächspartner im Regelfall verschärft. Dagegen befördert die Mehrsprachigkeit die grundlegenden europäischen Prinzipien der Demokratie, der Gleichbehandlung und der Transparenz. Das meint vor allem die Durchschaubarkeit des politischen Geschehens.

Bildungsziel Mehrsprachigkeit

Die deutsche Sprache wird sich als eine der Europasprachen nur behaupten, wenn die sprachliche Vielfalt in Europa und das Bildungsziel der Mehrsprachigkeit zu einem vorrangigen Ziel deutscher Politik werden. Die Mehrsprachigkeit ist eines der wichtigsten Bildungsziele, wenn es darum geht, Menschen zu Weltbürgern zu machen. Bei der Abwehr einer sprachlichen Monokultur kommt Deutschland, Frankreich und Spanien eine tragende Rolle zu. Diese Staaten sind nicht nur wegen der Bedeutung ihrer Sprachen für die kulturelle Vielfalt in Europa, sondern auch für den Erhalt der Sprachen kleinerer Staaten verantwortlich. Seit der Osterweiterung der Europäischen Union spielt auch Polen in diesem Zusammenhang eine wichtige Rolle.

Wie die vielen Sprachen Europas lebendig bleiben, fordert wie kaum eine andere Frage die politische Phantasie heraus. Würden diese Sprachen künftig - mit Ausnahme der englischen - auf das Gesellige, die Freizeit beschränkt, ereignete sich ein Kulturverlust, der zu den Werten der Europäischen Union in einem krassen Widerspruch stünde.

Nur wenn die Einsicht hoch gehalten wird, dass jede Sprache ein kulturelles Vermächtnis in sich trägt, lässt sich der Zusammenhalt in Europa verbürgen. Statt sich auf die Suche nach einer Seele Europas, nach seiner Identität zu begeben, sollten sich die Mitglieder der Europäischen Union auf gemeinsame Bildungsziele wie das der Mehrsprachigkeit verständigen. Sich mit Freude auf die Welt einlassen und Empathie für Menschen anderer Kulturen empfinden zu können, sind Eigenschaften, die eine Vielfalt in der Einheit zu gewährleisten vermögen.

Bei dem Hohen Lied auf die Mehrsprachigkeit sei ein schwerwiegender Einwand nicht vergessen, nämlich der, dass sich die Vielzahl der Sprachen in der Arbeit der Kommission als beschwerlich und kostspielig erweist. Alle offiziellen Dokumente sind in diese Sprachen zu übersetzen. Man muss kein Rechenkünstler sein, um zu wissen, was das für den Sprachendienst der Europäischen Union bedeutet. Kein Wunder, dass wieder der Ruf laut wird, sich angesichts dieser Sprachenvielfalt für das Englische als alleinige Arbeitssprache in der Europäischen Union durchzuringen. Gegenwärtig sind 506 Sprachkombinationen abzudecken. Die europäischen Institutionen beschäftigen zusammen 800 Konferenzdolmetscher und bedienen sich darüber hinaus aus einem Pool von 2700 freiberuflichen Dolmetschern. Es ist kaum möglich, genügend Sitzungs-räume mit der entsprechenden Zahl von Kabinen bereitzustellen. Damit dürfte die Frage nach dem institutionellen Sprachenregime alsbald wieder auf der Tagesordnung stehen. Hier geht es nicht so sehr um eine Finanzfrage, sondern um ein eminent politisches Thema, das wie kaum ein anderes mit Emotionen belastet ist. Es ist wenig wahrscheinlich, dass die Kommission die Frage von sich aus aufnimmt. In der gegen-wärtigen Situation, da sich der in Lissabon ausgehandelte Reformvertrag auf dem Wege der Ratifikation befindet, wird niemand diese Zerreißprobe wagen. Die Auf-merksamkeit, die gegenwärtig dem Unionsziel der Mehrsprachigkeit gewidmet wird, soll gewiss nicht von der Notwendigkeit eines eingeschränkten Sprachenregimes ablenken als vielmehr den Boden für ein kluges Übereinkommen bereiten.

Das Bildungsziel der Mehrsprachigkeit ist ein normatives Konzept und kein Sprachen-regime für die alltägliche Arbeit. Das Gleiche gilt für das in den Reformvertrag über-nommene Unionsziel, den Reichtum der kulturellen und sprachlichen Vielfalt zu wahren. Dieses Politikziel ist jedoch nicht ohne Einfluss auf ein künftiges Sprachenre-gime. Es setzt Grenzen und schließt Lösungen aus, die Sprachen gefährden, diese etwa zu Freizeitsprachen herabsetzen könnten. Sprachen sterben nicht aus, aber sie ver-kümmern allmählich, wenn sie in bestimmten Berufsbereichen nicht mehr zu Wort kommen. In der Europäischen Union, die dem Prinzip der Gleichheit und der kulturel-len wie sprachlichen Vielfalt verpflichtet ist, muss alles darangesetzt werden zu verhindern, dass Gerhard Stickels pessimistisches Zukunftsbild Wirklichkeit wird. Er befürchtet, dass in fünfzig bis siebzig Jahren die europäischen Hochsprachen nur noch in Folklore-Nischen ihr Dasein fristen werden. Deutsch, Französisch und Italienisch werde nur noch in der Familie, mit Freunden und in der Freizeit gesprochen werden. Wenn dagegen Wichtiges zu tun sei, werde eine Art „kreolisiertes Englisch" gespro-chen werden. Diese Sorge dieses engagierten und kenntnisreichen Sprachwissenschaf-lers macht eines deutlich: Jeder Beruf, sei es das Bankwesen oder die Wissenschaft, der als Arbeitssprache exklusiv Englisch spricht und schreibt, trägt zum Verkümmern der jeweiligen Muttersprache bei.

Wenn etwa – das sei erinnert – in wichtigen Tätigkeitsfeldern Englisch ausschließlich benutzt wird, dann sinken alle anderen Sprachen zu einer Provinzsprache ab, die mangels einer fortgebildeten Terminologie modernen Ansprüchen nicht mehr genü-gen kann. Das Bekenntnis der Union zur kulturellen und sprachlichen Vielfalt schließt ein Sprachenregime aus, das die Einsprachigkeit zur Regel macht. Eine sprachliche Monokultur dürfte auch für die nationale Sprachpolitik der Mitgliedstaaten nachteilige Folgen haben. Die Gefahr ist nicht von der Hand zu weisen, dass die gewählte Sprache – höchstwahrscheinlich Englisch von der Fremd – zur Zweitsprache avancierte und damit das Nischenschicksal so mancher europäischen Sprache eingeläutet würde. Der demokratische Imperativ und das Gleichheitsprinzip verlangen, dass die Rechtstexte in die offiziellen Sprachen aller Mitgliedstaaten übersetzt werden. Nur auf diese Weise kann gesichert werden, dass alle nationalen Parlamente, die nach wie vor Quelle der demokratischen Legitimation sind, sich unmittelbar Kenntnis von jenen Dokumenten verschaffen können, die allgemeine Geltung beanspruchen und mit Aufträgen an den nationalen Gesetzgeber verbunden sind. Zugleich wird durch die Übersetzung der Rechtstexte in alle offiziellen Sprachen gewährleistet, dass deren Wortschatz auf dem Gebiet der Europapolitik mitwächst.

Welche Sprachen als interne Arbeitssprachen oder als Referenzsprachen gewählt werden, ist eine Sache der einstimmigen Entscheidung des Europäischen Rates. Aus Gründen der Praktikabilität und Wirtschaftlichkeit wird für eine möglichst kleine Zahl geworben: Drei, vier, höchstens fünf Sprachen erscheinen als wünschenswert und handhabbar. Kraft des im Reformvertrag bekräftigten Bekenntnisses muss sich die Sprachenvielfalt Europas im Sprachenregime der Union widerspiegeln. Das spricht nicht nur für eine großzügig bemessene Zahl der als Arbeitssprache zu wählenden Idiome. Das erfordert darüber hinaus Verfahrensregeln, die auch die Sprachen kleiner Länder zum Zuge kommen lassen; sei es abwechselnd oder zeitweise, bei bestimmten herausragenden Anlässen, wie das etwa bei Präsidentschaften zu beobachten ist. Der Fantasie sind hier keine Grenzen gesetzt. Jedenfalls können weder administrative Effizienz und Sparsamkeit noch das Argument ausschlaggebend sein, dass die sprachliche Vielfalt der ökonomischen Integration hinderlich sei. Eine solche Sichtweise widerspricht dem Unionsziel, die kulturelle und sprachliche Vielfalt zu wahren. Die Sprachforscher, insbesondere die Soziolinguisten und die Kulturwissenschaftler, werden gewiss nicht müde werden, die Politik über den Zusammenhang von Kultur und Sprache, über die Wechselbezüglichkeit von Globalisierung und nationaler Identität aufzuklären.

Die schwierige Frage, wie viele und welche Sprachen gewählt werden sollten, gilt es in europäischer, nicht in nationaler Perspektive zu beantworten. Denn welche Sprachgemeinschaft sähe nicht gern ihre Muttersprache als offizielle Europasprache?

Wäre das Land auch noch so klein. Schließlich geht es dabei um die Überlebenskraft nationaler Kulturen. Die Niederländer haben immer wieder versucht, ihre Sprache zu einer der Arbeitssprachen zu machen. Schließlich gehören sie zu den Gründern der Europäischen Gemeinschaft. Der Misserfolg führt häufig dazu, dass die Enttäuschten zu erklärten Befürwortern der Einsprachigkeit werden. Schade; denn klüger wäre es, dass Hirn für einen Kompromiss zu strapazieren, der möglichst für alle Sprachgemeinschaften von Nutzen ist. Die wirklich heikle Frage ist die nach den Kriterien, anhand deren die Auswahl zu treffen ist. Eine Reihe von Gesichtspunkten lässt sich dingfest machen: wie etwa das Argument, mit der Sprachenwahl wenigstens ansatzweise die Gründungsgeschichte und ein Stück politische Identität der Union widerzuspiegeln. Auch die Häufigkeit, mit der eine Sprache in der Europäischen Union als Muttersprache gesprochen und als Fremdsprache gelernt wird, sollte in Betracht gezogen werden wie die Rolle, die sie als Verkehrssprache spielt.

Auch auf die Scharnierfunktion sollte es ankommen, also darauf, ob eine Sprache in mehreren Mitgliedstaaten der Europäischen Union gesprochen wird. Diese Kriterien sprechen in ihrer Zusammenschau – so treffend Peter A. Kraus – für die Trias Englisch, Französisch, Deutsch. Diese Sprachen werden in mehr als einem europäischen Land als Amtssprachen gesprochen und weisen schon von daher über den nationalstaatlichen Rahmen hinaus. Die wachsende Bedeutung der spanischen Sprache als Weltsprache wie die Tatsache, dass mit der polnischen Sprache auch eine slawische Sprache mit von der Partie sein sollte, könnte mit gutem Grund auch für eine Fünfergruppe sprechen.

Ein deutliches Plädoyer für die eigene Muttersprache ist Bürgerpflicht. Wir Deutschen werden von den auswärtigen Freunden unserer Sprache immer wieder ermahnt, dass wir es an Leidenschaft fehlen lassen. Von einer Präsidentin des Goethe-Instituts darf man erwarten, dass sie für die deutsche Sprache ein besonderes Wort einlegt. Sonst hätte sie ihr Amt verfehlt. Darum sei frei von nationaler Überheblichkeit mit Harald Weinrich gesagt, dass die deutsche Sprache "ein von intensiver Sprachkultur geformtes Werkzeug des Geistes ist", die als Sprache des modernen Verfassungsstaats, der Literatur, der Künste, der Medien und der Wissenschaften niemanden im Stich lässt, der sich in dieser vielschichtigen Welt verständlich machen will. Für die deutsche Sprache spricht nicht nur der Faktor des demografischen Gewichts, sondern auch die Häufigkeit, mit der Deutsch als Mutter- und Fremdsprache gesprochen wird. Es sei noch einmal gesagt, dass in der Europäischen Union rund 83 Millionen Menschen Deutsch als Muttersprache und seit der Osterweiterung rund 63 Millionen als Fremdsprache sprechen. In sieben Ländern hat Deutsch einen offiziellen Status. Auch ist der deutsche Sprachraum mit seinen 14 Sprachnachbarn ein Transit- und Austauschgebiet per excellence zwischen Nord und Süd und seit dem Fall des Eisernen Vorhangs auch zwischen Ost und West. Letztlich wird man auch das ökonomische Gewicht eines Mitgliedstaates ins Feld führen dürfen. Auch in dem Hinweis darauf, dass Deutschland der größte Nettozahler der Europäischen Union ist, äußert sich kein nationales Vormachtstreben. Mit dieser Last der deutschen Vergangenheit haben sich die Menschen in der Bundesrepublik in den zurückliegenden Jahrzehnten glaubwürdig auseinandergesetzt und deutlich gemacht, dass die Verantwortung für Auschwitz Element ihrer Staatsvernunft ist. In einer rationalen politischen Debatte sollte diese Hypothek nicht mehr als Negativposten ins Feld geführt werden. Die Frage der Sprachenwahl und -zahl in einem künftigen Sprachenregime der Europäischen Union wird nur in einem offenen Diskussionsprozess beantwortet werden können. Was immer dessen Ergebnis sein wird - drei, vier oder fünf Arbeitssprachen -, das Europa der Zukunft wird nicht einsprachig sein. Bei der Abwehr einer sprachlichen Monokultur kommt Deutschland und Frankreich eine besondere Rolle zu. Kraft der Bedeutung ihrer Sprache sind sie in besonderer Weise für den Erhalt der Sprachenvielfalt in Europa verantwortlich, vor allem für die Sprachen kleinerer Staaten. Es gilt Fantasie zu entwickeln, wie sichergestellt werden kann, dass auch die Sprachen lebendig bleiben, die nicht in den Genuss kommen, Arbeitssprache des vereinten Europas zu sein. Würden diese künftig auf das Gesellige beschränkt, ereignete sich ein Kulturverlust, der zu den Zielen der Europäischen Union in krassem Widerspruch stünde.

Die Forderung, die deutsche Sprache stärker im Alltag der Wissenschaft zu benutzen wird seit einiger Zeit immer wieder geäußert. Dabei gilt zu bedenken, dass sich die wissen-schaftlichen Zweige deutlich voneinander unterscheiden und sowohl *die Bedeutung der Sprachwahl* wie die internationale Zusammenarbeit maßgeblich vom Fach abhängen, aber auch sehr unterschiedliche Historien haben. Auch die Stellung Deutschlands als Wissenschaftsstandort innerhalb der jeweiligen Disziplin unterscheidet sich. Zudem ist hierbei auch die *Internationalisierungsstrategie* der Bundesregierung zu berücksichtigen.

Aus den unterschiedlichsten Lagern in Politik, Gesellschaft und Wissenschaften wird zu-dem immer wieder der intensivere Einsatz von Dolmetschern gefordert, was allerdings mit erheblichen neuen *Kosten* und einer großen Anzahl sehr *spezifisch ausgebildeter Fachkräfte* verbunden ist. Dabei ist zu beachten, dass gerade auf Fachkonferenzen oftmals sehr spezifische Fachtermini und eine für das Fach eigene Sprache verwandt werden. Wenn Wissenschaftler auf Tagungen mit internationalen

Kollegen durch Übersetzer kom-munizieren, kann die Gefahr bestehen, dass kleinste Übersetzungsfehler (z B. durch Dol-metscher, die nicht spezifisch in die jeweilige Materie des Forschungsgebiets eingearbei-tet sind) zu Verständigungsproblemen führen.

Im vergangenen Jahr stand die Problematik „Deutsch als Wissenschaftssprache" auf ver-schiedenen Tagungen im Vordergrund. Eine Auswahl der Tagungen ist auf den Seiten des Arbeitskreises Deutsch als Wissenschaftssprache (ADAWIS) e. V. abrufbar. In Regensburg fand beispielsweise im Juli 2014 die Konferenz mit dem Titel „Wissen-schaftssprache Deutsch – international, interdisziplinär, interkulturell"29 statt. Der interdisziplinär und international besetzte Kreis der Redner beleuchtete die Thematik nicht nur aus deutscher Sicht, sondern insbesondere auch den Stellenwert des Deut-schen im Ausland, beispiels-weise in China, Lettland, Finnland, Burkina Faso und Polen. Zudem wurden auch The-men behandelt, welche Faktoren im einzelnen Fach die Wahl der Publikationssprache be-einflussen, wie Nicht-Muttersprachler mit dem Sprachnachteil beim Formulieren in eng-lischer Sprache umgehen und wie Mehrspra-chigkeit gefördert werden kann.

Die EU und die deutsche Sprache

Die Nutzung der deutschen Sprache auf europäischer Ebene ist ein ständiger Streit-punkt zwischen Deutschland und der Europäischen Union (EU). Deutsch ist neben Englisch und Französisch zwar dritte Arbeitssprache. Die Praxis sieht aber anders aus. So müssen Bundesregierung und Bundestag immer wieder Übersetzungen oder Dolmetschung in deutscher Sprache anmahnen.

Hundert Millionen Menschen in Europa sprechen Deutsch

Unsere Sprache wird aber nicht nur in Deutschland gesprochen, sondern auch in einer Reihe anderer Länder Europas. In mehreren Ländern der Union gibt es anerkannte deutsche Minderheitenwie zum Beispiel in Belgien, Dänemark, Italien, Polen, Rumäni-en und Ungarn. Annähernd 100 Millionen Menschen sind deutsche Muttersprachler. Damit ist deutsch die meistgesprochene Sprache in der EU.

Grenzüberschreitende Initiative für die deutsche Sprache

Die Bundesländer Bayern, Hamburg, Hessen, Sachsen, Sachsen-Anhalt und das Saarland fordern einen stärkeren Gebrauch der deutschen Sprache auf allen Ebenen der Europäischen Union. Hessens Europaminister Volker Hoff überreichte EU-Sprachenkommissar Leonard Orban 2009 in Brüssel eine entsprechende Erklärung. Deutschsprachige Gemeinden aus Belgien, Italien und Rumänien sowie acht von neun österreichischen Bundesländern haben die Erklärung mit unterzeichnet.

Hoff erklärte, die deutsche Sprache habe ein Anrecht darauf, als Arbeitssprache mit dem Französischen gleichgesetzt zu werden. In der Erklärung wird kritisiert, dass die Nutzung der deutschen Sprache weiter abnehme. Dies betreffe unter anderem die Übersetzung von Texten der EU-Kommission, die Übersetzung der Internetseiten der EU-Kommission und die Ausschreibungen für die Wirtschaft. "Besonders kleine und mittelständische Unternehmen sind benachteiligt, wenn sie Ausschreibungen der EU nicht in deutscher Sprache bekommen", so Hoff. Linguistische Megatrends im 21. Jahrhundert: Statt Englisch wird die Welt „Globisch" sprechen, die Schweizer bleiben konjunktivfreundlicher und der Impreialismus der indoeuropäischen Sprachen hält an.

Noch niemand hat in der Geschichte der Menschheit so sicher gewusst, was die Zukunft bringen wird, wie die Kommunisten. Der Sprachwissenschaftler Nikolai Jakolewitsch Marr war überzeugt davon, dass am Ende aller Entwicklung der Sprachenkommunismus stehen würde: Die Unterschiede zwischen den existierenden Idiomen würden verschwinden, es würde nur noch eine Weltsprache geben – diejenige der kommunistischen Idealgesellschaft.

Die UdSSR machte sich diese These als linguistische Staatsdoktrin zu eignen – bis 1950 Josef Stalin mit ein paar Briefen an die „Prawda" die Zukunft mal eben änderte und Marrs Ansichten für unzutreffend erklärte. Marr war zu diesem Zeitpunkt schon 16 Jahre tot, aber wenn er noch gelebt hätte, hätte ihn der Diktator wohl mitsamt seiner Theorie liquidiert.

Geliebtes altes Europa

Mit allzu kühnen Prognosen sollte man auch im postsowjetischen Zeitalter vorsichtig sein. Doch einiges lässt sich mit gewisser Sicherheit über die Zukunft der Sprachen sagen, indem man langfristige linguistische Trends in spätere Zeiten projiziert. So wird wahrscheinlich jene simplifizierte Variante des Englischen, die man „Globish" nennt, am Ende dieses Jahrhunderts immer noch die Verkehrssprache der Welt sein. Die Vorstellung, dass Englisch durch den Aufstieg Chinas zum Wirtschaftsführer und zur Großmacht rasch verdrängt werden könnte, ist naivstes marxistisches Basis-Überbau-Denken.

Denn erstens wird die Frage nach der bestgeeigneten Lingua Franca niemals nur dadurch entschieden, dass man einfach die Sprache mit der größten Muttersprachleranzahl wählt, sondern durch kulturelles Prestige. Und das Prestige des Englischen wird nicht schwinden, solange Amerika noch der Innovationsmotor der Welt in fast allen Fragen des Internets und der Computerhardware, sowie ein Leuchtturm des Kinos, der Popkultur, der Mode und – ja, auch das, geliebtes altes Europa! – der Kunst und der Literatur bleibt. Zweitens haben einmal eingeführte Welt-Verkehrssprachen ein starkes Beharrungsvermögen, einfach weil sie für alle Sprachteilnehmer so praktisch sind: Es dauerte nach dem Niedergang der mittelalterlichen Klosterkultur noch Jahrhunderte, bis das Lateinische seine Führungsrolle verlor.

7000 Sprachen spricht die Welt

Aber ist die Verkehrssprache Englisch eine Bedrohung für andere Sprachen? Sogar für das Deutsche? Wohl eher nicht. Zwar sagt die Unesco voraus, dass etwa die Hälfte der knapp 7000 gesprochenen Sprachen der Welt bald ausgestorben sein wird. Doch gemeint sind wohl vor allem jene 2000 Sprachen, die nur noch von weniger als 1000 Menschen gesprochen werden. Man hat Australien mal bildhaft einen „Sprachenfriedhof" genannt, weil von den 260 Aborigine-Idiomen, die dort vor der Ankunft europäischer Einwanderer florierten, 255 entweder verschwunden sind oder nur noch von einem einzigen Menschen beherrscht werden.

Andererseits können tote Sprachen wiederbelebt werden, das erfolgreichste Beispiel dafür ist das Hebräische. Und so lange es für die meisten Menschen auf der Welt eine erstrebenswerte Vorstellung bleibt, in einer durch ein Staatsvolk und eine gemeinsame Sprache definierten Nation zu leben, werden auch immer wieder neue Sprachen entstehen.

Als Russen und Ukrainer noch im gemeinsamen Haus der Sowjetunion lebten, bestand kein Grund, ihre Sprachen zu unterscheiden. Seitdem die Ukraine sich von Russland abgekoppelt hat, wird das Ukrainische durch die Erfindung eigener Wörter und die Betonung formaler Besonderheiten gewollt immer mehr vom Russischen unterschieden. Auch Serben und Kroaten, die im alten Jugoslawien keinen Anlass hatten, ihre gemeinsame serbokroatische Sprache zu trennen, werden sich wohl in den nächsten Jahrzehnten linguistisch weiter auseinander entwickeln.

Indoeuropäer sind die Gewinner

Alle genannten Beispiele sind übrigens bezeichnenderweise Abzweigungen des Indoeuropäischen (früher hätte man gesagt: Indogermanischen). Dessen seit 3000 Jahren währender Siegeszug wird weitergehen. Wann immer irgendwo auf der Welt der letzte Vertreter einer Sprache stirbt, werden seine Nachkommen sehr wahrscheinlich eine indoeuropäische Sprache sprechen.

Die verschwundenen Indianersprachen Amerikas sind zugunsten des Englischen, Spanischen oder Portugiesischen aufgegeben worden, die australischen Aborigenes wenden sich dem Englischen zu, indigene Völker Sibiriens dem Russischen. Und dort, wo die nicht-indoeuropäischen Sprachen weiterleben, nehmen sie neue Wörter aus ihren indoeuropäischen Kontaktsprachen auf: Tataren in Russland oder Inuit in Kanada neigen dazu, Dinge, für die es in ihrer traditionellen Sprache kein Wort gibt, mit Russischen oder Englischen Wörtern zu benennen.

Was wird aus dem Konjunktiv II?

Die Deutschen machen es genauso. Und nicht nur, weil wir die Bezeichnungen für neue Gegenstände oder Phänomene auch künftig meist aus dem Englischen übernehmen werden, wird sich unsere Muttersprache in 100 bis 200 Jahren stark vom heutigen Deutsch unterscheiden. Viele Trends der letzten 200 Jahre werden sich fortsetzen, der Rückgang bestimmter Genitivverwendungen und des Dativs ebenso wie das Verschwinden konjunktivischer Verbformen, die bereits im 20. Jahrhundert in vergleichbaren Texten um bis zu 80 Prozent zurückgegangen sind.

Beides wird nicht zum „Untergang" des Deutschen führen. Schon der große Sprachwissenschaftler Hermann Paul schrieb 1920, die traditionellen Zuordnungsregeln von Konjunktiv I und Konjunktiv II seien in der Sprachwirklichkeit nicht gültig. Allerdings gibt es auch viele verschiedene Sprachwirklichkeiten: Der Germanist Peter von Polenz zitiert in seiner „Deutschen Sprachgeschichte" Untersuchungen, wonach die deutschschweizerischen Zeitungen „konjunktivfreundlicher" sind als deutsche.

Bei der Syntax wird der seit 200 Jahren anhaltende Wandel vom hypotaktischen Satzstil zum Nominalstil sich fortsetzen, d. h. Perioden mit vielen verklammerten

Nebensätzen kommen immer mehr aus der Mode zugunsten von Hauptsatzreihungen. Das ist eine Bewegung zurück zu den germanischen Wurzeln, denn der berüchtigte deutsche Kettensatz war ein Erbe der frühneuhochdeutschen Kanzleisprache, deren Schreiber beweisen wollten, dass man in der Muttersprache genauso imponierend lange Satzmonster schaffen kann wie im Lateinischen.

Wer will noch einen Chicken-Döner?

Laut Wolfgang Klein, dem Leiter des Digitalen Wörterbuchs der Deutschen Sprache, ist der Umfang des deutschen Wortschatzes seit dem frühen 20. Jahrhundert um etwa 1,6 Millionen Wörter auf 5,3 Millionen angewachsen. Man kann also prophezeien, dass es am Ende des 21. Jahrhunderts sechs Millionen oder mehr deutsche Wörter gibt, denn die Welt wird immer komplizierter, und fast täglich muss etwas zuvor Unbekanntes benannt werden – vom „Shitstorm" bis zu den „Gender Studies".

Wo englische Fremdwörter etwas bezeichnen, für das es bereits ein deutsches Wort gab, verdrängen sie das alte Wort keineswegs immer, sondern schaffen nur Nuancierungsmöglichkeiten: Der „Banker" ist nicht dasselbe wie ein „Bankier", wer „Chicken-Döner" verkauft, will verbergen, dass sein Fleisch von industriell gemästeten und mit Medikamenten vollgepumpten Hühnern stammt.

Weiterhin werden englische Wörter oft auch ältere Lehnwörter aus anderen Sprachen verdrängen – so wie das „Model" dem „Mannequin" den Garaus gemacht hat. Dass daneben die Neubildung von Wörtern ohne ausländische Beimischungen möglich bleibt, beweisen nicht nur gelungene Verdeutschungen wie „Modeopfer" für „Fashion Victim", sondern auch originale Prägungen wie „ludern", „Vollpfosten" oder „Schlandkette".

Wem gehört die deutsche Sprache? Die Zukunft der deutschen Sprache im vielsprachigen Europa

100 Millionen sprechen Deutsch als ihre Muttersprache, davon 90 Millionen in den Ländern der Eu-ropäischen Union. Seit der Osterweiterung der EU sprechen weitere 63 Millionen Euro-päer Deutsch als zweite Fremdsprache. In den ostmitteleuropäischen Ländern und in Nordeuropa lernen im Sekundarbereich 40 Prozent aller Schüler Deutsch. Nimmt man diese Zahlen zusammen, so ergibt sich, dass jeder dritte Europäer Deutsch als Mut-tersprache oder als Fremdsprache spricht. Deutsch ist die am meisten gesprochene Muttersprache in Europa. Einerseits!

Andererseits arbeitet die EU-Bürokratie nach wie vor hauptsächlich mit englischsprachigen oder französischen Dokumenten. In Deutschland mit seinen 14 Sprachnach-barn und einer zunehmenden Anzahl von Migranten (30 Prozent aller Kinder unter 15 Jahren hierzulande haben einen Migrationshintergrund) ist die Muttersprache nicht mehr die selbstverständliche Brücke, die Elternhaus und Schule verbindet. Deutsche Wissenschaftler referieren und publizieren nicht selten auf Englisch. Sie vernachlässi-gen damit die große Bedeutung, die die deutsche Sprache am Anfang des 20. Jahr-hunderts als „Wissenschafts-Weltsprache" hatte, wie Jutta Limbach schreibt, und zwar nicht nur als Sprache von Goethe und Hegel, sondern auch als Sprache der Volks-wirtschaft, der Soziologie und der Psychologie.

Die Germanistik und die Literatur haben ei-e besondere Verantwortung für die Zukunft des Deutschen in Europa. Das zeigt sich in den wachsenden Zahlen der Deutschlernenden und Germanistikstuden-ten in Polen und Ungarn ebenso wie in der Tatsache, dass die deutsche Sprache als „Netzsprache" Karriere gemacht hat: im-merhin fast jede zehnte Website weltweit ist auf Deutsch verfasst.

Das Herz der deutschen Sprache ist die Literatur. Mit einem Wortschatz von 300.000 Wörtern im allgemeinen Sprachgebrauch, der sich durch die Möglichkeit der im Deutschen so praktikablen Kompositabildungen verdoppeln lässt, ist die deutsche Sprache die wortreichste unter den 24 in der EU gesprochenen Muttersprachen. Das ist ein Gewinn vor allem für die Autoren, die Migra-tionserfahrungen in ihre Werke einbringen und die deutsche Sprache auf diese Weise auffrischen. Zum Beispiel die aus dem heu-tigen Kroatien stammende Marica Bodrozic, die morgen Abend hier bei uns lesen wird. Sie wird in wenigen Wochen den Sonder-preis des Bruno-Heck-Wissenschaftspreises erhalten, den die Alumni der Konrad-Adenauer-Stiftung vergeben. Marica Bodrozic hat den, wie ich finde, glücklichen Begriff vom Deutschen als „zweiter Muttersprache" gefunden. Sie hat neue deutsche Worte ge-prägt: „Herzmittelalter", „Mutterwolke", „das Pistolenauge des Staates". Sie hat damit gezeigt, dass die deutsche Sprache an einem vielsprachigen Europa nicht leidet, sondern dass sie von der

Der Philosoph Hans-Georg Gadamer schrieb: „Erst mit der Sprache geht die Welt auf." Der deutsche Bundestagspräsident, Norbert Lammert, hat diesen Satz erweitert: „Erst mit der Sprache geht die Welt auf, und ich vermute, ohne Kultur geht sie unter." (IDS Sprachreport 1/2016:1.-9.) Damit in diesem Sinne die deutsche Sprache aufgeht, meine Damen und Herren, gehört sie nun sozusagen Ihren Vorträgen und Ihren Diskussionen. Ich wünsche den Debatten einen anregenden Verlauf, der Tagung ein gutes Gelingen und gebe das Wort nun an Françoise Gallez von der Universität Namur, die unsere erste Sektion moderieren wird.

Während das Deutsche seit den Römischen Vorträgen authentische Vertragssprache und auch gleichberechtigte Amtssprache ist, die von den EU-Organen im Rechtsverkehr nach außen verwendet wird, findet die Kommunikation im inneren Geschäftsbetrieb insbesondere der Kommission praktisch so gut wie nie auf deutsch statt – obwohl nach einer nicht veröffentlichten Protokollerklärung von 1993 nominell auch Deutsch neben (dem tatsächlich dominierenden) Englisch und (dem mittlerweile seltener verwendeten) Französisch als Arbeitssprache vorgesehen ist. Die unterschiedliche Sprach(en)regelung in den einzelnen Gemeinschaftsorganen basiert auf einer durch Verordnung erteilten Ermächtigung, in den Geschäftsordnungen festzulegen, wie die Sprachenfrage im Einzelnen zu regeln ist. Die getroffenen Regelungen reichen von dem im Europäischen Parlament herrschenden sogenannten Vollsprachenregime bis zu einem aus Effektivitätsgründen auf drei Sprachen (Englisch. Französisch und Deutsch) reduzierten Arbeitsregime, bei dem in der Praxis Englisch bei weitem am häufigsten gesprochen wird.

Diese Entwicklung ist nicht etwa deshalb unbedenklich, weil hier der „unmittelbare Bürgerbezug" fehlt, wie Kürten meint. Die Sprachfrage ist ein Politikum ersten Ranges. und in Europa gilt nicht nur, daß maßgeblich (mit-)bestimmt, wer Nettozahler ist, sondern auch und vor allem, wer seine Sprache als Kommunikationsmittel und Träger je eigener spezifischer (Rechts-)Kultur durchzusetzen vermag: So wie gesprochen wird, wird auch gedacht und entschieden, wie die frankophone Arbeitspraxis der europäischen Gerichtsbarkeit beweist.

Nun ist einzuräumen, daß ungeachtet des im europäischen Primärrecht verankerten Prinzips der sprachlichen Gleichberechtigung der Mitgliedstaaten zur Vermeidung eines „babylonischen Sprachgewirrs", das heißt zur Herstellung und Bewahrung der Handlungsfähigkeit auch in sprachlicher Hinsicht, ein eingeschränktes Sprachregime bei der internen Arbeit unumgänglich ist. Nur darf dabei die deutsche Sprache, die in der Europäischen Union noch immer am weitesten verbreitete Muttersprache, nicht einfach unter den Tisch fallen.

Doch wie kann dies verhindert werden? Kürten setzt ebenso wie die Bundesregierung, die ein das Deutsche einschließendes Drei-Arbeitssprachen-Regime als Mindeststandard anstrebt, auf Sprachkurse des Goethe-Instituts für Bedienstete der EU sowie gezielte Personalpolitik. So richtig und wichtig diese Maßnahmen sind, sie ersetzen nicht eine ebenso umsichtig wie zielstrebig zu betreibende Sprachpolitik als Element deutscher Außen- und Europapolitik. Aber eine solche ist nicht einmal in Ansätzen erkennbar. Kürten verspricht sich große Chancen zur Änderung der Situation durch die EU-Ost-Erweiterung. Diese führt allerdings nicht ohne weiteres zu einer Stärkung der deutschen Sprache. Schon die Beitrittsverhandlungen wurden ganz überwiegend, wenn nicht ausschließlich in Englisch geführt, und auch die in Brüssel tätigen Beamten der Beitrittsstaaten bedienen sich hauptsächlich der englischen Sprache.

Die mit der EU-Ost-Erweiterung verbundene Chance, in einer konzertierten Aktion Deutschlands, Österreichs und der Beitrittsländer Deutsch als dritte Arbeitssprache in einer verbindlichen Regelung zu etablieren, ist verpaßt worden. Doch was will man von der politischen Klasse eines Landes erwarten, die sich (von wenigen rühmlichen Ausnahmen abgesehen) der Bedeutung der eigenen Sprache seit langem nicht mehr bewußt ist, sie weder im In- noch im Ausland pflegt, sondern – wie die Rechtschreibreform und die als „brain-up" titulierte „Bildungsinnovation" exemplarisch zeigen – entweder verhunzt oder gar nicht mehr gebraucht. Im Übrigen fürchtet diese politische Klasse offenbar nichts mehr als den Vorwurf, einem irgendwie gearteten deutschen Machtstreben oder deutschen Kulturimperialismus das Wort zu reden. Kürten setzt sich darüber hinweg und fordert mit guten Gründen die Anerkennung und Praktizierung des Deutschen als dritte Arbeitssprache. Denn ohne Deutsch und Französisch als gebräuchliche weitere Sprachen in den Institutionen Europas dürfte das Englische endgültig zur europäischen Lingua franca werden. Der auf Sprachenvielfalt angewiesenen kulturellen Vielfalt, die den eigentlichen Reichtum Europas bildet, würde damit schwerer Schaden zugefügt.

Förderung der deutschen Sprache in Deutschland

Die Förderung der deutschen Sprache ist ein wichtiges Instrument der Auswärtigen Kultur- und Bildungspolitik (AKBP). Sprachförderung bringt Dialog, Austausch und Zusammenarbeit zwischen Menschen und Kulturen voran. Staatsministerin Maria Böhmer stellte am 21.04. gemeinsam mit DAAD, Goethe-Institut und der Zentralstelle für das Auslandsschulwesen die aktuellen Zahlen vor: So erlernen weltweit 15,4 Millionen Menschen die deutsche Sprache. Dabei nimmt das Interesse am Spracherwerb vielerorts zu: In China hat sich die Zahl der Deutschlernenden in den vergangen fünf Jahren verdoppelt. Ein gutes Zeichen, die deutsche Sprache bleibt gefragt!

Das Erlernen der deutschen Sprache bedeutet für Viele eine langfristige Bindung an Deutschland. Dies gilt auch für zukünftige Entscheidungsträgerinnen und Entscheidungsträger. Sie erfahren ein modernes und wirklichkeitsgetreues Deutschlandbild. Sprachförderung stärkt so auch den Wirtschafts-, Wissenschafts- und Studienstandort Deutschland.

Mit 100 Millionen Muttersprachlern ist Deutsch die meistgesprochene Sprache in Europa. Weltweit lernen derzeit 15,4 Millionen Menschen Deutsch als Fremdsprache, überwiegend in Europa. Die meisten Deutschlernenden gibt es in Polen mit 2,28 Millionen.

Begeisterung für Deutsch als Fremdsprache

Umfangreiche Werbekampagnen und Förderprogramme sollen junge Menschen im Ausland für die deutsche Sprache begeistern und Entscheidungsträgerinnen und Entscheidungsträger in Politik, Bildung, Wirtschaft und Medien im In- und Ausland dazu motivieren, die Förderung von Deutsch als Fremdsprache weltweit zu unterstützen.

Internationale Deutscholympiade

Die Internationale Deutscholympiade ist der weltweit größte Wettbewerb der deutschen Sprache. Er findet alle 2 Jahre in Deutschland statt. Die Olympiade hat das Ziel, junge Menschen im Ausland für die deutsche Sprache zu begeistern und ihnen die Türen zur deutschen Wissenschaft, Kultur und Wirtschaft zu öffnen.

Beispiele für Werbekampagnen

- Šprechtíme-Kampagne in der Tschechischen Republik
- Jahr der deutsche Sprache und Literatur in Russland 2014/2015
- Deutsch-Chinesisches Sprachenjahr 2013/2014

Großes Interesse am Erlernen der deutschen Sprache

Die jüngste weltweite Erhebung der Deutschlernenden hat gezeigt, dass das Interesse am Erlernen der deutschen Sprache in den vergangenen fünf Jahren vielerorts zugenommen hat. In Südamerika und im Nahen und Mittleren Osten wird Deutsch zunehmend nachgefragt. Insbesondere in Asien sind die Zahlen der Deutschlernenden seit 2010 gestiegen. Deutsch wird mehrheitlich als zweite Fremdsprache gelernt, und das überwiegend während der Schulzeit. Die Verankerung von Mehrsprachigkeit in Bildungssystemen ist daher eine wichtige Rahmenbedingung für die Förderung von Deutsch als Fremdsprache im Ausland sowie für die Sprachenvielfalt allgemein. Sprachprojekte sind Generationenprojekte und bedürfen kontinuierlicher und langfristiger Investitionen. Hier setzt die Auswärtige Kultur- und Bildungspolitik mit verschiedenen Initiativen und Maßnahmen an. Etwa 315 Millionen Euro jährlich werden gegenwärtig für die Förderung der deutschen Sprache im Ausland eingesetzt, schwerpunktmäßig an Auslandsschulen, an Hochschulen und in der Erwachsenenbildung.

Die Initiative "Schulen: Partner der Zukunft"

Die 2008 vom Auswärtigen Amt gestarteten Partnerschulinitiative (PASCH) hat ein weltumspannendes Netz von Partnerschulen aufgebaut, insbesondere in den Wachstumsländern Asiens, des Nahen und Mittleren Ostens sowie in den Staaten Osteuropas und Zentralasiens. Derzeit besuchen 600.000 Schülerinnen und Schüler weltweit eine der über 1.800 Partnerschulen, an denen nachhaltiges Interesse für das moderne Deutschland und die deutsche Sprache geweckt werden.

Deutsch in der EU

Mit dem Stipendienprogramm "Europanetzwerk Deutsch" laden Goethe-Institut und Auswärtiges Amt höhere Bedienstete der EU-Institutionen und Ministerialbeamte aus den EU-Mitgliedsstaaten zu einem Sprachkurs nach Deutschland ein (www.auswaertiges-amt.de).

Institutionen der Deutsch-Förderung in Österreich

Bildung und Sprache

Die stärkste Identifikation eines Kulturraums erfolgt weiterhin über die Sprache. Die österreichische Auslandskulturpolitik darf daher diesen Aspekt nicht außer Acht lassen, sondern muss die Verantwortung für Pflege und Verbreitung der deutschen Sprache übernehmen und öffentlich dafür eintreten. Dies liegt umso näher, als Kultur und Tradition vieler Länder, vor allem Mittel-, Ost und Südosteuropas, noch stets Deutsch als internationales Verständigungsmittel anerkennen, zum politischen und wirtschaftlichen Vorteil dieses Sprachraums.

Österreich Institut GmbH

Mit der Gründung der zu 100 Prozent im Bundeseigentum stehenden Österreich Institut GmbH im Jahr 1997 und der Errichtung von Zweigstellen im Ausland setzte die österreichische Außenkulturpolitik ein Zeichen ihres Interesses an Sprachenfragen in Europa. Die Österreich Institute führen seither die bis dahin von den Österreichischen Kulturinstituten geführten Österreich-bezogenen Deutschkurse an verschiedenen europäischen Standorten in privatrechtlicher Form durch. Das Österreich Institut Gesetz (BGBl. Nr. 177/1996) definiert die Aufgabe des **Österreich Institut** als „Pflege der kulturellen Auslandsbeziehungen insbesondere über das Medium der deutschen Sprache". Standorte des Österreich-Instituts gibt es in Belgrad, Bratislava, Brünn, Budapest, Krakau, Warschau, Rom und Wrocław. Seit der Gründung wurde die Zahl der KursteilnehmerInnen von rund 4.500 auf rund 11.000 jährlich gesteigert. Die Gesellschaft finanziert sich zu mehr als 80% selbst und entlastet so die öffentliche Hand. Dieses im internationalen Vergleich beachtliche Ergebnis erwirtschaftet die Gesellschaft mit besonders qualitätsvollen Deutschkursen sowie der Entwicklung von neuen Sprachkursformaten. Ihre erfolgreichen Bemühungen um Qualität im Deutschunterricht hat die Europäische Union veranlasst, dem Institut 2002 das „Europäische Gütesiegel für innovative Sprachenprojekte" zu verleihen. Um das hohe Niveau zu halten, werden die Sprachkursangebote regelmäßig evaluiert und laufend neue Angebote entwickelt. Ein kontinuierliches Fortbildungsprogramm der 120 SprachlehrerInnen ist eingerichtet.

Seit 1998 gibt das Institut vierteljährlich den *Österreich Spiegel*. Die Zeitung für den Deutschunterricht" heraus. Nach seinem Motto müsste man lesen, was man in Österreich liest und hören hören (Rundfunk, Fernsehen), was die Leute in Österreich hören. Man muss überall dabei sein. Der Österreich Spiegel erscheint seit 2015 in Kooperation mit dem Österreichischen Integrationsfonds und wendet sich an DeutschlernerInnen im In- und Ausland. Die Unterrichtsmaterialien des seit 2001 existierenden „Österreich Portals" wurden 2015 in Kooperation mit dem ÖIF überarbeitet und sind nun auf **www.sprachportal.at**onlin. Darüber hinaus werden laufend Materialien für den Fachsprachenunterricht entwickelt, wie „Deutsch für Juristen", „Wirtschaftsdeutsch", und „Deutsch für Gesundheits- und Pflegeberufe." Weitere Informationen finden sich in den Jahresberichten 2013 und 2014.

Österreichische Schulen im Ausland

Derzeit unterrichten 134 österreichische Lehrerinnen und Lehrer nach österreichischem Lehrplan an insgesamt **sieben österreichischen Auslandsschulen** in nicht deutschsprachigen Ländern. Mehr als 3.300 Schülerinnen und Schüler profitieren vom Unterricht mit Native Speakers in einer Vielzahl der Unterrichtsfächer. Allen Schulen gemeinsam ist, dass sie im Gastland einen hervorragenden Ruf genießen und daher Bildungsstätte für die geistige Elite des Landes sind. Die sieben Schulen sind das St. Georgs-Kolleg in Istanbul, die älteste Auslandsschule Österreichs; das Gymnasium in Prag; die Peter Mahringer-HTL in Shkodra (Albanien); ein Oberstufengymnasium und die österreichisch-ungarische Europaschule mit Grundschule und Mittelstufe in Budapest; die mit 1.800 Schülerinnen und Schülern größte Auslandsschule in Guatemala; sowie die jüngste Auslandsschule, eine im akademischen Jahr 2011/2011 in Querétaro (Mexiko) eröffnete Volksschule.

Deutschsprachige Schulen, an denen österreichische LehrerInnen eingesetzt werden können, befinden sich jedoch auf der ganzen Welt. Lehrerinnen und Lehrer an zweisprachigen Schulen der Nachbarländer Slowakei, Tschechien und Ungarn tragen in besonderer Weise zur Förderung der deutschen Sprache bei und vermitteln österreichische Landeskunde. Sie werden vor allem für den Deutschunterricht eingesetzt, unterrichten aber auch Geographie, Biologie, Mathematik, Physik, Chemie, in betriebswirtschaftlichen Fächern u. a. auf Deutsch.

LektorInnen und SprachassistentInnen

Das Lektoratsprogramm für graduierte Geistes- und Kulturwissenschaftler dient dem Unterricht der deutschen Sprache, der Literatur und Landeskunde Österreichs an ausländischen Universitäten. Es wird aus Mitteln des Bundesministeriums für Wissenschaft und Forschung finanziert und von der Österreich-Kooperation auf der Grundlage von Förderungsvereinbarungen mit ausländischen Universitätsinstituten und Hochschuleinrichtungen durchgeführt. Der Großteil der Lektoratsstellen befindet sich an germanistischen Lehrstühlen. Aber auch Hochschulen mit wirtschaftlichen, technischen und linguistischen Fachrichtungen werden mit Lektoratsstellen unterstützt. Wegen des mehrjährigen Lehraufenthalts ermöglichen Lektorate außerdem den Aufbau nachhaltiger Beziehungen zwischen Österreich und dem Gastland und bilden somit ein wichtiges Instrument österreichischer Kultur- und Wissenschaftsvermittlung. Der Einsatz von Sprachassistenten ermöglicht den Teilnehmern, neben dem

Erwerb von Sprach- und Landeskenntnissen erste praktische Unterrichtserfahrung zu sammeln. Studenten, insbesondere des Lehramts, ab dem 2. Studienabschnitt, Unterrichtspraktikanten und Lehrer, bis zum 30. Lebensjahr, können sich ein authentisches Bild von der Schulrealität in anderen Ländern machen und sich für ihre Arbeit in Österreich Anregungen holen.

Studieren im Ausland

Die letzten Jahre haben eine wesentliche Intensivierung der akademischen Mobilität gebracht. Ein Auslandsaufenthalt während oder nach der Ausbildung kann vom Studienplan vorgeschrieben, für ein bestimmtes Vorhaben notwendig oder einfach eine sinnvolle Erweiterung der eigenen Ausbildung sein. Dazu dienen Mobilitätsprogramme der EU, einzelner Länder oder Hochschulen/Universitäten. Österreich war treibende Kraft hinter dem „**Central European Exchange Programme for University Studies**" (CEEPUS), das seit 1995 die Zusammenarbeit von neun Ländern Mittel- und Osteuropas bei der Aus- und Weiterbildung im Wege gemeinsamer Studienangebote mit gemeinsamen Abschlüssen zum Ziel hat und damit die Absicht der europäischen Bildungsminister verwirklichen soll, einen europäischen Hochschulraum zu schaffen (Bologna-Erklärung).

Darüber hinaus wird künftig die verstärkte Beteiligung österreichischer Hochschuleinrichtungen an Joint Degree-Programmen zu einer wesentlichen Attraktivitätssteigerung des Hochschulstandorts Österreich führen. Über das Angebot an Studienmöglichkeiten informieren internationale Datenbanken im Internet, die jeweiligen diplomatischen Vertretungen oder die Betreuer an der Heimatuniversität. (www.bmeia.gov.at)

Literatur:

- Kürten, Markus A.: Die Bedeutung der deutschen Sprache im Recht der Europäischen Union. Verlag Duncker & Humblot. Berlin 2004. 180 S.
- IDS Sprachreport 1/2016:1.-9.
- www.auswaertiges-amt.de (9.5.2017)
- www.bmeia.gov.at (9.5.2017)

VERZEICHNIS DER AUTOREN UND MITWIRKENDEN

Béla Borsi-Kálmán, O. Prof. Dr. Dr. Dr. habil. Dsc. (Csengerbagos, 1948): Professor am „Institut für Osteuropäische Geschichte" der Loránd-Eötvös-Universität in Budapest. Fachgebiet: Minderheiten im Karpatenbecken, rumänisch–ungarische historische Kontakte. Diplomatischer Dienst in Bucharest und in Paris. 2009 Doktor der Ungarischen Akademie der Wissenschaften.

Nelu Bradean-Ebinger, O. Prof. Dr. Dr. habil. Csc. (Arad, 1952): Professor am „Institut für Internationale Studien", Germanist, Linguist, Sprachpolitiker. Studien in Finnland an der Universität von Helsinki. Zurzeit Unterricht in der Corvinus-Doktorandenschule im Fach europäische Strukturen. 1990–2005 Leiter des Lehrstuhls für deutsche Sprache an der Budapester Wirtschaftsuniversität (heute Corvinus-Universität).

István Diószegi, Prof. Emeritus Dr. Dr. Dsc. (1930, Szeged): Historiker, Professor Emeritus an der Eöstvös-Loránd-Universität Budapest. 1978–1995 Leiter des Lehrstuhls für Universalgeschichte. 1979–1982 Dekan der Fakultät für Humanwissenschaften. 1992–1999 Vorsitzender der Ungarischen Historischen Gesellschaft. Sein Forschungsgebiet: Geschichte der Diplomatie in der Österreichisch–Ungarischen Monarchie.

Pál Horváth, Titularprofessor Dr. Dr. (Kötcse, 1942): Unterricht an der Universität für Öffentlichen Dienst in Budapest, Brigadegeneral außer Dienst, in den 1990er Jahren Kommandant der UNO-Friedenstruppen in Kuwait, Dipl. Ökonom, Historiker, Autor von mehreren Schriften und Büchern über die arabische Welt. Berater von europäischen Körperschaften für Militärpolitik.

Juhani Laurinkari, Ordinarius, Dr. Dr. Dr. h.c. (1946, Helsinki): Lehrstuhl für Sozialpolitik an der Universität Ostfinnland an der Fakultät für Sozialwissenschaften. Zurzeit Gastprofessor in Wismar. Leiter der finnisch–deutschen Doktorandenschule in Wismar. Leiter der finnischen Delegation der Europäischen Akademie der Wissenschaften und Künste.

László Ódor, ao. Prof. Dr. Dr. habil. Csc. (1945, Budapest): außerordentlicher Professor am „Institut für Internationale Studien". Literaturhistoriker, Lexikologe, ehemaliger Direktor des Evangelischen Gymnasiums „Fasor" in Budapest. 1990–1994 ungarischer Botschafter in Bern. 1999–2003, Mitglied des Kuratoriums der Andrássy-Universität von Budapest. 2010–2012 Direktor des Ungarischen Kulturinstituts in Stuttgart. 2011 Vizepräsident der Schweizerischen Abteilung der Ungarischen Gewerbekammer.

Bálint Simon, Universitätsstudent (1996, Zalaegerszeg): derzeitig Studien im zweiten Studienjahr (BA) im Fach „Internationale Studien" an der Budapester Corvinus-Universität. Mitglied des Vorstandes der Studentenselbstverwaltung der Universität und Vorsitzender des wissenschaftlichen Studentenkreises. Teilnehmer am Seminar von Prof. Zoltán Tefner in der Geschichte der Außenpolitik.

Béla Tefner, Dipl. Ingenieur (1957, Kötcse): Studien im Fach landwirtschaftlicher Maschinenbau in Körmend, später im Fach technische Pädagogie in Gödöllő. Dienst auf unterschiedlichen leitenden Posten im Bereich landwirtschaftliche Großbetriebe. Seit 1990 tätig als Lehrer in der János-Mathiász-Fachmittelschule von Balatonboglár im

Fach Informationstechnik. Lay-Outer von vielen gemeinnützigen Ausgaben, Zeitschriften, Broschüren.

Tibor Tefner, Einzelunternehmer (1957, Kötcse): Firmeninhaber in Balatonszárszó. Sponsor und Organisator von mehreren gesellschaftlichen und religiösen Aktionen, teilweise organisiert von der ungarischen Evangelisch-Lutherischen Kirche. Mitglied des Presbyteriums der evangelischen Filiale von Balatonszárszó.

Zoltán Tefner, ao. Prof. Dr. Dr. Dr. habil. (1949, Kötcse): außerordentlicher Professor am Institut für Soziologie und Sozialpolitik der Corvinus-Universität Budapest. Historiker, Germanist. Als Historiker tätig im Fachgebiet Außenpolitik der Österreichisch–Ungarischen Monarchie, Urgeschichte der Europäischen Union, Minderheiten in Osteuropa. Ordentliches Mitglied der finnischen Delegation an der Europäischen Akademie der Wissenschaften und Künste.

Felix Unger, Ordinarius, Prof. Dr. Dr. h. c. (1946, Klagenfurt): Professor der Herzchirurgie. Promovierte 1971 in Wien. 1985 wurde er mit der Gründung der Herzchirurgie an den Landeskrankenanstalten Salzburg betraut und war bis 2011 Vorstand der Universitätsklinik für Herzchirurgie. In Salt Lake City erfand er das Ellipsoidherz, das als erstes Kunstherz in Europa 1986 in Salzburg zur Anwendung kam. Seit 1990 Präsident der Europäischen Akademie der Wissenschaften und Künste.

Juhani Laurinkari, Zoltán Tefner (Hrsg.):
Grundlinien der ungarischen Sozialpolitikgeschichte
Ein internationaler Ausblick

ISBN 978-3-95425-182-7
39,50 €
Paperback
236 Seiten
disserta Verlag, Hamburg, 2013

Die erste Fassung des Buches entstand in ungarischer Sprache. Die deutschsprachige Version ist ein Ergebnis von weiteren, tief greifenden Überlegungen. Das Autorenteam kam auf den Gedanken, dass im Mittelpunkt der Auslegungen zwei kardinale Begriffe gestellt werden müssten: erstens die Geschichte der Institute der ungarischen Sozialpolitik, zweitens die historischen Krummwege der Armenfürsorge. Die Armut ist bedauerlicherweise eine der sozialen Erscheinungen, die die ganze Menschheitsgeschichte durchziehen. Sie gilt als das schwierigste Problem auch der Neuzeitgeschichte Ungarns, dermaßen, dass Ungarn in der Zwischenkriegszeit „das Land der drei Millionen Bettler" genannt wurde.

Das Buch bietet auf Basis von Ergebnissen anderer Sozialhistoriker eine historische Übersicht zu den Hauptfragen der ungarischen Sozialpolitikgeschichte an. Zum Schluss findet der verehrte Leser eine möglichst optimale Lösung für die Umgestaltung der ungarischen Sozialpolitik in den kommenden Zeiten: eine Fallstudie über das finnische Modell der Sozialpolitik.

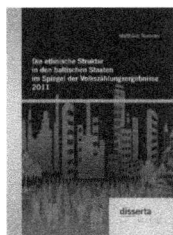

Matthäus Trummer
Die ethnische Struktur in den baltischen Staaten im Spiegel der Volkszählungsergebnisse 2011

ISBN 978-3-95935-010-5
39,99€
Paperback
152 Seiten
disserta Verlag, Hamburg, 2015

Die baltischen Staaten haben eine teils gemeinsame Historie und eine teils wechselhafte Vergangenheit mit Russland als Sowjetrepubliken, welche die heutige ethnische Struktur massiv beeinflusst haben. Dabei ist der Umgang mit den ethnischen Minderheiten unterschiedlich: Funktioniert das Zusammenleben in Litauen zum überwiegenden Teil spannungsfrei, kommt es in Estland und Lettland immer wieder zu Interessenskonflikten.

Die vorliegende Untersuchung beschäftigt sich mit den ethnischen Minderheiten in den baltischen Staaten Estland, Lettland und Litauen im Spiegel der Volkzählungen des Jahres 2011. In den Blick genommen werden aber auch Hintergründe zu Begriffen, historischen Entwicklungen und rechtlichen Regelungen, hier vor allem Fragen nach den Regelungen der Staatsbürgerschaft und der Minderheitsgesetzgebungen. Außerdem wird die Minderheitenpolitik in den baltischen Staaten untersucht.

EVANGELISCHE KIRCHENGEMEINDE KÖTCSE

Kötcse 8627 Templom u. 7

Gegründet 21. April 1730 von deutschen, überwiegend aus Hessen stammenden Kolonisten lutherischer Religion. Später haben sich evangelische Kolonisten aus der Batthyány-Gutsherrschaft Szalónak/Stadt-Schlaining und Rohonc/Rechnitz dem alten hessischen Kern der Gemeinde angeschlossen. Erster Pastor Michael Harmónia (wahrscheinlich Hermann). Nach einigen Jahren hat die Gemeinde eine kleine Holzkirche (oder Fachwerkkirche) in der ehemaligen Dorfmitte errichtet. Kurz darauf – im Jahre 1745 – wurde die Kirche als Folge der Gegenreformation, im Rahmen der maria-theresianischen Protestantenverfolgung weggenommen und gemäß den Vorschriften des katholischen Ritus umgebaut. So hatte die Gemeinde bis 1798 keine richtige Kirche, zum Zwecke des Gottes-dienstes hat man die inzwischen erbaute Schule („oskoláház") benutzt. Im April 1797 wurde der Grundstein zu der heutigen Kirche gelegt und 21. November 1798 eingeweiht. Seither ist der Elisabet-Tag am 21. November, der so genannte „kerbájt" – Kirchweihtag – der größte Feiertag der Gemeinde und aller Dorfbewohner.

Daten zum Kirchengebäude:

Bauprojekt: Joseph Fries Baumeister aus Stuhlweißen-burg/Székesfehérvár

Baustil: Spätbarock-Zopf

Außenlänge: 10 Klafter (18,8 m)

Außenbreite: 5 Klafter (9,4 m)

Innenhöhe: 4 Klafter (5,5 m)

Turmhöhe: 14 Klafter (26,3 m)

Daten über die Gemeinde:

Zahl der Gemeindemitglieder (2017): 112 Seelen

Pfarrer: András Mitykó

Intendant: Dr. Miklós Reinhardt

Kurator-Dekan: Attila Lőrincz

Kantorin: Judit Lőrincz

Webseite: www.kerbajt.hu

Gottesdienste: Sonntag und Feiertag 10 Uhr (2017)

EVANGELISCHE KIRCHENGEMEINDE KÖTCSE – FILIALE BALATONSZÁRSZÓ

Balatonszárszó 8624 Hősök tere 1

Die Gemeinde als Filiale wurde von der Kötcseer Gemeinde 1990 losgelöst. Die Kirche erbaut in den Jahren 1994/95.

Daten zum Kirchengebäude:

Geplant von Bauingenieur Mihály Ratkó

Außenlänge: 22,4 m

Außenbreite:6,8 m

Innenhöhe: 5,2 m

Turmhöhe: 14,6 m

Daten über die Gemeinde:

Zahl der Gemeindemitglieder: cca. 100 Seelen

Pfarrer: András Mitykó

Intendant: Dr. Miklós Reinhardt

Kurator: Vilmos Kovács

Kantorin: Judit Lőrincz

Hompage: http//:balatonszarszo.lutheran.hu

Gottesdienste: Sonntag und Feiertag 9 Uhr (2017)